Geschäftsprozesse realisieren

Stefan Obermeier • Herbert Fischer
Albert Fleischmann • Max Dirndorfer

Geschäftsprozesse realisieren

Ein praxisorientierter Leitfaden von der Strategie bis zur Implementierung

2., aktualisierte Auflage

Dipl.-Inform. Dipl.-Päd. Stefan Obermeier
Stabsstelle des IT-Beauftragten der Bayerischen Staatsregierung (CIO)
Bayerisches Staatsministerium der Finanzen, für Landesentwicklung und Heimat
München und Nürnberg, Deutschland

Prof. Dr.-Ing. Herbert Fischer
Fakultät Betriebswirtschaft und Wirtschaftsinformatik
Technische Hochschule Deggendorf
Deutschland

Dr. Ing. Albert Fleischmann
Metasonic AG
Pfaffenhofen, Deutschland

Max Dirndorfer, M.Sc.
Fakultät Betriebswirtschaft und Wirtschaftsinformatik
Technische Hochschule Deggendorf
Deutschland

ISBN 978-3-8348-1900-0 ISBN 978-3-8348-2303-8 (eBook)
DOI 10.1007/978-3-8348-2303-8

Die Deutsche Nationalbibliothek verzeichnet diese Publikation in der Deutschen Nationalbibliografie; detaillierte bibliografische Daten sind im Internet über http://dnb.d-nb.de abrufbar.

Springer Vieweg

Gedruckt auf säurefreiem und chlorfrei gebleichtem Papier

Springer Vieweg ist eine Marke von Springer DE.
Springer DE ist Teil der Fachverlagsgruppe Springer Science+Business Media.
www.springer-vieweg.de

Vorwort

Der Erfolg eines Unternehmens oder einer Organisation hängt entscheidend davon ab, wie **flexibel** agiert werden kann. Das Management muss rasch auf neue Erfordernisse reagieren – zum Beispiel wenn es darum geht, neue Märkte zu erschließen, Kundenwünsche zu realisieren oder Gesetzesänderungen umzusetzen.

Je **schneller** und besser sich eine Organisation diesen Herausforderungen stellen kann, desto erfolgreicher ist sie.

Diese **Agilität** wird erreicht, indem Organisationen ihre Geschäftsprozesse kennen, definieren, implementieren und optimieren. Geschäftsprozesse regeln das Miteinander der beteiligten Personen, geben standardisierte Abläufe vor, bestimmen den Einsatz von Ressourcen und führen zu einem definierten Ergebnis.

Dies ist zunehmend nicht nur für Unternehmen wichtig, immer mehr Behörden sehen den Nutzen darin, ihre Verwaltung als Geschäftsprozesse zu beschreiben.

Systematisierte Geschäftsprozesse versprechen **konkreten wirtschaftlichen Nutzen**. Kosten werden reduziert und vorhandene Betriebsmittel werden besser genutzt. Gleichzeitig lässt sich die erwünschte Qualität eines Produktes oder einer Dienstleistung besser erreichen. Und nicht zuletzt schaffen gut gestaltete Geschäftsprozesse mehr Transparenz und vereinfachen die Führung eines Unternehmens.

Viele Beraterhäuser haben sich darauf spezialisiert, Prozesse zu reorganisieren und zu verbessern; zahlreiche Werkzeuge unterstützen Unternehmen bei der Konzeption und Umsetzung von Prozessen; und in den Hochschulen sind Vorlesungen zu diesem Thema nicht mehr wegzudenken.

Mit dem Buch „Geschäftsprozesse realisieren“ wollen wir aus unserer Erfahrung der betrieblichen Realität Hilfestellungen für die konkrete Umsetzung geben. So wird ein leicht nachvollziehbares, praxisorientiertes Modell an die Hand gegeben, das konkrete Schritte zur Realisierung von Geschäftsprozessen aufzeigt. Wir werden den Horizont etwas erweitern und neben den klassischen aufgabenorientierten Ansätzen mit weiteren Methoden arbeiten. Anhand einer durchgängigen Fallstudie kann jeder Schritt nachvollzogen werden. Wir freuen uns, dass wir hierzu Max Dirndorfer gewonnen haben, das Buch zu optimieren.

Mit der zweiten Auflage von „Geschäftsprozesse realisieren“ ist es uns gelungen, die Aspekte noch zu schärfen. Zudem sind jüngste Erkenntnisse aus der Forschung eingeflossen, ohne dass das Buch theoretisch geworden wäre. Schließlich wollen wir ein Portfolio aufzeigen, mit dem Geschäftsprozesse realisiert werden können. An manchen Stellen ist das Aufzeigen von Grundlagen und Hintergründen jedoch unentbehrlich. Wir werden uns allen maßgeblichen Aspekten widmen und vor allem wichtige Fragen zur Realisierung beantworten:

- Was muss man wissen, um von Geschäftsprozessen zu sprechen?
- Wie sieht die Planung von Geschäftsprozessen aus?
- Wie werden Geschäftsprozesse realisiert?
- Was kostet die Realisierung von Geschäftsprozessen?
- Wer muss an der Realisierung von Geschäftsprozessen beteiligt sein?
- Passen die realisierten Geschäftsprozesse zu den Anforderungen?

und mehr.

Wir danken an dieser Stelle den Menschen, die uns beim Schreiben des Buches unterstützt haben. Da sind vor allem unsere Familien, die uns an zahlreichen Abenden und Wochenenden vermisst haben. Besonderer Dank auch den Korrekturlesern und der graphischen Gestaltung von Carina Busse.

Wir wünschen Ihnen mit diesem Buch einen guten „Lese-, Lern- und Unterhaltungsprozess“!

München, Pfaffenhofen, Deggendorf, im Oktober 2013

Stefan Obermeier, Herbert Fischer, Albert Fleischmann, Max Dirndorfer

Inhaltsverzeichnis

1 Wesen von Geschäftsprozessen?

In den späten 90er Jahren tauchte in vielen Organisationen der Begriff „**Geschäftsprozess**" auf. Während **zuvor** überwiegend die **Produktion** und damit verbundene Maschinen und Programme im Vordergrund von Unternehmen gestanden hatten wurde deutlich, dass es für ein Unternehmen große Vorteile bringen kann, sich diesem Thema zu widmen. Viele Manager lernen, dass eine an Geschäftsprozessen orientierte Organisation Kosten reduziert und stärker dazu beiträgt, strategische Ziele rascher zu erreichen.

Was ist für den **Paradigmenwechsel** der Auslöser gewesen? Mitte der 90er-Jahre gewinnt der Computer eine völlig neue Dimension: Multimedia wurde Wort des Jahres 1995. Internet wird für eine breite Öffentlichkeit interessant. Und in Organisationen werden Stand-alone-PCs vernetzt.

Durch die **Vernetzung** der Informationstechnologie nahm die Kommunikation der Mitarbeiter deutlich zu. Der klassische Posteingang wurde ergänzt durch E-Mail, SMS, Facebook und Web 2.0 **etc.** Heute besteht ein großes Angebot an sicheren Übertragungstechniken, wie PKI, De-Mail, ePost-Brief, EGVP und mehr. Durch aktuelle Diskussion zu Netzsicherheit werden diese Technologien zunehmen.

Nicht für alle ist diese Entwicklung ein Segen gewesen. So werden Strategien entwickelt, die *Über*-Information und die *Über*-Versorgung mit Kommunikationskanälen in den Griff zu bekommen. Für Geschäftsprozesse ist aus diesem Grund der **Fokus Mensch** entscheidend. Und der Mensch braucht geregelte Geschäftsprozesse, um strukturiert und aufeinander abgestimmt zu handeln.

Heute, fast zwanzig Jahre später betrachten wir die Entwicklung ambivalent: zwar haben sich Geschäftsprozesse nicht nur in Unternehmen, sondern auch im öffentlichen Sektor etabliert. Dennoch ist der methodische Umgang mit Geschäftsprozessen nicht immer optimal. Das Prinzip eines Geschäftsprozesses zu erklären erscheint ein leichtes, damit jedoch eine Organisation zu ändern deutlich schwieriger. Der Umgang mit Geschäftsprozessen ist nämlich mehr, als einfach ein paar Kästchen zu zeichnen.

Daher nannten wir unser Buch auch „**Geschäftsprozesse realisieren**". Wir wollen eine Handreichung geben, wie man Geschäftsprozesse sehen kann und wie man bei der Einführung vorgeht.

Das erste Kapitel widmet sich dem Wesen eines Geschäftsprozesses. Hier wollen wir nicht bei einer Definition stehen bleiben, sondern auch ein Gefühl für den Kontext geben.

1.1 Aufbauorganisation: Ordnung des Systems

Ein kommerziell ausgerichtetes Unternehmen will durch Entwicklung, Produktion und Vertrieb von Produkten – sowie der dazugehörigen Dienstleistungen – Gewinne erzielen. Eine öffentliche Einrichtung will hingegen dem Bürger hochwertigen Service anbieten und dabei die eigenen Ressourcen optimal und sparsam einsetzen. Beiden Organisationsformen ist eines gemeinsam: Sie müssen hierzu zahlreiche, sehr unterschiedlich strukturierte und oftmals miteinander vernetzte **Aufgaben** erfüllen. Zur Erfüllung dieser Aufgaben gilt es, eine Organisation zu schaffen, die es ermöglicht, „(...) unterschiedliche **Funktionsträger** mit verschiedenen **Kompetenzen** und Wissenshintergründen so miteinander zu koordinieren, dass auf diese Weise an sich höchst unwahrscheinliche Leistungen zustande kommen" [Na02], S.95.

Die Aufbauorganisation definiert Stellen und die ihnen zugeordneten Personen. Damit entspricht sie der Work Breakdown Structure (WBS), wie sie im Projektmanagement zur Strukturierung von Aufgaben verwendet wird. Die Gesamtaufgabe „Unternehmen" wird, auf eine für sinnvoll betrachtete Art, in verschiedene Aufgabenblöcke gegliedert. Eine sinnvolle Aufgabengliederung kann sich zum Beispiel nach Märkten, Geografien und Funktionen richten.

Bei der **Aufbauorganisation** steht die Strukturierung des Unternehmens mit seinen Elementen – in der Regel sind dies Abteilungen, Teams und Mitarbeiter – im Mittelpunkt. Sie zeigt, welche Organisationseinheiten es gibt und nach welchen Gesichtspunkten - zum Beispiel Entwicklung, Vertrieb und Administration - die Aufgaben geteilt werden. In einem Organigramm werden die Weisungsbeziehungen zwischen den Elementen dargestellt. In dem dadurch definierten Leitungssystem werden die hierarchischen Über- und Unterordnungsbeziehungen geregelt. Weiterhin ist aus der Aufbauorganisation ersichtlich, welche Kompetenzen – etwa Führungserfahrung oder Programmierkenntnisse – benötigt werden und welche Verantwortlichkeiten vergeben werden. Damit sollen die Leistungen aller Beteiligten auf gemeinsame Ziele ausgerichtet werden. Abbildung 1-1 zeigt ein exemplarisches Organigramm einer Aufbauorganisation.

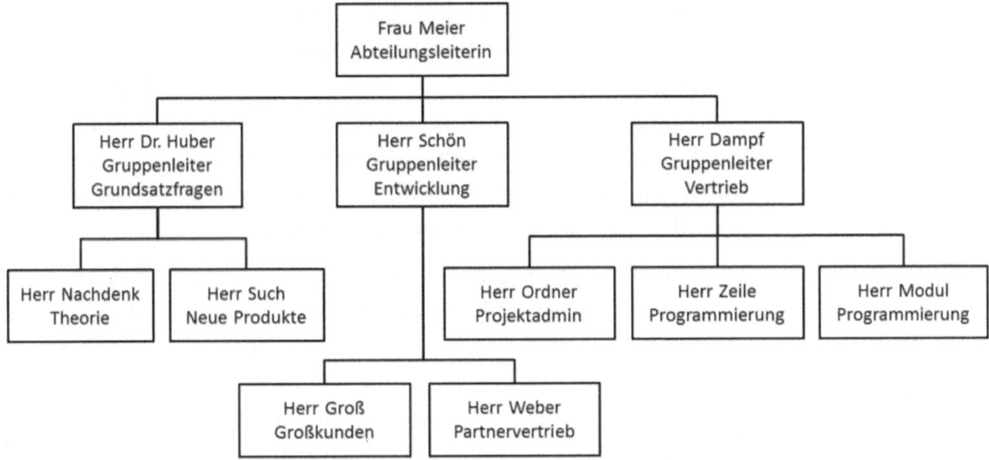

Abbildung 1-1: Beispiel einer Aufbauorganisation

Um ihre Aufgaben erfüllen zu können benötigen die Aufgabenträger Informationen. Informationen haben also einen Zweckbezug. Die benötigten Informationen werden von anderen beteiligten Aufgabenträgern bereitgestellt, entweder durch entsprechende Nachrichten die ausgetauscht werden oder Zugriff auf zentral verwaltete Daten. Auf diese zentral bereitgestellten Datenbestände kann bei Bedarf zugegriffen werden. So bekommt ein Sachbearbeiter eine Bestellung durch eine Nachricht über ein geeignetes Kommunikationsmittel (siehe nächster Abschnitt) wie Mail, Fax oder einen klassischen Brief. Im Rahmen der Bearbeitung prüft er, ob die bestellten Produkte verfügbar sind. Dazu greift er auf die zentral zur Verfügung stehenden Informationen über die Lagerbestände zu.

Das Senden und Empfangen von Informationen wird als Kommunikation bezeichnet. Eine Kommunikation kann stattfinden:

- zwischen Personen untereinander,
- zwischen Personen und Maschinen bzw. Softwareanwendungen (z.B. Abfrage des Lagerbestands) und
- zwischen Maschinen direkt (z.B. automatischer Bestellabruf zwischen Hersteller und Lieferant).

Jede Arbeitsteilung erfordert Kommunikation, d.h. den definierten Austausch von Informationen zwischen den an der Aufgabenerfüllung Beteiligten. Die Kommunikation kann z.B. mündlich oder schriftlich erfolgen bzw. kann, wie heute meistens üblich, mit Hilfe von elektronischen Hilfsmitteln abgewickelt werden.

Ein wichtiges Kommunikationsmittel in der Fertigung von Produkten ist das Fertigungsfließband. Mit einem Fließband erhalten die einzelnen Fertigungsstationen die Nachricht „Halbfertigprodukt" sowie weitere zugehörige Informationen um dann die für sie vorgesehenen Arbeitsschritte auszuführen.

Um seine Aufgaben erfüllen zu können benötigt ein Mitarbeiter entsprechende Sachmittel. Bei Verwaltungsaufgaben ist dies heute mindestens ein PC. Damit kann auf benötigte Informationen zugegriffen werden bzw. die entsprechende Kommunikation abgewickelt werden. Natürlich gehört zu den Sachmitteln auch ein geeigneter Arbeitsplatz mit entsprechenden Büromöbeln sowie der Zugang zu Druckern, Kopierern usw. Die benötigten Sachmittel sind eng mit den zu erledigenden Aufgaben verknüpft und können sehr individuell sein.

Der Begriff Führung ist vom Begriff Leitung zu unterscheiden [Sc00]. **Bei der Leitung steht die Sache im Vordergrund. Führungsmaßnahmen** richten sich auf **Menschen**. Die Gesamtheit dieser Maßnahmen, die auf längere Zeit angewendet werden wird auch als Führungsstil bezeichnet. Unter einem Führungssystem werden alle Regelungen verstanden, die sich überwiegend auf die Motivation der Mitarbeiter auswirkt. Wesentlich dabei ist, wie eigenständig die Mitarbeiter ihre Arbeit ausführen dürfen (**Delegation**), wie sie an Entscheidungen beteiligt werden (**Partizipation**), wie umfangreich sie informiert werden, wie stark sie kontrolliert werden und wie detailliert die Vorgaben für den Einzelnen sind.

Eine Aufbauorganisation orientiert sich an den zu erfüllenden Aufgaben, aber auch an den Besonderheiten ihrer **Mitglieder**. Ihre individuellen Fähigkeiten und Rollen innerhalb der Organisation prägen die Struktur implizit mit. Für einen Außenstehenden mag daher ein bestimmtes Organigramm weniger plausibel erscheinen, intern können auf diese Art und Weise die zu erfüllenden Aufgaben jedoch am besten gelöst werden.

Die Ziele der Führungskräfte – etwa Umsatz, Gewinn, Kosten und Produktivität – orientieren sich an den in der Aufbauorganisation beschriebenen Organisationseinheiten. Der Leiter einer Organisationseinheit hat mit ihr bestimmte Vorgaben zu erfüllen.

Die Aufbauorganisation ist die **Identität stiftende Struktur einer Organisation**, indem sie definiert, wer beispielsweise dem Vertrieb, der Entwicklung, dem Marketing oder der Niederlassung Süd angehört. Für jeden Mitarbeiter ist es wichtig, zu wissen, wo „sein Platz" in der Organisation ist, da er sich mit seiner Position identifiziert. Eine Veränderung seiner Stelle und damit seinem zugeordneten sozialen Umfeld kann für viele Mitarbeiter eine Belastung darstellen.

1.2 Ablauforganisation: Organisationsverbindende Prozesse

Die **statische Aufbauorganisation** gibt heute noch sehr häufig den Rahmen vor, innerhalb dessen sich die **dynamische Ablauforganisation** bewegt.

Eine Ablauforganisation stellt das notwendige Zusammenwirken der Unternehmenselemente in den Mittelpunkt, damit das gewünschte Ergebnis erreicht wird. Sie zeigt, wie die einzelnen organisatorischen Elemente zusammen arbeiten, um die Anforderungen an das Gesamtsystem zu erfüllen.

Die Aufgaben in einer Organisation sind nicht unabhängig voneinander zu betrachten. Sie sind häufig vernetzt. So kann es zum Beispiel für die Verrichtung einer Tätigkeit im Vertrieb erforderlich sein, Informationen aus der Entwicklung einzuholen und eine Teilaufgabe an einen bestimmten Mitarbeiter im Kundenservice weiter zu geben. Damit wird ein Geschäftsprozess angestoßen, der weitere Abteilungen berührt. Abbildung 1-2 zeigt ein Beispiel, wie ein Prozess durch die Aufbauorganisation eines Unternehmens läuft.

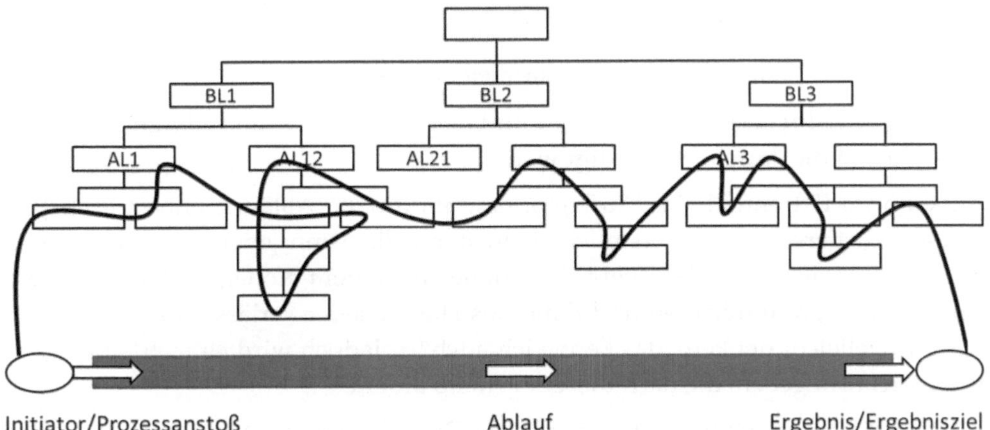

Abbildung 1-2: Beispiel einer Ablauforganisation

Geschäftsprozesse sind die konkrete Umsetzung der Ablauforganisation in die Praxis. Ein Prozess „durchläuft" die Aufbauorganisation teilweise oder im Extremfall sogar vollständig.

Nun könnte man interpretieren, Ablauforganisation und Geschäftsprozesse sind identisch. Das ist jedoch so nicht richtig, denn Geschäftsprozesse können die eigenen Organisationsgrenzen überschreiten. Für die Bearbeitung eines Antrages eines Bürgers könnte eine bestimmte Behörde zwar zuständig sein, der Sachbearbeiter muss hierzu nicht nur den juristischen Sachverstand im Hause, sondern auch andere Stellen einbinden.

Den Zusammenhang zwischen Aufgaben- und Prozess-Sicht zeigt Abbildung 1-3. Es sind betriebliche Aufgaben in einer Organisation zu erledigen. Das ist die arbeitsplatzorientierte Sicht. Die prozessorientierte Sicht zeigt den richtigen Ablauf der Aufgaben. Der Prozess muss gewährleisten, dass die richtige Aufgabe an die richtige Stelle geleitet und nach der Bearbeitung an die nächste richtige Stelle weitergegeben wird.

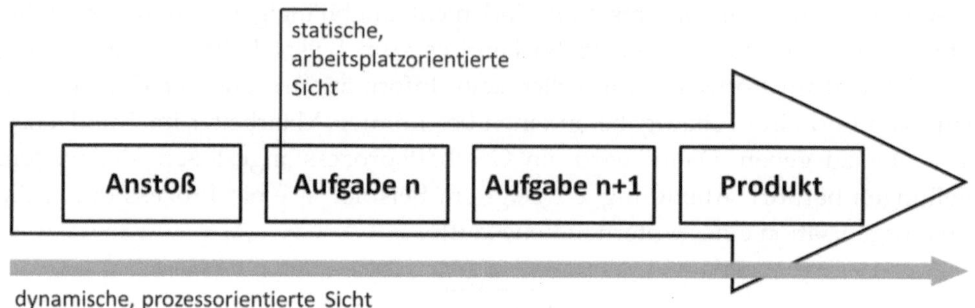

Abbildung 1-3: Aufgaben in einem linearen Prozess

Aufgaben- und Prozess-Sicht bedingen und ergänzen sich. Zum Gelingen des Prozesses müssen die Aufgaben erledigt werden.

Nun kann im Extremfall eine Aufbauorganisation ohne Abläufe, ohne Geschäftsprozesse existieren. Das ist nämlich dann der Fall, wenn jeder Mitarbeiter sein Büro betritt, seine Aufgaben verrichtet ohne mit einem Kollegen oder anderen Menschen zu kommunizieren und dann das Haus wieder verlässt. Mancher Leser mag sich vielleicht denken „das kenne ich auch"… Jedoch wird es wohl keine Organisationsform geben, die nach diesem Prinzip arbeitet.

Vielmehr stehen im Mittelpunkt einer jeden Organisation die Menschen, die Leistungen erbringen und kommunizieren.

Hinweis: Viele Methoden zur Beschreibung von Prozessen nehmen eine Linearisierung der Aufgaben innerhalb eines Prozesses an, insbesondere in Überblicksdarstellungen. Dies entspricht in der Regel nicht der betrieblichen Realität, denn Prozesse sind selten linear. Sie verzweigen sich, werden wieder zusammengeführt oder haben Schleifen. Und es gibt Sonderfälle, in denen Ausnahmen erforderlich werden. Organisationseinheiten bearbeiten einzelne Aufgaben eines Prozesses häufig parallel und unabhängig voneinander. Wir werden diesen Aspekt im Detail besprechen.

Beiden Sichten auf eine Organisation ist eines gemeinsam: Im Mittelpunkt stehen Handelnde.

Aus einer Aufbauorganisation lassen sich Strukturen, Weisungshierarchien und Mitglieder ableiten, aus einer Ablauforganisation Kommunikationsstrukturen und Arbeitsschritte. Der Handelnde spielt bei beiden Organisationsformen eine zentrale Rolle.

1.3 Organisation ist Kommunikation

Unter Organisation versteht man Regelungen, die dazu beitragen sollen, die Ziele eines Unternehmens besser zu erreichen. Sie werden zeitlich befristet eingeführt und werden laufend an sich ändernde Verhältnisse angepasst [Sc03]. Durch die

Regelungen werden die personalen und sachlichen Aufgabenträger untereinander verbunden [Ma01], die jeweiligen Aufgaben, Sachmittel und Informationen zugeordnet und die Aspekte Raum, Zeit, Menge und Logik definiert. Wobei der Kristallisationspunkt der Regelungen die Aufgabenträger mit ihren jeweiligen Aufgaben sind. Wesentlich für eine Organisation sind also die Beziehungen der Aufgabenträger untereinander, um eine gemeinsame Aufgabe zu erfüllen.

Aufgabenträger **kommunizieren** untereinander, um ihre Aufgaben (Tätigkeiten) zu koordinieren, d.h. die Verbindung der Aufgabenträger untereinander ist die Kommunikation. Der Soziologe und Organisationstheoretiker Niklas Luhmann geht sogar so weit zu sagen, **Organisation ist gleich Kommunikation**. In der Sprache der Soziologen lautet seine Aussage:

„Ein soziales System kommt zustande, wenn immer ein autopoetischer Kommunikationszusammenhang entsteht und sich durch Einschränkung der geeigneten Kommunikation gegen eine Umwelt abgrenzt. Soziale Systeme bestehen demnach nicht aus Menschen, auch nicht aus Handlungen, sondern aus Kommunikationen." [Lu86]. Autopoetische Systeme erschaffen sich in einem ständigen Prozess quasi aus sich selbst heraus. Die autopoetische Operation mit der sich Organisationen immer wieder erschaffen ist die Kommunikation. Dies bedeutet, eine Organisation hört auf zu existieren wenn nicht mehr kommuniziert wird. Was unmittelbar einleuchtet. Die Kommunikation findet zwischen mindestens zwei informationsverarbeitenden Prozessoren, in unserem Fall den Aufgabenträgern statt [Lu87][1].

1.4 Was haben Geschäftsprozesse mit Sprache zu tun?

In der Literatur finden wir einige Beispiele dafür, was man unter einem Geschäftsprozess verstehen kann, nämlich

- „eine Menge von Aktivitäten mit Input und Ergebnis" [HC94]
- „eine modellhafte Beschreibung der Funktionen im Unternehmen" [ScJo96]
- „eine Abfolge von Aufgaben über mehrere organisatorische Einheiten mit informationstechnischer Unterstützung" [Ös95]

Ein Prozess beschreibt einen betrieblichen Ablauf, das heißt den Fluss und das Bewegen von Material und Informationen unter Anwendung von Operationen und Entscheidungen. Er beschreibt Reihenfolgen von funktionsübergreifenden Aufgaben mit Anfang und Ende sowie klar definierten Eingaben und Ausgaben. Aus Sicht des Unternehmens soll er einen Mehrwert schaffen.

Verschiedene Branchen haben ganz unterschiedliche Auffassungen von Prozessen. Prozessanwendungen sind daher sehr vielfältig und unterschiedlich. Deshalb sind die Beispiele im Buch „illustrativ" zu verstehen. Bei der Übertragung auf Ihre be-

1 Im Detail wird der Zusammenhang zwischen Kommunikation, Handlungen und Handelnden im Kapitel 4 „Kommunikation und Handlung" ab Seite 191 behandelt.

triebliche Praxis müssen Sie diese unter Umständen entsprechend abwandeln. Der Begriff „Prozess“ wird auch häufig in falscher Weise genutzt. Die Bedienungsfolge einer komplexen Anwendung, ausgeführt von einer Person oder einer Software, wird fälschlicherweise ebenso als Prozess bezeichnet wie eine Arbeitsanweisung, die die Handlungsreihenfolge einer Aufgabe für eine bestimmte Person beschreibt. Die Tätigkeit einer Person wird häufig ebenfalls Prozess genannt.

Nach unserem Verständnis sind die drei Kernfragen, was einen Prozess ausmacht:

- **Wer** handelt?
- **Was** tut der Handelnde?
- **Welche Objekte oder Hilfsmittel** braucht der Handelnde?

Mit diesen drei Fragen stellen wir die Frage nach den klassischen Satzbausteinen der natürlichen Sprache. Hier lernen wir in den ersten Schuljahren die Antwort als

- Subjekt
- Prädikat
- Objekt.

In diesem Buch werden wir uns an folgender Definition orientieren [Fi06]:

Ein Prozess ist also eine Struktur, deren Elemente

- Aufgabenträger,
- Aufgaben,
- Sachmittel und Informationen sind,

die durch Folgebeziehungen verknüpft sind.

Der engere Zusammenhang zwischen Geschäftsprozess und natürlicher Sprache wird sich später noch deutlicher zeigen, wenn ein Geschäftsprozess auch durch Text beschrieben wird. Diese drei elementaren Bestandteile der Sprache sind jedoch auch bei formalen Methoden immer Grundlage und erklären drei prinzipielle Ansätze, wie Prozesse verstanden werden müssen.

Im Mittelpunkt eines Prozesses stehen die handelnden Personen, das sind mindestens drei Handelnde:

- jemand der den Prozess anstößt,
- ein oder mehrere Aufgabenträger die den Prozess ausführen
- und jemand der die Prozessleistung (Ausgabe) benötigt.

Nimmt eine Person mehrere dieser Rollen ein, kann man ebenfalls von einem Geschäftsprozess sprechen. Vereinfacht kann ein Prozess mit dem folgenden Modell beschrieben werden.

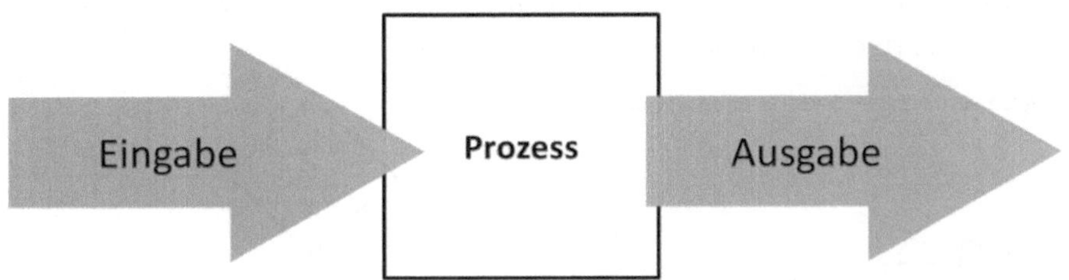

Abbildung 1-4: einfaches Prinzip eines Prozesses

In diesem vereinfachten Modell wird ein Prozess nur von außen betrachtet. Wie die Transformation der Eingabe in das gewünschte Ergebnis von statten geht wird nicht betrachtet. Diese Prozessbetrachtung ist also sehr abstrakt und dient häufig dazu den Zusammenhang zwischen mehreren Prozessen zu beschreiben, wenn die Ausgabe eines Prozesses zur Eingabe von einem oder mehreren anderen Prozessen wird.

Häufig ist der Anfordernde einer Prozessleistung identisch mit dem Empfänger der Leistung. Das ist beispielsweise dann der Fall, wenn ein Kunde eine Preisanfrage startet (Initiator eines Geschäftsereignisses) und als Ergebnis eine Preisauskunft erhält (Empfänger des Resultats).

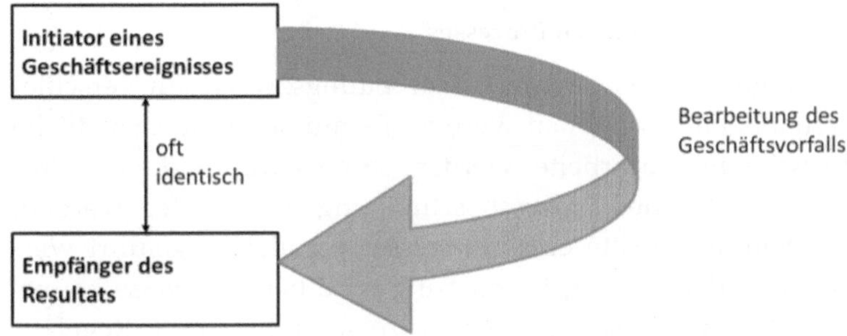

Abbildung 1-5: Identität von Initiator und Empfänger

Prozesse definieren, wie bereits mehrfach erwähnt, die erforderlichen **organisations- und/oder unternehmensübergreifenden Aufgaben**, Mittel und Beteiligten zur Bearbeitung eines Geschäftszwecks. Die Ausführung eines Prozesses kann ausgelöst werden durch einen externen oder internen Kunden, einen vorgegebenen Zeitpunkt oder einer bestimmten Datenkonstellation. Die am Prozess Beteiligten (Aufgabenträger) sind in der Regel Teil einer Organisation. Der Aufbau der Organisation orientiert sich an funktionalen (Entwicklung, Produktion, Vertrieb etc.), geografischen oder kundengruppenspezifischen Erfordernissen.

Während des Prozessdurchlaufes kommunizieren verschiedene Organisationseinheiten miteinander, sie synchronisieren ihre Tätigkeiten und tauschen Informationen und Sachmittel sowie Zwischenergebnisse aus. Das Ergebnis wird dem internen oder externen Empfänger übergeben. Im folgenden Bild wird ein komplexes Beispiel zur Bedarfsrechnung skizziert.

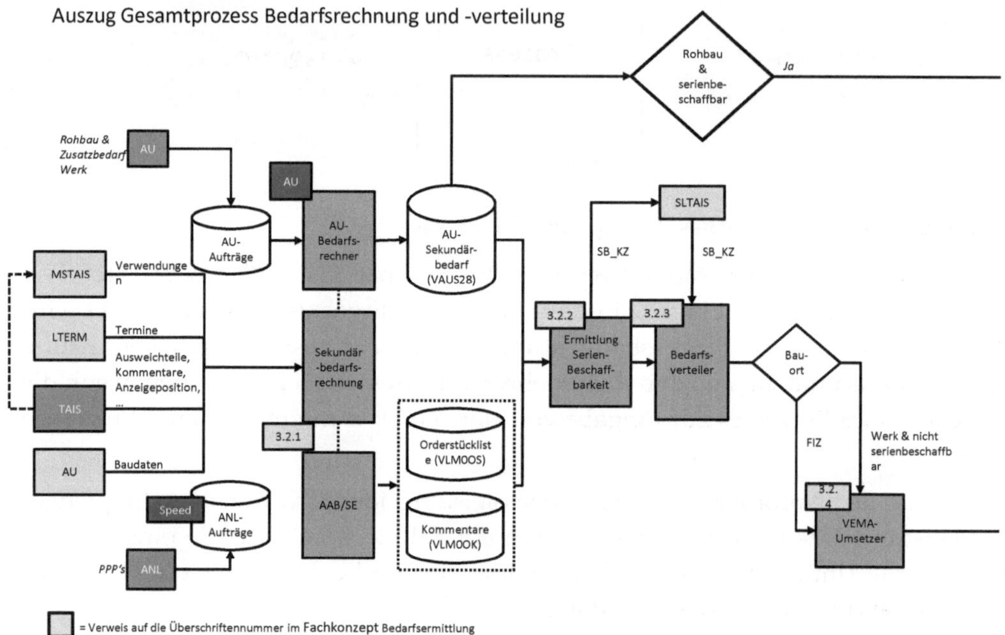

Abbildung 1-6: Beispiel eines komplexen Prozesses

In den Prozessbeschreibungen müssen mehrere Bearbeitungszweige für verschiedene Varianten und Situationen vorgesehen werden. Es müssen unterschiedliche Auftragsvarianten unterschiedlich bearbeitet werden, so dass während eines Prozessablaufs verschiedene Zweige der Prozessbeschreibung durchlaufen werden. Außerdem können Bearbeitungsschritte eines Prozesses parallel ausgeführt werden. Während der Erstellung der Auftragsbestätigung wird beispielsweise bereits der Versand vorbereitet. Die Parallelisierung von Prozessen führt in der Regel zu kürzeren Durchlaufzeiten.

1.5 Prozessmodelle und Prozessinstanzen

Im obigen Abschnitt wurde beschrieben, dass die Ausführung eines Prozesses verschiedene Auslöser haben kann. Ein Kunde kann die Ausführung eines Prozesses veranlassen oder Prozessabläufe können zu bestimmten Uhrzeiten (z.B. jeder Arbeitstag um 10:00) und bei bestimmten Datenkonstellationen (z.B. Lagerbestand für Rücklichter ist unterschritten) initiiert werden. Wir unterscheiden deshalb zwischen der **statischen Prozessdefinition** (Prozessbeschreibung oder Prozessmodell) und der **dynamischen Ausprägung** eines Prozesses (Prozessinstanz).

Der konkrete Ablauf eines Prozesses wird durch ein Ereignis ausgelöst. Dies hat die Bearbeitung eines Vorgangs gemäß Prozessdefinition zur Folge. Es gebe beispielsweise in einem Unternehmen eine Prozessbeschreibung für die Bearbeitung von Aufträgen. Eine Prozessinstanz ist die konkrete Bearbeitung eines eingetroffenen Auftrags. Folgende Abbildung stellt den Prozess der Auftragsbearbeitung mit zwei Vorgängen, die Aufträge von Herrn Huber und Herrn Meier dar.

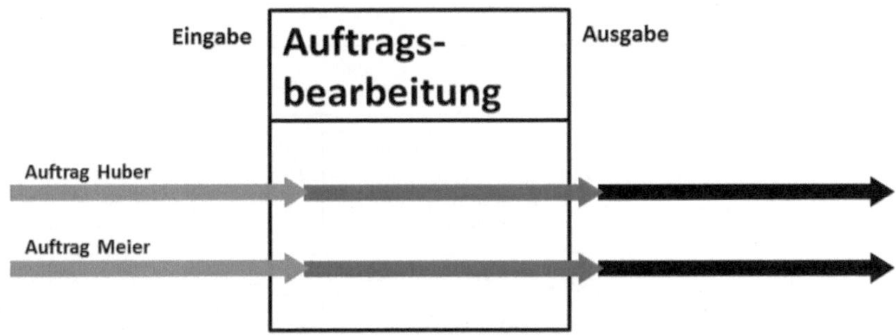

Abbildung 1-7: Ablauf eines Vorgangs nach Prozessdefinition

1.6 Detaillierungsgrade und Unternehmensgrenzen

Geschäftsprozesse können sehr komplex sein und **überschreiten Organisations- und Unternehmensgrenzen**. Um diese Komplexität gedanklich erfassen zu können ist es notwendig, komplexe Prozesse hierarchisch zu strukturieren. Ein Anhaltspunkt für eine hierarchische Strukturierung kann die Zuordnung von Aufgaben zu den jeweiligen Unternehmen, Organisationen bzw. Aufgabenträgern sein. Ausgegangen wird bei der hierarchischen Strukturierung von Prozessen von den jeweiligen Kernprozessen.

Jedes Unternehmen hat ca. drei bis zehn übergeordnete Prozesse, auch Kernprozesse genannt (beispielsweise Einkauf, Produktion, Vertrieb etc.), die grob darstellbar sind ([HC94]). Diese Prozesse können beliebig verfeinert werden bis auf eine Ebene, auf der einzelne Aufgaben einzelnen Aufgabenträgern zugeordnet werden. Häufig wird bei den abstrakten Prozessbeschreibungsebenen noch nicht angegeben wer die jeweiligen Aufgaben bzw. den jeweiligen Aufgabenkomplex ausführt. Das Beispiel in der folgenden Abbildung zeigt den "internen" Prozess einer Auftragsbearbeitung. Dabei wird nicht angegeben wer die jeweiligen Aufgabenkomplexe ausführt. Der Teilprozess „Auftragsbearbeitung“ kann weiter verfeinert werden. Die Verfeinerung muss zumindest soweit getrieben werden, bis jede Aufgabe eindeutig einem Aufgabenträger zugeordnet werden kann. Diese Zuordnung der Aufgaben zu den Aufgabenträgern definiert die mindestens zu erreichende Detailierungsstufe um einen Prozess anwenden bzw. ausführen zu können [Fo11]. Erst wenn jeder genau weiß, was er innerhalb eines Prozesses zu tun hat, kann der Prozess ausgeführt werden. Obere Prozessbeschreibungsebenen dienen zur Gestaltung der Prozesslandschaft und zur Orientierung für die jeweiligen Führungsebenen.

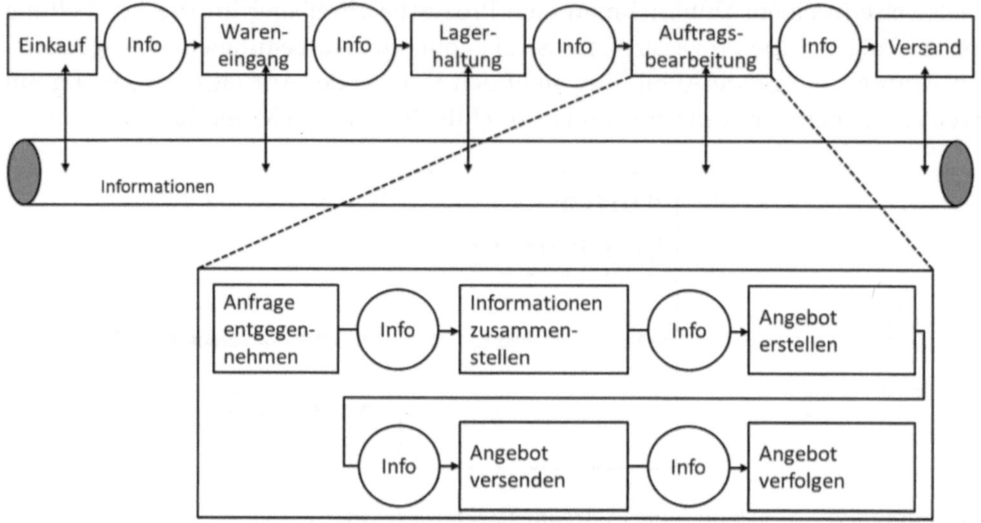

Abbildung 1-8: Detaillierung eines Prozesses

Tipp: Behalten Sie den Überblick! Für das Management ist es in der Regel nicht erforderlich, alle Prozesse genau zu kennen. Auf operativer Ebene sind jedoch die Details eines Prozesses entscheidend. Es genügt nicht, von einem Prozess eine grobe Vorstellung zu haben. Für alle Prozessbeteiligten ist es wichtig, Zusammenhänge zu verstehen, um gegenseitigen Nutzen zu generieren. Benennen Sie die jeweiligen Aufgabenträger, was sie tun müssen und das Ziel, das Sie in Ihrer Rolle verfolgen sollen!

Verschiedene Abteilungen haben unterschiedliche Bilder von Prozessen (Sichten). Die Abwicklung eines Schadensfalls für eine Versicherung sieht für den geschädigten Versicherungsnehmer anders aus als die interne Abwicklung für den Sachbearbeiter in der Versicherung.

Die Zusammenarbeit zwischen verschiedenen Unternehmen macht die Betrachtung unternehmensübergreifender Prozesse notwendig. Die beteiligten Personen, Rollen und Organisationen liegen außerhalb des eigenen Unternehmensbereiches. Geschäftsprozesse machen auch vor Unternehmensgrenzen nicht Halt!

Erhöhte Bedeutung gewinnt dieser Aspekt durch Outsourcing. An der Erbringung einer Leistung für den Endkunden sind mehrere Unternehmen beteiligt. Das bedeutet, Outsourcing-Projekte dürfen nicht nur vom Standpunkt der Aufbauorganisation her betrachtet werden. Auch aus Sicht der Ablauforganisation ergeben sich signifikante Einschnitte. Es muss klar definiert werden, wie die betroffenen Unternehmen zusammenarbeiten, um die entsprechenden Leistungen zu erbringen. Outsourcing als das Auslagern einer Organisationseinheit betrachtet die Restrukturierung der Leistungserbringung eines Unternehmens nur statisch. Ein anderer Ansatz ist Supply Chain Management (SCM), bei dem die Zuliefer- und Versorgungsprozesse in die gesamte Prozessbetrachtung einbezogen und mit abgestimmten IT-Lösungen unterstützt werden.

1.7 Prozesse und IT

Auch heute noch ist in vielen Behörden das wichtigste Bürokommunikationswerkzeug der Aktenvorgang. Die Ergebnisse einer Tätigkeit werden an andere Sachbearbeiter mit dem Hausboten weitergeleitet. Ist der Vorgang abgeschlossen, wandern die Unterlagen in das Archiv.

Jedoch haben sich die Anforderungen auch im öffentlichen Bereich geändert: Die gesetzlichen Anforderungen werden komplexer, sodass immer mehr Fachpersonal anderer Behörden oder Institute eingebunden werden müssen. Viele Mitarbeiter nutzen die Möglichkeiten mobilen Zugriffs von außen oder von zuhause. Und es wird zunehmend eine rasche Reaktion erwartet.

Papierbasiert stößt die klassische Akte immer mehr an ihre Grenze, zunehmend wird die sogenannte eAkte oder ein Dokumenten-Management-System (DMS) eingesetzt. Die Unterlagen liegen in digitaler Form vor, die Sachbearbeiter kommunizieren elektronisch.

Für die IT besteht die Herausforderung darin, nicht nur einzelne Aufgaben oder einzelne Regelungsaspekte zu unterstützen, sondern bei kompletten Prozessabläufen zu helfen. IT-Systeme die den Aufgabenträger informieren, welche Aufgaben er in welcher Prozessinstanz auszuführen hat, dazu den Zugriff auf notwendige Informationen unterstützen und es erlauben integriert die notwendige Kommunikation auszuführen werden als **Workflowsysteme** bezeichnet. Sie erleichtern den Austausch von Teilergebnissen zwischen den Prozessbeteiligten und koordinieren den Ablauf der Arbeiten.

Durch Vernetzung der IT von unterschiedlichen Organisationen bzw. Unternehmen– vor allem über das Internet – ergeben sich neue unternehmensübergreifende Anwendungsmöglichkeiten (beispielsweise E-Commerce, E-Business, E-Procurement, E-Government etc.).

Dadurch lassen sich Unternehmensgrenzen – scheinbar – auflösen. Ob sich eine Abteilung im gleichen Gebäude oder auf einem anderen Kontinent befindet oder sogar einer anderen Organisationsform angehört, ist unerheblich.

Die Aspekte Aufbauorganisation, Ablauforganisation und IT-Systeme einer Organisation stehen in Wechselwirkung. Prozesse lassen sich in einer prozessorientierten Aufbauorganisation leichter implementieren, da weniger Organisationseinheiten an einem Prozess beteiligt sind und weniger Schnittstellen betrachtet werden müssen. Manche Prozesse können nur mit IT-Unterstützung sinnvoll eingeführt werden, oder IT-Systeme prägen selbst die Ablauforganisation. Diese Wechselwirkungen gewinnen besonders bei der Einführung von Standard-Anwendungssystemen an Bedeutung. Zum einen muss das IT-System an die gewünschten Abläufe angepasst werden, zum anderen müssen die Wunschprozesse dem IT-System angeglichen werden. Welcher „Best-Practice-Weg“ beschritten wird, ist einerseits eine Kosten-Nutzen-Entscheidung, andererseits eine an den Softwaremöglichkeiten ausgerichtete Abwägung.

Eine zu starke Anpassung von Standardsoftware an firmenspezifische Prozesse zieht in der Regel hohe Folgekosten nach sich. Ein neues Release einer Standardanwendung erfordert häufig umfangreiche Anpassungen am IT-System und in der Ablauforganisation.

1.8 Herausforderung für Unternehmen

Prozesse dienen dem Zweck, strategische Zielsetzungen in operative Handlungen umzusetzen, um so die gesetzten Ziele zu erreichen.

Die Effizienz und Effektivität der eigenen Geschäftsprozesse ist heute ein unbedingtes Muss. Es wird erwartet, dass Geschäftsvorgänge wie Bestellungen, Serviceanfragen etc. vom Unternehmen entsprechend den Kundenerwartungen schnell und zuverlässig bearbeitet werden. Es reicht heute nicht mehr, dass Prozessmodelle bzw. Prozessimplementierungen nach der klassischen 80-20 Regel nur 80% der in der Realität möglichen Geschäftsabläufe abdecken. Man stelle sich vor, dass bei Onlinebestellungen nur 80% der möglichen Geschäftssituationen, die durch Ihre Prozesse abgedeckt sein sollen, berücksichtigt sind. Heute braucht man bei Geschäftsprozessen eine Abdeckung von weit über 99 Prozent bei Massengeschäften sogar mehr als 99,99 Prozent. Diese Zahl ist immer noch zu gering, weil dadurch durchschnittlich ein Flugzeugabsturz pro Woche am Flughafen München eingeplant werden würde. Die Ziele der Prozesse müssen mit möglichst wenig Ressourcen- und Kostenaufwand erreicht werden, d. h. Prozesse müssen effizient sein.

Eine weitere Herausforderung ist es, die eigenen Geschäftsprozesse schnell und flexibel an veränderte Marktsituationen anpassen zu können. Die Produktionszyklen werden immer kürzer, auf der anderen Seite aber immer komplexer.

Lieferanten und auch Hersteller gehen bei der Beherrschung ihrer Prozesse soweit, den Kunden den eigenen Prozess-Status zu kommunizieren. Bei einem Automobilproduzenten kann der Kunde seine Sonderwünsche noch ändern, wenn der Wagen sich bereits in der Produktion befindet. Wird beispielsweise kurzfristig eine andere Lackfarbe gewünscht, kann diesem Wunsch Rechnung getragen werden. Prozesse zu beherrschen bedeutet Kundenbindung. Bei Bestellungen bei Amazon kann man sich immer über den Zustand der Bestellabarbeitung informieren bzw. wird durch E-Mails informiert.

Die enge Verzahnung von Prozessen mit der IT muss sehr flexibel gestaltet sein, um auf Änderungen reagieren zu können. Das ist ein wichtiges Spannungsfeld. Der Bedarf an flexibler Anpassbarkeit der Prozesse ist derzeit sehr viel höher als durch IT realisierbar. Zwar werden Systeme workflow-basiert gebaut, sie können jedoch auf Prozessänderungen nur bedingt flexibel reagieren.

1.9 Zusammenfassung

Wir unterscheiden zwei Darstellungen der Organisation eines Unternehmens. Die **statische Aufbauorganisation** strukturiert ein Unternehmen nach Organisationselementen, während die **dynamische Ablauforganisation** beschreibt, wie diese Elemente zusammenarbeiten.

Der Begriff der Geschäftsprozesse verbindet beide **Organisationsformen**. Demnach verstehen wir unter einem Geschäftsprozess die Reihenfolge, in der die Aufgaben innerhalb einer Aufbauorganisation bearbeitet werden. Ein Prozess benötigt immer eine Eingabe und eine Ausgabe sowie einen Initiator, einen Bearbeiter und einen Empfänger.

Prozesse lassen sich in verschiedenen **Komplexitätstiefen** darstellen, die von den groben Unternehmensabläufen bis hin zu detaillierter Beschreibungen der Handlungen reichen.

Zusätzlich unterscheiden wir zwischen der abstrakten Beschreibung eines Prozesses und seiner Instanz, dem konkreten Ablauf.

IT-Systeme unterstützen die Automatisierung von Geschäftsprozessen. Richtig angewandt tragen sie dazu bei, Komplexität zu reduzieren, Kosten zu sparen und die Agilität eines Unternehmens zu erhöhen. Aus diesem Grund ist die Beherrschung der eigenen Prozesse eine vordringliche Unternehmens- und Managementaufgabe.

2 Fünf Abstraktionsebenen: Von der Strategie zum Workflow

Ein Modell ist ein vereinfachtes Abbild der Realität. Es hilft, Zusammenhänge einfach und verständlich darzustellen. Ein klassisches einfaches Modell zur Einordnung von Prozessen in den betrieblichen Kontext ist das **Drei-Ebenen-Modell**. Es schildert in einfacher Weise, wie Prozesse ein Bindeglied zwischen Geschäftsstrategie und technischen Systemen sein können.

Wir erweitern dies und stellen ein umfassendes und durchgängiges Modell vor, das **fünf Ebenen zur Realisierung von Geschäftsprozessen** enthält. Es wird gezeigt, dass diese Erweiterung für die konkrete Realisierung von Geschäftsprozessen hilfreich ist. In den anschließenden Kapiteln 3 bis 7 wird das Vorgehen innerhalb der verschiedenen Gestaltungsebenen detailliert beschrieben. Innerhalb der fünf Ebenen gibt es verschiedene Disziplinen, die hier beschrieben werden.

2.1 Klassisches Drei-Ebenen-Modell

Zunächst soll an das **bekannte systemische Drei-Ebenen-Modell** erinnert werden, das häufig in Literatur (beispielsweise [Ös95]) und Praxis zitiert wird. Hier werden die Ebenen Strategie, Prozesse und Systeme unterschieden. Ausgehend von der Unternehmensstrategie werden die Prozesse im Unternehmen definiert und beschrieben. Stehen die Prozesse fest, werden Systeme für die Unterstützung der Geschäftsprozesse eingeführt (Top-down-Ansatz).

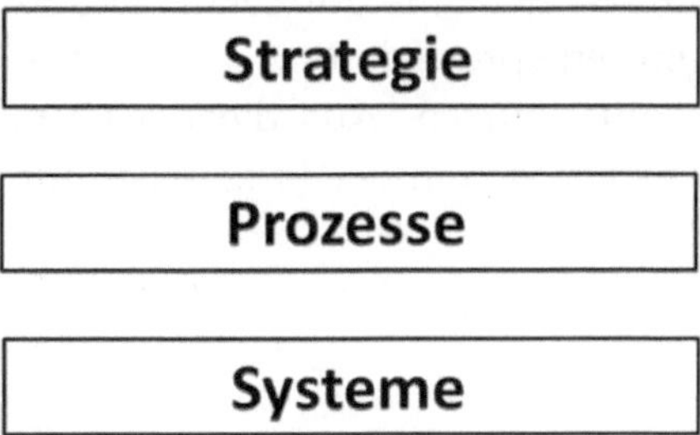

Abbildung 2-1: Klassisches Drei-Ebenen-Modell

Manche Führungskräfte sehen die Gestaltungsreihenfolge aus ihrer Erfahrung mit Systemhäusern genau umgekehrt. Aus den Möglichkeiten, die die IT-Systeme bieten, müssen Prozesse so gut es eben geht abgebildet werden. Aus dem ergibt sich, was dem Unternehmen letztendlich möglich ist, und die Strategie des Unternehmens fügt sich schließlich der Produktphilosophie...

Diese Geschichte mag überzeichnet sein, sie hat jedoch einen wahren und realistischen Kern. In vielen Fällen ist es schlichtweg zu teuer, individuelle Lösungen zu verfolgen, die sich nahtlos in die Strategie einer Organisation einfügen. So ist die Orientierung an standardisierten Systemen und standardisierten Prozessen – mit einigen individuellen Anpassungen – eine durchaus gängige Methode. Und bei nicht-wettbewerbsrelevanten Prozessen ist diese Vorgehensweise legitim.

Grenzen des Drei-Ebenen-Modells

Umsetzung: Das Modell gibt keine konkreten Empfehlungen für die Umsetzung in die Praxis. Es wird nicht hinreichend dargestellt, wie man von einer Strategie zum Prozess und daraus zur technischen Unterstützung (IT-System) gelangt.

Linearität: Betrachtet man das Modell prozessorientiert erhält man eine streng sequentielle dreistufige Vorgehensweise (siehe Abbildung 2-2).

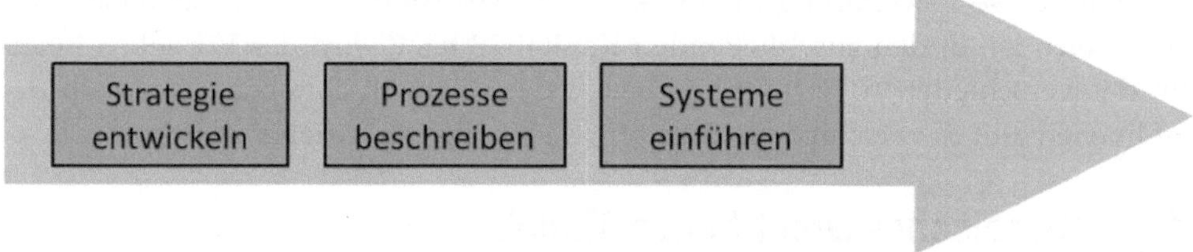

Abbildung 2-2: Sequentielle Darstellung des Drei-Ebenen-Modells

In der Praxis sind jedoch rein sequentielle Prozesse nur akademisch. Für eine Visualisierung ist dies zwar hilfreich, nicht aber für die Realisierung. Während der Realisierung werden zusätzliche Anforderungen identifiziert, die es notwendig machen zu vorherigen Phasen zurück zu kehren.

Dem Modell fehlen weiter gegenseitige Abhängigkeiten und Möglichkeiten zur Prüfung, ob die Prozesse den Anforderungen entsprechen bzw. ob die IT-Lösungen die Anforderungen wie gewünscht unterstützen. Aus diesem Grund wurde das Modell von den Autoren erweitert. Es hat sich in der Prozessberatung in vielen Projekten bewährt.

2.2 Das Fünf-Schichten-Modell zur Realisierung von Geschäftsprozessen

Das Vorgehen des Buches zum Realisieren von Geschäftsprozessen lässt sich von einem Fünf-Ebenen-Modell leiten.

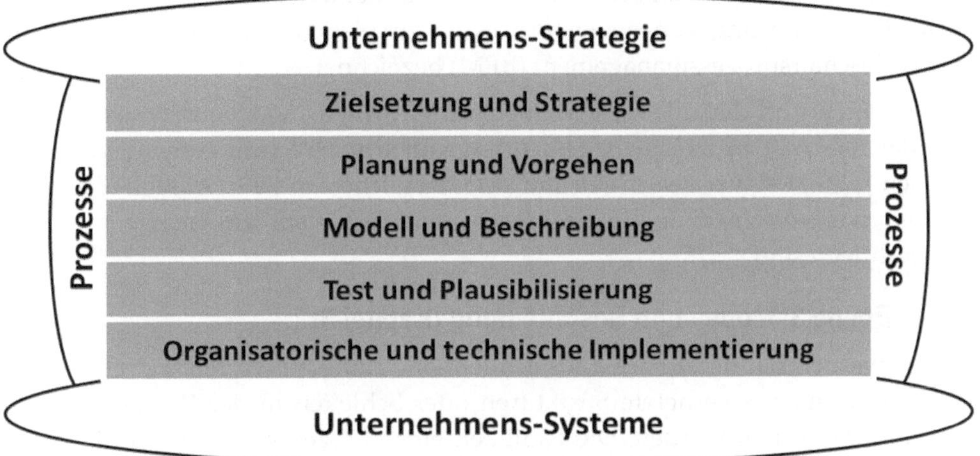

Abbildung 2-3: Fünf-Ebenen-Modell zur Realisierung von Geschäftsprozessen™

Die Bedeutung der fünf Ebenen wird im Folgenden kurz beschrieben. Die einzelnen Ebenen werden dann in weiteren Kapiteln detailliert behandelt und von einer durchgängigen Fallstudie in Kapitel 8 ergänzt.

2.2.1 Ebene 1: Zielsetzung und Strategie (Kapitel 3)

Die Bedeutung von Geschäftsprozessen für die betriebliche Praxis hat sich mittlerweile etabliert. Viele strategische Unternehmensmodelle beinhalten heute Geschäftsprozesse. Methoden zur Beschreibung, Implementierung und Verbesserung von Prozessen werden wir in Kapitel 3 vorstellen. Hierzu gehören beispielsweise EFQM (European Foundation for Quality Management) oder Balanced Scorecard.

Wir werden diese und einige andere Modelle diskutieren und ihre Einsatzfelder für die Realisierung von Geschäftsprozessen gegenüberstellen. Abhängig von der Unternehmensstrategie werden höchst unterschiedliche Anforderungen an die Gestaltung und Realisierung von Geschäftsprozessen gestellt. Diese können von qualitativer Natur wie Kundenzufriedenheit oder Umweltverträglichkeit oder von quantitativer Natur sein, zum Beispiel Durchlaufzeiten oder Ressourcenverbrauch.

Ein weiterer Aspekt behandelt eine Klassifikation von Prozessen. Wir differenzieren fünf verschiedene Prozesstypen und skizzieren, welche Strategien in welchen Anwendungsfällen am besten greifen.

Zur Strategie gehört auch die Einrichtung von Maßnahmen und Werkzeugen zur Kontrolle von Geschäftsprozessen.

2.2.2 Ebene 2: Planung und Vorgehen (Kapitel 4)

Einen Geschäftsprozess zu beschreiben ist ein leichtes, mit entsprechenden IT-Werkzeugen gelingt es jedem, einen Prozess zu modellieren. Viel schwieriger ist es jedoch, die Einführung von neuen Prozessen zu planen und umzusetzen. Dies wird als Geschäftsprozessmanagement (BPM) bezeichnet.

Wir betrachten und diskutieren verschiedene Vorgehensmodelle und sehen, dass es für das Geschäftsprozessmanagement eigentlich noch kaum Anleitungen zum Vorgehen gibt. Hier verweisen wir auf drei mögliche Modelle. Anschließend beschreiben wir verschiedene Rollen, die beim Geschäftsprozessmanagement zu berücksichtigen sind.

2.2.3 Ebene 3: Modell und Beschreibung (Kapitel 5)

Prozesse werden häufig zunächst als sequentielle Kette entworfen. Es müssen jedoch darüber hinaus vernetzte Strukturen oder Schleifen in der Prozessfolge erkannt und dargestellt werden. Die Fähigkeit eines Prozess-Systems, häufige Sonderfälle behandeln zu können, kann als besondere „Herausforderung" und „Qualität" eines Prozesses betrachtet werden.

Ausgehend von der natürlichen Sprache werden drei verschiedenen Sichtweisen zur Beschreibung gezeigt. Die verschiedenen Sichtweisen zur Beschreibung von Geschäftsprozessen werden ausgeführt. Einfache Kriterien helfen, geeignete Methoden für die eigenen Modellierungs- und Beschreibungsaufgaben herauszufinden.

2.2.4 Ebene 4: Test und Plausibilisierung (Kapitel 6)

Kapitel 6 mag vielleicht erstaunen: Prozesse testen?

In der Tat: Der klassische Weg ist, dass Prozesse beschrieben und dann unmittelbar auf IT-Systeme abgebildet werden. Der Test erfolgt erst am lauffähigen IT-System. Prozessmodelle selbst werden häufig nicht ausreichend überprüft. Unzureichende Prozessbeschreibungen schlagen sich in unzureichender Funktionalität des zu erstellenden IT-Systems nieder. Zur Praktikabilität und Akzeptanz eines Prozesses gehören bedeutend mehr Informationen, als die Betrachtung des entwickelten IT-Systems.

Ziel muss es sein, frühzeitig eine Vorstellung des Geschäftsprozesses zu bekommen, wie er in der konkreten Praxis aussieht, noch bevor dieser in einer IT-Lösung realisiert wird. Herausforderung ist, den Prozess mit den beteiligten Personen und IT-Systemen zu validieren. Dies nennen wir den „Prozess erlebbar" machen und ist eine Testmethode, die den Anforderungen an die zu realisierenden Geschäftsprozesse gerecht wird.

2.2.5 Ebene 5: Organisatorische und technische Implementierung (Kapitel 7)

Die fünfte und letzte Ebene ist die Realisierung. In der ersten Auflage hatten wir uns noch auf die technische Implementierung beschränkt, es ist jedoch deutlich geworden, dass bei Geschäftsprozessen auch die organisatorische Ebene zu betrachten ist. Es werden Ansätze gezeigt und Technologien skizziert, die heute auf dem Markt zur Umsetzung von Prozessen verfügbar sind.

2.3 Zusammenfassung

Das klassische Drei-Ebenen-Modell enthält die Elemente Strategie, Prozesse und Systeme. Es ist als theoretisches Modell etabliert, reicht aber für praktische Konzepte nicht aus.

Das Fünf-Ebenen-Modell repräsentiert fünf unterschiedliche Arbeitsgebiete, die getrennt voneinander betrachtet werden können, sich aber gegenseitig beeinflussen. Abbildung 2-4 stellt die Ebenen als Baukasten grafisch dar.

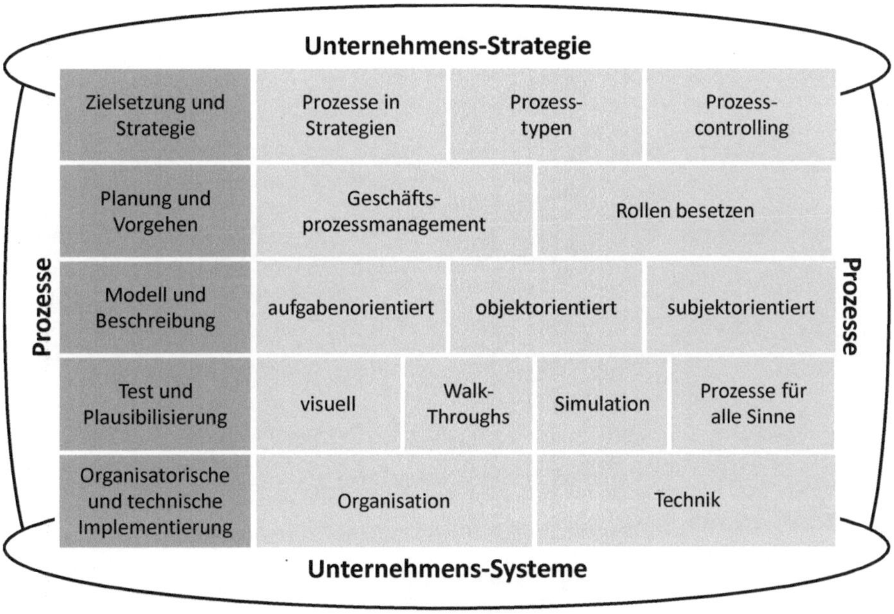

Unternehmens-Strategie

Prozesse

Zielsetzung und Strategie	Prozesse in Strategien	Prozess-typen	Prozess-controlling	
Planung und Vorgehen	Geschäfts-prozessmanagement		Rollen besetzen	
Modell und Beschreibung	aufgabenorientiert	objektorientiert	subjektorientiert	
Test und Plausibilisierung	visuell	Walk-Throughs	Simulation	Prozesse für alle Sinne
Organisatorische und technische Implementierung	Organisation		Technik	

Prozesse

Unternehmens-Systeme

Abbildung 2-4: Fünf-Ebenen-Modell als Baukasten

2.4 Aufgaben und Fallstudie

Am Ende der Kapitel 3 bis 7 finden Sie eine Checkliste mit Fragen, die helfen, den Inhalt des jeweiligen Kapitels in Ihre Praxis umzusetzen. Damit können Sie ein eigenes Beispiel entwickeln und in den Kontext Ihres Unternehmens einordnen.

Bei der Realisierung Ihrer Geschäftsprozesse hilft auch das Kapitel 8. In einer durchgängigen Fallstudie werden alle fünf Ebenen exemplarisch erläutert und damit gezeigt, wie das Modell in die Praxis umgesetzt werden kann.

3 Unternehmersicht: Prozesse strategisch ausrichten

In diesem Kapitel betrachten wir den Zusammenhang zwischen der Unternehmensstrategie und der Gestaltung von Geschäftsprozessen. Literatur und Praxis kennen zahlreiche Konzepte zur Darstellung der vielschichtigen Aufgaben in Unternehmen. Strategiemodelle sollen die Strukturen, die Dynamik und die Fähigkeiten eines Unternehmens leichter verständlich machen. Nur mit diesem Verständnis ist es möglich, gezielte Maßnahmen einzuleiten, beispielsweise um die Kundenzufriedenheit und die Produktivität zu verbessern.

Verschiedene Strategiemodelle werden in diesem Kapitel vorgestellt und ihr Bezug zur Gestaltung von Geschäftsprozessen erläutert. Weiter werden wir verschiedene Konzepte für das Management von Geschäftsprozessen vorstellen und zeigen, dass unterschiedliche Typen von Prozessen bestimmte Vorgehensweisen erfordern.

Zum Abschluss des Kapitels werden wir erläutern, wie mit Hilfe des Prozesscontrollings nachvollzogen werden kann, ob definierte Prozessziele erreicht worden sind.

3.1 Prozesse in Unternehmensstrategien

Unter Strategie werden langfristige Verhaltensweisen verstanden, mit denen eine Organisation ihre Ziele erreichen kann. Vor einer **Strategie** stehen **Visionen** als grobe Richtungsangabe. So kann eine Vision für ein Unternehmen sein, die „Nummer eins" in einem Marktsegment zu werden oder für den öffentlichen Sektor alle Services für den Bürger online anbieten zu können. Eine Strategie ist komplexer. Auf Grundlage von Untersuchungen werden Bündel von Maßnahmen beschrieben, die aufeinander und auf die Organisation abgestimmt sind und somit zum Ziel führen sollen. Nicht zur Strategie gehört ein konkretes Vorgehen, beispielsweise durch Initiierung von Projekten.

Unterschieden wird im betrieblichen Kontext zwischen einer **Unternehmensstrategie** und einer **IT-Strategie**, hierfür existieren auch verschiedene Rahmenwerke, an denen man sich orientieren kann. Das sind sozusagen Baukästen, die für eigene Bedürfnisse angepasst werden können. So muss keine eigene Strategie auf der grünen Wiese entwickelt werden.

Mittlerweile wird in der Theorie auch von einer **BPM-Strategie** gesprochen [Fo11]. Dies ist ein interessanter Ansatz, es fehlen bislang jedoch Ausführungen in der Praxis. Alleine Business Process Re-Engineering (BPR) entspricht einer BPM-Strategie, ist allerdings aufgrund seiner Radikalität kaum verwendbar.

Das Thema Geschäftsprozesse wurde stattdessen in vielen Strategien aufgenommen. Wir werden im Folgenden einige Beispiel nennen und auf die Verbindung hinweisen.

3.1.1 Business Process Re-Engineering

Eine radikale Methode zur Implementierung von Geschäftsprozessen ist das **Business Process Re-Engineering (BPR)**, das in den neunziger Jahren von Hammer und Champy entwickelt wurde [HC94]. Dieses Konzept bedeutet, dass in einem Unternehmen oder in einem größeren Teilbereich einer Organisation alle Prozesse grundsätzlich neu überdacht und gestaltet werden.

Das kann dann erforderlich werden, wenn die vorhandenen Strukturen so starr geworden sind, dass durch singuläre Änderungen keine nennenswerten Verbesserungen mehr zu erwarten sind. Der Handlungsdruck auf das Unternehmen ist so groß geworden, dass eine komplexe Veränderung notwendig wird. Vorhandene Strukturen der Organisation können hierbei nicht berücksichtigt werden. So kann es zu Identitätsverlusten der Organisation und ihrer Mitglieder kommen.

Dieser Ansatz gewinnt eine besondere Bedeutung, wenn man den Bezug zu IT-Systemen herstellt. Bei der Einführung einer unternehmensweiten Software kann es einfacher sein, die alten Prozesse in Frage zu stellen und völlig neu zu definieren. Allerdings werden bei diesem Ansatz die Auswirkungen und Folgekosten auf die Veränderungen der Ablauforganisation, der Arbeitsweisen und Qualifikation der Mitarbeiter häufig unterschätzt. Die Kosten durch die Störungen in der Aufbauorganisation können den Nutzen überwiegen.

Die Bemerkung aus Kapitel 2.1 bekommt damit eine positive Bedeutung: Eine Entscheidung für einen IT-Einsatz ist immer auch eine strategische Entscheidung.

Die Methode hat zweifelsohne Vorteile, denn eine zentrale Planung und Gestaltung von Ablauf- und Aufbauorganisation bringt für das Management eine klare Ordnung.

Heute hat diese Methode abnehmende Bedeutung. Schließlich bestehen in Unternehmen bereits Abhängigkeiten und Verflechtungen von IT-Systemen und Partnern, die nicht ohne weiteres transformiert werden können. Nur in besonderen Einzelfällen werden Prozesse und Systeme auf der „grünen Wiese“ implementiert.

3.1.2 ISO 9000 ff

Die Normenfamilie ISO 9000, 9001, 9004 enthält Anforderungen an die Gestaltung eines Qualitätsmanagement-Systems (QM-System). Dabei besteht die Aufgabe, die wichtigen und kritischen Erfolgsfaktoren für ein Unternehmen zu dokumentieren und zu steuern. Solche Erfolgsfaktoren sind beispielsweise Mitarbeiter, Methoden, Verfahren, Prozesse und Informationen.

ISO 9000:2000

Im ersten Kapitel wurde erläutert, dass die Bedeutung von Prozessen in den letzten Jahren deutlich gewachsen ist. Dies schlägt sich auch in der Neufassung DIN EN ISO 9000 ff nieder, die um wesentliche Punkte ergänzt und vor allem um den Abschnitt „Prozesse“ erweitert wurde.

Der ISO/TC 176 hat aus den überarbeiteten Normen acht *„quality management principles“* definiert. Prinzip 4 heißt *„Vorgehen mittels Prozessen“*: „Ein erwünschtes Ergebnis wird effizienter erreicht, wenn die betroffenen Ressourcen und Aktivitäten als Prozesse geleitet werden.“ Diese Empfehlung enthält noch wenig praktische Hilfestellungen, konkreter wird die folgende Norm.

ISO 9001 bis ISO 9004

In der Einleitung zur ISO 9001, Abschnitt 0.2 wird als Neuerung ein komplettes Prozessmodell eingeführt. Dieser prozessorientierte Ansatz kann verstanden werden als

- das systematische Ermitteln der Prozessarchitektur,
- das Festlegen und Gewichten von Kriterien zur Bewertung eines Prozesses,
- das Messen und Prüfen der Prozesse und
- Maßnahmen zur Erreichung der geplanten Ergebnisse.

Die Norm ISO 9001 definiert die Anforderungen an ein Qualitätsmanagement-System auf Grundlage eines Prozessmodells, welches die Bestandteile eines QM-Systems in einen strukturellen Zusammenhang bringt (siehe Abbildung 3-1).

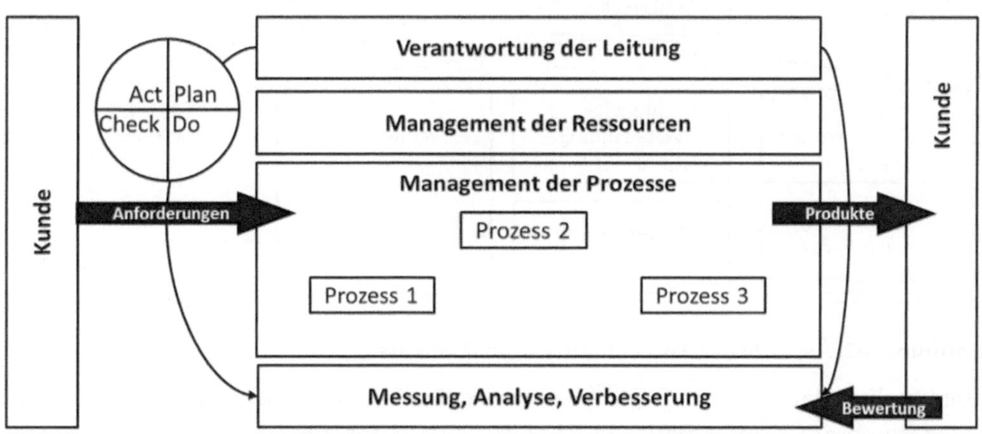

Abbildung 3-1: Prozessmodell ISO 9001

Das QM-Modell nach ISO 9001 besteht aus **zwei Steuerkreisen**. Zum einen gibt es einen Steuerkreis, der zeigt, wie die Anforderungen und Wünsche der **Kunden** aufgegriffen werden und in entsprechende Produkte oder Dienstleistungen münden, die an den Kunden geliefert werden. Produkte und Dienstleistungen werden durch den Kunden bewertet. Die Ergebnisse werden durch das Vorgehen Messen/Analysieren/Verbessern aufgegriffen. Dies stellt den Übergang in den **zweiten Regelkreis** dar. Er steuert alle Aktivitäten, um das Management der Prozesse so zu verbessern, dass die Kundenzufriedenheit bzw. die Effizienz steigt. Der zweite Regelkreis umfasst zusätzlich die Bereiche Verantwortung der Leitung und Management der Ressourcen. Damit sollen die Voraussetzungen zur Verbesserung der operativen Prozesse geschaffen werden.

Das ISO-Prozessmodell zeigt in seinen Komponenten das Zusammenwirken wichtiger Prozessgruppen. Jede dieser Prozessgruppen wird noch feiner gegliedert und detaillierter beschrieben. Die Norm legt also fest, welche Prozesse in einem Unternehmen betrieben werden und welche Aspekte in den Prozessen eines Unternehmens berücksichtigt werden müssen, um die Norm zu erfüllen.

3.1.3 Total Quality Management

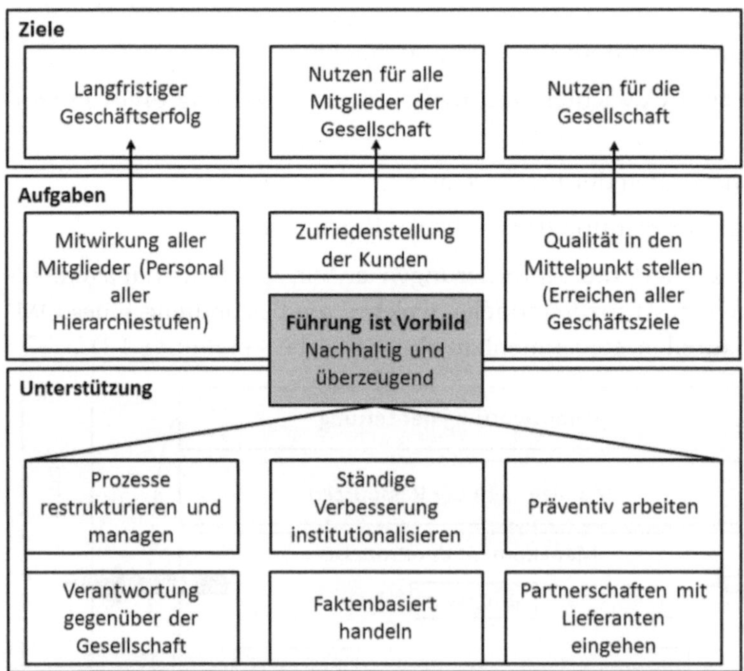

Abbildung 3-2: Aspekte des Total Quality Managements

Total Quality Management (TQM bezeichnet eine Unternehmensstrategie, „die auf die Erfüllung der Kundenwünsche abzielt, so dass der interne und externe Kunde im Mittelpunkt der Bemühungen steht" [Pf01]. Damit soll ein langfristiger Geschäftserfolg sowie ein entsprechender Nutzen für die Mitglieder der Organisation und der Gesellschaft erreicht werden. Abbildung 3-2 zeigt das Zusammenwirken der Aufgaben und Unterstützungsprinzipien, um sich den Zielen von TQM Schritt für Schritt anzunähern [Ka00]. Dabei wird deutlich, dass zwei Methoden des TQM die *kontinuierliche Verbesserung* und die *Prozessorientierung* sind. Diese Grundlagen unterstützen verschiedene Aufgaben, um die Ziele des Unternehmens zu erreichen.

Für die kontinuierliche Verbesserung wird oft der japanische Begriff **Kaizen** verwendet, was so viel wie „Veränderung zum Besseren" bedeutet. Alle Führungskräfte und Mitarbeiter suchen in der gesamten Organisation permanent nach Möglichkeiten, die Qualität zu verbessern und/oder die Kosten zu reduzieren [Sm02]. Der ständige Verbesserungsprozess gliedert sich in die Phasen Planen (Plan), Ausführen (Do), Überprüfen (Check) und Anpassen (Act). Abbildung 3-3 zeigt diesen Plan-Do-Check-Act Zyklus, der oft nach seinem Erfinder auch Deming-Cycle genannt wird.

Der allgemeine TQM-Ansatz gilt für alle Unternehmen unabhängig von der Branche, Größe usw. Allerdings muss dieser allgemeine Ansatz für die Umsetzung in einem Unternehmen konkretisiert werden. Unternehmen benötigen einen Orientierungsrahmen, an dem sie ihre Vorgehensweise bei der Einführung von TQM anlehnen können [Ka00].

Zusammengefasst steht bei TQM die kurzfristige Prozessoptimierung im Vordergrund.

Abbildung 3-3: Plan-Do-Check-Act Zyklus

3.1.4 EFQM Unternehmensbewertung

Während die ISO 9001 fordert, dass bestimmte Aspekte durch einen zugeordneten Prozess oder innerhalb eines entsprechenden Prozesses abgedeckt sind („WAS")

[Ka00], betrachtet EFQM (European Foundation for Quality Management), wie Prozesse identifiziert, aufgebaut und verbessert werden können („WIE").

EFQM liefert Sichten auf ein Unternehmen und Kriterien, um den Stand des Unternehmens zu bewerten. Somit kann das EFQM- Modell auch als ganzheitliches Modell zur Führung eines Unternehmens genutzt werden. Das EFQM-Modell ist eine Konkretisierung des allgemeinen TQM-Ansatzes. Das EFQM-Modell besteht aus 9 Kriterien, die zur Bewertung des Fortschritts einer Organisation in Richtung TQM herangezogen werden. Abbildung 3-4 zeigt diese neun Kriterien.

Die neun Kriterien teilen sich in zwei Gruppen, den *Befähigern* und den *Ergebnissen*. Die Befähiger-Kriterien beschäftigen sich damit, wie eine Organisation ihre Hauptaktivitäten abwickelt. Durch die Befähiger-Kriterien werden die jeweiligen Vorgehensweisen betrachtet, die eingesetzt werden, um die gewünschten Ergebnisse zu erreichen (Plan, Do).

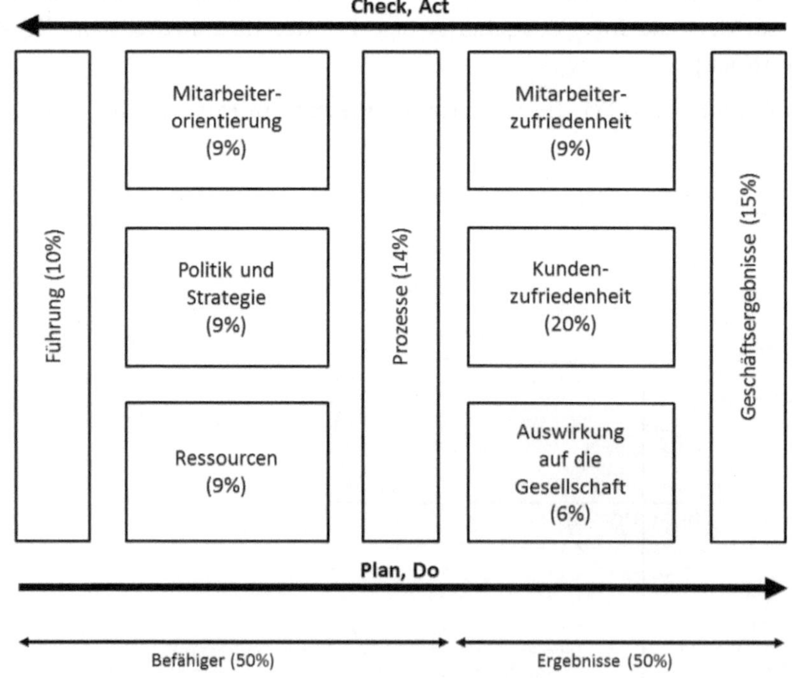

Abbildung 3-4: Kriterien des EFQM-Modell

Die Ergebnis-Kriterien bewerten, welche Ergebnisse durch die Vorgehensweisen erzielt wurden. Die erreichten Ergebnisse beeinflussen wiederum die Vorgehensweisen. Wurden die gewünschten Ergebnisse nicht erzielt, werden die Vorgehensweisen geändert und angepasst (Check, Act).

Für die Bewertung der einzelnen Kriterien wird die sogenannte RADAR-Logik eingesetzt. Die Elemente der RADAR-Logik sind Ergebnisse, Vorgehen, Umsetzung, Bewertung und Überprüfung. Wobei die Elemente Vorgehen, Umsetzung und Bewertung beispielsweise nur bei den Befähiger-Kriterien und das Kriterium Ergebnisse nur bei den Ergebniskriterien eingesetzt werden (Abbildung 3-4).

Das Ergebnis der Bewertung durch ein Kriterium ist ein Prozentsatz, der angibt, in welchem Ausmaß das Kriterium erfüllt ist. Die Ergebnisse eines jeden Kriteriums fließen zu einem bestimmten Anteil in die Gesamtbewertung ein. Durch diese Gewichtung wird die Bedeutung eines jeden Kriteriums für den Fortschritt zum Ausdruck gebracht. Am höchsten gewichtet wird bei den Befähigern das Kriterium Prozesse (14%) und bei den Ergebnissen die Kriterien Kundenergebnisse (20%) und Schlüsselleistungen (15%). Diese Kriterien spielen für ein Total Quality Management die größte Rolle. Daraus kann abgeleitet werden, dass durch passende und wirksame Prozesse eine hohe Kundenzufriedenheit und ein exzellenter Geschäftserfolg erzielt werden kann. Die maximale Punktanzahl bei EFQM sind 1000 Punkte. Das entspricht einem perfekten Unternehmen.

Das EFQM-Modell will kein starres, normatives Vorgehen vorgeben, sondern überlässt es dem Unternehmen, seine Vorgehensweisen zu finden und einzusetzen, um die geforderten Kriterien zu erfüllen. Das Modell kann also für Organisationen der unterschiedlichsten Größen oder Branchen verwendet werden. Das EFQM-Modell gibt nicht vor, welche Prozesse ein Unternehmen einführt, um Kundenzufriedenheit bzw. ein gutes Geschäftsergebnis zu erzielen. Mit EFQM kann Effizienz und Effektivität von Prozessen gemessen werden. Folgende Voraussetzungen und Vorarbeiten sind hierzu notwendig:

- Systematisches Gestalten und Managen der Prozesse
- Kontinuierliche Prozessverbesserung zur Erhöhung der Kundenzufriedenheit und Steigerung der Wertschöpfung
- Ausrichtung der Produkte und Dienstleistungen auf den Kunden hin
- Sicherstellung der Services für Produkte und Dienstleistungen
- Pflege der Kundenbeziehungen
- Definition der strategischen Ziele in den einzelnen Unternehmensperspektiven
- Festlegen der strategischen Maßnahmen mit den jeweiligen Zielen, sowie Kriterien und Kennzahlen zur Beurteilung der Zielerreichung

3.1.5 Balanced Scorecard

Balanced Scorecard ist ein Management-Instrument zur strategischen Führung eines Unternehmens mit Hilfe eines Kennzahlensystems. Die Methode wurde von Norton und Kaplan vorgeschlagen [Kap97]. Dieses Konzept hat inzwischen weite Akzeptanz gefunden.

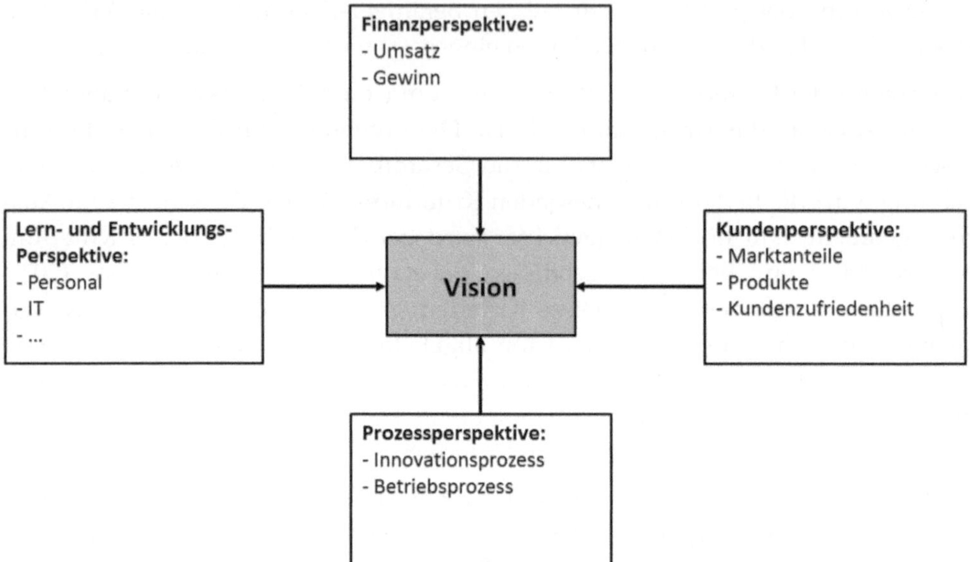

Abbildung 3-5: Vier Sektoren der Balanced Scorecard

Mit Hilfe einer Balanced Scorecard wird von der Leitung der betrachteten Organisation zunächst eine Vision aufgestellt und daraus eine Mission entwickelt. Welche Ziele sollen erreicht werden und wie ist der Weg dorthin? Anschließend werden mit allen Führungskräften die Strategien des Unternehmens erarbeitet, d.h. es wird festgelegt, über welche Zwischenziele (strategische Ziele) sich der Vision und Mission genähert werden soll.

Die strategischen Ziele werden einer bestimmten Perspektive zugeordnet. In der Regel werden die vier Standardperspektiven Finanzen, Kunden, Prozesse oder Mitarbeiter/Potentiale betrachtet. Diese vier Zielbereiche bilden eine Hierarchie, wobei die Finanzperspektive die oberste Ebene darstellt, es folgt die Kundenperspektive, dann die Prozessperspektive und schließlich die Potential- und Mitarbeiterperspektive. Strategische Ziele einer Perspektivebene können Ziele in der gleichen oder einer höheren Ebene stützen. Abbildung 3-5 zeigt vier mögliche Sektoren einer Balanced Scorecard

Die einzelnen Ziele bilden Wirkungsketten, die aufzeigen, wie die wichtigsten Ziele, nämlich die Finanzziele, unterstützt und damit erreicht werden sollen. Die Wirkungsketten spiegeln die Kausalität der strategischen Überlegungen wieder.

Abbildung 3-6 zeigt ein abstraktes Beispiel einer Wirkungskette zur Steigerung des Unternehmenserfolges.

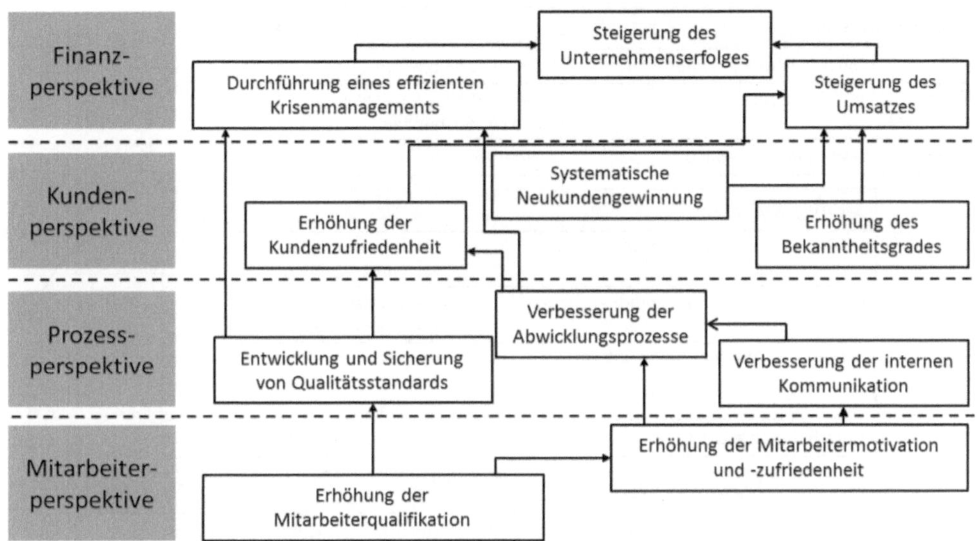

Abbildung 3-6: Beispiel einer Wirkungskette

Für jedes strategische Ziel werden Messgrößen und Zielwerte festgelegt. Durch das Erreichen oder Nicht-Erreichen der Werte kann beurteilt werden, ob die strategischen Ziele erreicht wurden. Durch dieses Vorgehen werden Vision und Mission in ein Kennzahlensystem übersetzt.

Die strategischen Ziele können abhängig von der Organisation weiter detailliert werden. Teilorganisationen können eine Balanced Scorecard aus der übergeordneten Balanced Scorecard ableiten. Diese Kaskadierung kann bis hin zum einzelnen Mitarbeiter erfolgen, dessen persönliche Ziele aus einer Kette von Balanced Scorecards abgeleitet sind. Abbildung 3-7 zeigt beispielhaft eine Zielhierarchie.

Die Balanced Scorecard bildet ein generisches Modell, das an die spezielle Situation eines Unternehmens angepasst werden kann. Mit diesem Modell wird die Strategie beschrieben, mit deren Hilfe die Führung einer Organisation die angestrebten Ziele erreichen will.

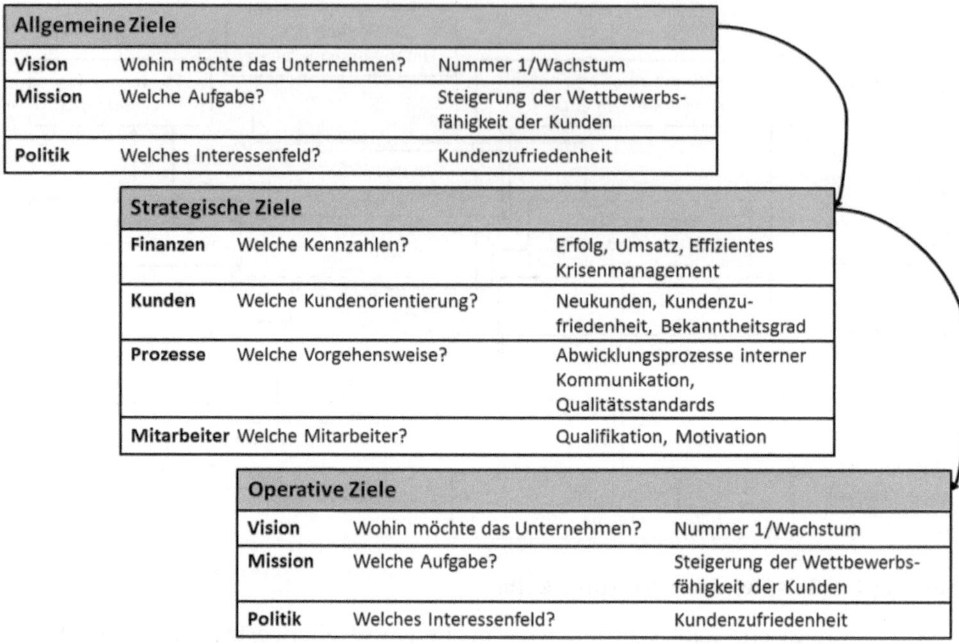

Allgemeine Ziele		
Vision	Wohin möchte das Unternehmen?	Nummer 1/Wachstum
Mission	Welche Aufgabe?	Steigerung der Wettbewerbsfähigkeit der Kunden
Politik	Welches Interessenfeld?	Kundenzufriedenheit

Strategische Ziele		
Finanzen	Welche Kennzahlen?	Erfolg, Umsatz, Effizientes Krisenmanagement
Kunden	Welche Kundenorientierung?	Neukunden, Kundenzufriedenheit, Bekanntheitsgrad
Prozesse	Welche Vorgehensweise?	Abwicklungsprozesse interner Kommunikation, Qualitätsstandards
Mitarbeiter	Welche Mitarbeiter?	Qualifikation, Motivation

Operative Ziele		
Vision	Wohin möchte das Unternehmen?	Nummer 1/Wachstum
Mission	Welche Aufgabe?	Steigerung der Wettbewerbsfähigkeit der Kunden
Politik	Welches Interessenfeld?	Kundenzufriedenheit

Abbildung 3-7: Zielhierarchie

Eine Balanced Scorecard ist im Gegensatz zum EFQM-Modell unternehmensspezifisch, das unabhängig von der Organisation betrachtet, wie die Prozesse umgesetzt werden sollen. Die Balanced Scorecard ist in die Zukunft gerichtet, während mit dem EFQM-Bewertungsverfahren stärker die Gegenwart betrachtet wird.

3.1.6 Six Sigma

Six Sigma ist eine systematische Methode zur Optimierung von Prozessketten. Sigma (σ) beschreibt eine Metrik für Fehlerhäufigkeiten. Bei Sigma 1 liegt die Fehlerwahrscheinlichkeit bei fast 70%, während bei Sigma 6 die Fehlerrate nur bei $3{,}4 * 10^{-6}$ % liegt.

Für das Geschäftsprozessmanagement unterscheidet Six Sigma zwei Methoden:

- Verbesserung von Prozessen (DMAIC)
- Neugestaltung von Prozessen (DFSS)

Die Vorgehensweise von Six Sigma betrachtet drei sogenannte Diagnoseräume: Prozesstür, Datentür und Kulturtür. Damit wird der Blick auf die ganze Organisation geöffnet. Die Methodik Six Sigma arbeitet mit komplizierten statistischen Modellen und wirkt sehr mathematisch und schwer durchschaubar.

3.1.7 Gegenüberstellung und Bewertung

Die Gegenüberstellung der verschiedenen strategischen Methoden zeigt, dass der Zusammenhang zwischen Strategie und Prozessen auf sehr unterschiedliche Art und Weise erfolgen kann:

- Radikale Neugestaltung von Prozessen (Business Re-Engineering)
- Beschreibung wichtiger Prozessgruppen im Unternehmen (ISO 9000 und ISO 9001)
- Ständige Verbesserung von Prozessen (TQM)
- Messung und Bewertung der Prozessverbesserungen (EFQM)
- Zukunftsausrichtung der Prozesse (Balanced Scorecard)
- Minimierung von Prozessfehlern (Six Sigma)

Die Methoden haben für die praktische Anwendung auch Schwächen:

- Es fehlen Kriterien zur Entscheidung für Optimierung oder Neugestaltung von Prozessen.
- Prozess-Strukturen orientieren sich weitgehend an allgemeinen Standards; diese können für die eigene Organisation relevant sein, müssen aber nicht.
- Es gibt keine Hilfestellung zur Gestaltung der unternehmensspezifischen und damit wettbewerbsentscheidenden Prozesse.
- Der Weg geht von der Strategie zum Prozess, konkrete Verbindungen von Prozessen zu Systemen fehlen.
- Die Nutzenansätze sind zu sehr auf die Effizienz der Prozessdurchläufe ausgerichtet. Ansätze für eine unternehmensübergreifende Betrachtungsweise sind nur ansatzweise vorhanden.

Zusammenfassend haben die beschriebenen Strategien wohl eine Bedeutung für Prozesse von Unternehmen, so richtig überzeugen können sie noch nicht.

3.2 Differenzierung von Prozesstypen

Im Folgenden werden fünf Prozesstypen skizziert. Geschäftsprozesse können Eigenschaften aufweisen, die zu unterschiedlichen Handlungen führen müssen. Die Einteilung wird nicht abschließend sein, es gibt auch Mischformen. Für das weitere Vorgehen kann diese Zuordnung jedoch eine Hilfe sein.

3.2.1 Wettbewerbsorientierte Prozesse

Ein wettbewerbsorientierter Prozess spielt eine entscheidende Rolle für die Wettbewerbsfähigkeit des Unternehmens und wirkt sich unmittelbar auf den Geschäftserfolg aus.

Beispiel:

Der Erfolg eines Internet-Buchhändlers ist vor allem auf seinen ausgefeilten Logistik-Prozess zurückzuführen, mit dem viele Partner an das Versandsystem angeschlossen sind. Das hat Auswirkungen auf die Anforderungen, an die Stabilität und Qualität der Prozesse, aber auch an die unterstützenden Systeme.

Mögliche Auswirkung auf die Strategie:

Es ist eine strategische Entscheidung, unterstützende Prozesse mit Standardsystemen abzubilden. Für Prozesse, die für das Unternehmen einen USP (*Unique Selling Proposition*) darstellen, kann eine spezielle Implementierung notwendig sein, da es kein entsprechendes Standardsystem gibt.

3.2.2 Change-sensitive Prozesse

In allen Strategiemodellen fehlt eine Betrachtung und Beurteilung, wie Prozesse *langfristig* stabil aufgebaut werden müssen. Kurzfristige ad-hoc-Lösungen, die langfristig immer wieder korrigiert werden müssen, verursachen hohe Kosten. Bei einem change-sensitiven Prozess ist zu erwarten, dass sich manche Parameter immer wieder ändern werden.

Hier ist es eine wichtige Aufgabe, den Prozess so robust zu gestalten, dass er auf die zu erwartenden Änderungen stabil bleibt. Prozess-Veränderungen durch Anpassung von Parametern (Customizing) zu realisieren, ist eine häufig praktizierte Methode, wandelbare IT-Systeme gelten als hoffnungsvoller Ansatz [In04]. Diesen Ansätzen fehlt die Orientierung an der Unternehmensstrategie und die methodische Unterstützung.

Beispiel:

Der Bestellprozess eines Konzerns existiert in vielen Varianten. Jedes Werk hat ihn separat gestaltet und in einem Werk gibt es sogar mehrere Ausprägungen gleichzeitig.

Es ist klar, dass diese Vielfalt unnötige Kosten verursacht. Jedes Werk pflegt eigene Softwaresysteme. Bei Änderungen muss eine Vielzahl gleichartiger Prozesse angepasst werden.

3.2.3 IT-terminierte Prozesse

Ein IT-terminierter Prozess ist stark von der IT-Unterstützung (beispielsweise Workflow-Systemen) abhängig oder kann nur mit diesen betrieben werden.

Aufgabe ist es, die Möglichkeiten der vorhandenen IT-Systeme in optimaler Weise zu nutzen. Die Prozesse werden in Abhängigkeit der IT-Systeme gesehen, aufgebaut und betrieben. Prozessänderungen müssen sich in hohem Maße an den technischen Möglichkeiten orientieren.

3.2.4 Wissensorientierte Prozesse

Bei der Definition oder Ausführung solcher Prozesse ist umfangreiches Wissen erforderlich.

Oberflächlich betrachtet haben Prozesse und Wissen einer Organisation wenig miteinander zu tun. Auf der einen Seite geht es um Abläufe der Aktivitäten, auf der anderen Seite um das Wissen, das bei den Mitarbeitern und damit in der Organisation implizit und explizit verfügbar ist.

Dennoch hängen beide Themen voneinander ab.

- Welches Wissen (beispielsweise Prozesserfahrung) ist für den korrekten Aufbau von Prozessen erforderlich?
- Welches Wissen brauchen die Beteiligten beim Durchlauf eines Prozesses?
- Welches Wissen ergibt sich aus den Prozessen?
- usw.

Der wissensorientierte Prozess kann nur implementiert und betrieben werden, wenn Mitarbeiter intensiv eingebunden werden, die als Wissensträger unentbehrlich sind.

Die Automatisierung von Geschäftsprozessen erfordert eine genaue Abstimmung zwischen den Prozess-Anwendern und den unterstützenden IT-Systemen. Die Mitarbeiter müssen frühzeitig in den Veränderungsprozess eingebunden und es muss ausreichend Akzeptanz geschaffen werden. Das kann geschehen durch:

- Einbindung des Wissens bei der Implementierung neuer Strukturen. Viele Ideen und Vorstellungen können einfließen, die es zu begutachten, aber auch zu filtern gilt.
- Frühzeitige Kommunikation und Klärung des neuen Prozesses („Prozess erleben"), um die Akzeptanz zu erhöhen.

Ein kleines Unternehmen strukturiert seine Vertriebsprozesse radikal nach einer CRM-Strategie (Customer Relationship Management). Die Vertriebsmitarbeiter bekommen jetzt alle Aufgaben automatisch zugewiesen. Dennoch werden die von der Unternehmensleitung definierten Ziele, Umsatzsteigerung, Verkürzung des Verkaufszyklus und verbesserte Kundenbindung nicht erreicht. Der Grund ist die fehlende Einbindung der Mitarbeiter. Statt ihr Wissen und ihre Erfahrung zu nutzen und zu würdigen, wurden die Prozesse technokratisch den Mitarbeitern übergestülpt. Sie haben keinen Gestaltungsspielraum mehr, fühlen sich übergangen, sind demotiviert und verlassen das Unternehmen.

Wer erfolgreiche Geschäftsprozesse realisieren will, muss Mitarbeiter frühzeitig und umfassend einbinden und ihr Wissen, ihre Erfahrung und ihr gestalterisches Potential nutzen!

Erster Schritt ist die Information der beteiligten Personen über den Änderungsbedarf der betroffenen Geschäftsprozesse.

Eine verbreitete Methode der Arbeit in Großgruppen ist der sogenannte **„open space"**. Über 100 Mitarbeiter erarbeiten gemeinsam Lösungen in der großen Gruppe und in Kleingruppen.

Dieses Vorgehen ermöglicht, dass zu einer Problemlösung das Wissen vieler zusammengetragen werden kann und durch kurze Kommunikationswege Lösungen in kurzer Zeit erarbeitet werden können.

Da ein Prozess aus komplexem Wissen vieler Beteiligter besteht, ist das ein hoffnungsvoller Ansatz. Steigt jedoch die Komplexität der Aufgabenstellung, stößt diese Methode an ihre Grenzen. Das ist beispielsweise dann der Fall, wenn es sich um schwierige Zusammenhänge (Integrationsanforderungen) an IT-Systeme handelt.

Eine weitere Methode ist, eine **gemeinsame Darstellung und Bezeichnung des Prozesses** zu finden, die alle Prozessbeteiligten verstehen können und die alle Prozessbeteiligte akzeptieren.

3.2.5 „Zombi"-Prozesse

Zombi-Prozesse „funktionieren irgendwie", werden von der Organisation nicht richtig verstanden oder beherrscht.

Bei der Festlegung von Unternehmensstrategien wird häufig davon ausgegangen, dass Prozesse dokumentierbar, beherrschbar und steuerbar sind. Es treten in der Praxis immer wieder Fälle auf, in denen Prozesse, auch mit intensiver Beraterunterstützung und IT-Werkzeugen nicht beherrschbar sind. Solche Prozesse nennt man **Zombie-Prozesse** (Hinweis: Dieser Begriff wird ebenso bei der Beschreibung von Betriebssystemen verwendet, wird in diesem Buch jedoch in einem anderen Kontext verwendet). Kennzeichen eines Zombie-Prozesses ist, dass er „irgendwie" funktioniert, niemand weiß so recht, wie und warum. Weil er einer der Kernprozesse ist oder hohe Kosten verursacht, bindet er hohe Aufmerksamkeit im Unternehmen.

Hintergrund ist häufig, dass Prozesse zu schnell und unkontrolliert eingeführt wurden und „leben müssen". Sie laufen zwar, der Organisation wurde aber zu wenig Zeit gegeben, sich in sie einzugewöhnen. Die aufgezeigten Symptome sind häufig ein Indiz, dass der Prozess nicht oder nur unzureichend in der Organisation verankert ist.

Ein Hinweis auf einen Zombie-Prozess kann auch sein, dass Versuche, den Prozess zu verbessern, scheitern. Verbesserungen finden noch weniger Akzeptanz als die ursprüngliche Version.

Ansatzpunkt für die Auflösung eines Zombie-Prozesses ist, die betroffene Organisation zu entwickeln und zu stärken. Orientiert an der Methodik von „Six Sigma", ist der Schlüssel zur Verbesserung die „Kultur". Auf sie gilt es zuerst das Augenmerk zu richten, bevor der Prozess optimiert wird.

3.3 Prozesscontrolling

Um einen identifizierten Prozess zu bewerten und zu verbessern, müssen die Ziele des Prozesses von der Strategie abgeleitet und definiert sein. Neben dem „Prozesse gestalten" ist also das Messen der Prozesse eine strategische Aufgabe, das Prozesscontrolling.

Die bekannteste Methode hierzu ist die Prozesskostenrechnung. Damit können beispielsweise die durchschnittlichen Kosten einer Serviceanfrage oder eines Kundenauftrags berechnet werden.

Die Prozesskosten hängen stark von der benötigten Zeit und den eingesetzten Ressourcen ab und messen nur die Effizienz eines Prozesses. Die Frage nach der Effektivität eines Prozesses fließt lediglich indirekt ein. Kennzahlen helfen festzustellen, ob ein Prozess den Anforderungen entspricht. Entspricht er beispielsweise der geforderten Qualität? Kennzahlen sind stark prozessspezifisch orientiert.

Während man unter dem klassischen Controllingbegriff überwiegend die Überwachung der Kosten versteht, sind im Kontext von Prozessen

- Durchlaufzeiten
- Qualität
- Effizienz
- Flexibilität
- Kundenzufriedenheit und
- Kosten

zu überprüfen (vgl. [Ro05]). Die folgende Aufstellung zeigt unterschiedliche Prozessziele, welche teilweise in Konkurrenz zueinander liegen.

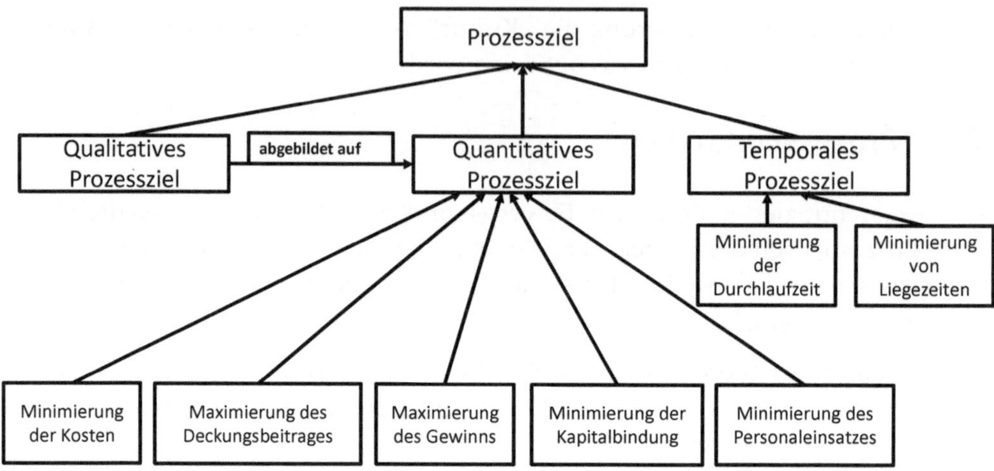

Abbildung 3-8: Überblick Prozessziele

Im Mittelpunkt einer Prozessbewertung stehen **IST-** und **SOLL**-Prozesse. Für diese Prozesse können Prozessmessgrößen (**KPI** Key Performance Indicators) definiert und eingeführt werden. KPIs liefern Kennzahlen für die in Abbildung 3-8 genannten Anforderungen und sind deshalb ein wichtiges Steuerungsinstrument für die Prozess-Verantwortlichen.

Trotz Einführung geeigneter Kennzahlen hat die Messbarkeit von Prozessen Schwächen. Prozesstypen sind beispielsweise nur schwer quantifizierbar.

Eine andere gängige Controlling-Methode ist das **„benchmarking".** Prozesse werden anhand verschiedener Kriterien miteinander verglichen. Häufig vergleichen sich fremde Unternehmen auf diese Art miteinander, um voneinander zu lernen und die eigene Position zu definieren. Auch innerhalb eines Unternehmens können Benchmarks zur Ermittlung der Prozess-Performanz eingesetzt werden. Eine Voraussetzung für das „benchmarking" ist, dass die betrachteten Prozesse die gleiche Zielsetzung verfolgen und die Kennzahlen vergleichbar sind.

Prozesse sind ein ausgezeichnetes Steuerungsinstrument. Sie lassen sich quantifizieren, messen und verändern.

Es muss beachtet werden, dass Prozesse ein *Mittel* sind, um weitere Unternehmensteile zu steuern. Die im vorherigen Kapitel angesprochene „Prozess-Typisierung" macht genau auf diese wichtige Eigenschaft von Prozessen aufmerksam. Bei Zombie-Prozessen können personelle Maßnahmen helfen. Die Prozesskennzahlen haben daher nur einen indirekten Hebeleffekt.

Prozesscontrolling wird häufig in einem geschlossenen Kreislauf als direkte Rückmeldung an die Strategie beschrieben. Die Strategie legt die Prozessbeschreibung fest, diese wird umgesetzt und gemessen. Das Ergebnis geht wieder in die Controlling-Methoden ein. Dieser Ansatz ist aus obigen Gründen systemisch etwas kurz gefasst. Die fünf Ebenen der Realisierung von Geschäftsprozessen zeigen die Zusammenhänge in anderer Art und Weise auf.

3.4 Zusammenfassung

Die oberste Ebene unseres Fünf-Ebenen-Modells zur Realisierung von Geschäftsprozessen beschäftigt sich mit den Aspekten „Zielsetzung und Strategie".

Zunächst wurde dargestellt, wie Geschäftsprozesse in gängige Modelle für Unternehmensstrategien, beispielsweise EFQM oder Balanced Scorecard, eingebettet werden können.

Anschließend wurden unterschiedliche Prozesstypen differenziert und gezeigt, dass jeder Prozesstyp ein besonderes Management verlangt. Die Zuordnung zu diesen Prozesstypen gelingt durch die Bewertung, ob die Prozesse hauptsächlich im Kontext des Wettbewerbs, der Veränderung, der IT-Systeme, des Wissens oder des „zombiehaften" Wildwuchses angesiedelt sind.

Das Prozesscontrolling muss sicherstellen, dass die quantitativen und qualitativen Ziele eines Prozesses erfüllt werden.

Bevor konkrete Geschäftsprozesse beschrieben werden, ist es wichtig, prinzipielle Festlegungen zum Aufbau von Prozessbeschreibungen zu treffen. Einen strukturierten Überblick über grundlegende Anforderungen an Vorgehensmodelle für das Geschäftsprozessmanagement erhalten Sie im nächsten Kapitel.

3.5 Aufgabe zur Strategie (Teil 1)

Checkliste:

- Welche Strategiemodelle eignen sich grundsätzlich, um im Prozesskontext genutzt zu werden?
- Welche Strategie ist in einem konkreten Anwendungsfall am besten geeignet?
- Welcher Prozesstyp bzw. welche Prozesstypen liegen vor?
- Ist es möglich, einen „MUST"-Prozess zu implementieren?
- Was sind die Ziele eines Prozesses und mit welchen Kennzahlen werden diese gemessen?
- Welche Beziehung haben die Kennzahlen zur Strategie?

☞ Hinweise zur Lösung dieses Gestaltungsschrittes finden Sie im Abschnitt 8.1. Die Fallstudie ist jedoch nicht als „Musterlösung" zu verstehen, hier finden sich Hinweise zu einer möglichen Lösung.

4 Vorgehen: Geschäftsprozesse managen

Wie werden Geschäftsprozesse eingeführt oder verändert? Ein Blick in die Literatur zeigt **unterschiedliche Interpretationen** des vielfach genutzten Begriffes „**Geschäftsprozessmanagement**“. Er wird u.a. sowohl im **betriebswirtschaftlichen Kontext** „für Dokumentation, Design, Optimierung, Implementierung, Steuerung und Weiterentwicklung von Management-, Kern- und Support-Prozessen in Organisationen“ verwendet, sowie aus **technischer Sicht** "für die Dokumentation und Modellierung von Prozessen über *Workflow Engines* zur Abarbeitung von Prozessinstanzen unter Nutzung von Funktionalitäten von Anwendungssoftware (z. B. Services eines ERP-Systems) bis hin zu *Business-Intelligence-Applikationen* zur Auswertung der Performance." [Fo11]. Varianten finden sich unter BPM 2.0, in denen von einer stärkeren **Fokussierung auf die Mitarbeiter** die Rede ist [Ku11]

Offen bleibt beim Geschäftsprozessmanagement die Frage nach einem **strukturierten Vorgehen**. Anders wie in der Disziplin Software-Engineering bleibt Geschäftsprozessmanagement diese Frage schuldig – es gibt bislang nur wenige Ansätze. Und das ist insofern erstaunlich, dass der ***Vorgehens*-Prozess zum Einführen eines Geschäfts-Prozesses wenig betrachtet wird.**

Drei Vorgehensmodelle werden wir im **ersten Abschnitt** kurz auf ihren Bezug auf Geschäftsprozesse hin untersuchen. Da das Verhältnis Geschäftsprozessmanagement und Vorgehensmodell bislang wenig betrachtet wird untersuchen wir zuvor ihr Verhältnis. Hieraus lassen sich zudem Hilfestellungen für eigene Vorgehensmodelle ableiten.

In jedem Falle wichtig ist die Benennung geeigneter Rollen beim Geschäftsprozessmanagement. Im **zweiten Abschnitt** werden wir hier zwei Ansätze vorstellen.

4.1 Geschäftsprozessmanagement als Vorgehensmodell

4.1.1 Kurze Historie von Vorgehensmodellen

Vorgehensmodelle werden in der Software-Entwicklung und im Projektmanagement **bereits seit langem verwendet.** Schon in den 70er Jahren erkannte einer der Väter der modernen Informatik, Friedrich L. Bauer, das Dilemma, dass viele Software-Projekten scheitern. Er bezeichnete dies als *Software-Krise* und forderte ein strukturiertes Vorgehen, was er *Software-Engineering* nannte. Die hier erarbeiteten Grundlagen sind immer noch Basis für viele Vorgehensmodelle. Hierzu gehören das *Wasserfallmodell* und das *V-Modell*, darauf aufbauend Varianten wie das *V-Modell XT* oder *RUP*.

Heute wird den klassischen Methoden eine gewisse Inflexibilität und Starrheit vorgeworfen. Die Anforderung an Flexibilität ist heute viel höher, wie vor 40 Jahren. Modernere Methoden wie *Scrum* oder *Extreme Programming* (XP) erlauben **Agilität und Flexibilität**. Ebenso verspricht das „XT" im V-Modell ein „tailoring", also die Möglichkeit, das Vorgehensmodell in einem gewissen Rahmen auf individuelle Bedürfnisse zuzuschneiden.

Diese Tendenz zur Flexibilität geht weiter, sodass immer mehr **Unternehmen** die Modelle nicht nur anpassen, sondern **eigene Methoden** entwickeln. Vorgehensmodelle werden auf die individuellen Bedürfnisse einer Organisation abgestimmt. So gibt es mit *ITPM* ein eigenes Modell für die BMW Gruppe, das Modell *SEP* wurde eigens für den VW- und AUDI-Konzern entwickelt. Auch im öffentlichen Dienst gibt es spezifische Modelle, wie das *V-Modell XT Bayern* der Bayerischen Landesregierung.

Eine andere Variante sind Vorgehensmodelle, die auf die Einführung ganz bestimmter Produkte bezogen sind. SAP-Berater haben ihr eigenes Vorgehen zur Einführung der ERP-Software. Meist sind diese Modelle jedoch verkürzt, es werden hier lediglich Phasen im Vorgehen beschrieben. Ein **Phasenmodell** ist also **eine Sonderform** eines Vorgehensmodells.

Dieser kurze Abriss vorhandener Methoden zeigt: Vorgehensmodelle sollen einen **möglichst allgemeinen Rahmen** zum Handeln geben, sie werden häufig für bestimmte Organisationen oder auf den Einsatz von Werkzeugen zugeschnitten. Es kann also differenziert werden zwischen allgemeinen Vorgehensmodellen mit Anspruch auf Allgemeingültigkeit und speziellen Vorgehensmodellen, die bereits konkretere Abläufe vorsehen. Dies zeigt aber auch: **Es gibt kein „bestes" Vorgehensmodell**. So ist das V-Modell XT aufgrund seiner hohen Komplexität für kleinere oder mittlere Projekte trotz oder auch wegen seinem starken Formalismus ungeeignet.

Das **Grundprinzip von Vorgehensmodellen** ist immer ähnlich: Es wird der Bezugspunkt bestimmt, eine Ist-Analyse vorgenommen, dann der Soll-Zustand bestimmt und der Soll-Zustand schließlich umgesetzt.

Allgemein wird beim Vorgehensmodell auch von einem **Vorgehensprozess** gesprochen [Wi13]. Da liegt die Vermutung nahe, dass ein Vorgehensprozess und damit ein Vorgehensmodell mit einem Geschäftsprozess verwandt ist. In der Tat bestehen zwischen beiden **deutliche Parallelen**: Für die Anwendung eines Vorgehensmodells gibt es als Input ein bestimmtes Ziel und als Output ein Ergebnis, hierzu arbeiten mehrere Personen nach gegebenen Regeln zusammen. Als Unterschied ist zu nennen, dass ein Vorgehensmodell eher *durchführungsoffen*, ein Geschäftsprozess hingegen *deterministisch* ist.

Geschäftsprozessmanagement entwickelte sich deutlich später als **Vorgehensmodelle**. Grund hierfür ist, dass die Bedeutung von Geschäftsprozessen im betrieblichen Kontext in den 70er/80er Jahren noch kaum ein Thema gewesen ist. Heute wird in Bezug auf Geschäftsprozessmanagement bislang zumeist weniger von Vorgehensmodellen gesprochen, sondern von einer Vorform, den **Vorgehensregeln** [Wi13]. In gewisser Weise ist dies kurios: Genau zu der Methode, die von sich den Anspruch hat, Abläufe im Unternehmen zu strukturieren und darzustellen, wurden bislang noch kaum Vorgehensmodelle entwickelt. Erst in den letzten Jahren wird Geschäftsprozessmanagement mit Vorgehensmodellen in Beziehung gebracht. Dies geschieht aber überwiegend lediglich im Kontext von konkreten Organisationen oder Produkten. Es finden sich Artikel von Beraterfirmen, die ihr Vorgehen als Phasenmodell beschreiben, weitere Beiträge von Dr. Ülo Kontor, Prof. Dr. Stephan Kress, Dr. Daniel Eissrich finden sich bei [Wa05] und [Ku10]. Für die öffentliche Verwaltung sei verwiesen auf [BI10]. Ein erstes umfassenderes Modell ist das S-BPM-Vorgehensmodell [Fo11].

Das vorliegende Buch „Geschäftsprozesse realisieren“ beschreibt zwar viele Disziplinen, die im Rahmen von Geschäftsprozessmanagement zu betrachten sind, jedoch ist das eher ein „Baukasten“ und gibt kein Vorgehen vor.

Hier fügt sich die Frage an, inwieweit Geschäftsprozesse eine Rolle bei Vorgehensmodelle spielen und welches Verhältnis zwischen Vorgehensmodell und Geschäftsprozessmanagement besteht.

4.1.2 Kennzeichen von Vorgehensmodellen

Bereits festgestellt wurde, dass ein Vorgehensmodell individuell sein kann, daher gibt es keine strenge Regeln für ein Vorgehensmodell. Es lassen sich jedoch gewisse **Modellelemente** ableiten (vgl. z.B. [Zi09], [Wi13]):

- **Zielorientierung**: Mit der Verwendung eines Vorgehensmodells soll ein bestimmtes komplexes Ziel erreicht werden.
- **Aktivitäten oder Aktivitätsgruppen**: Zum Erreichen der Ziele sind bestimmte Aktivitäten durchzuführen. Nun ist es zumeist nicht möglich oder erwünscht, *ganz konkrete* Arbeitsaufträge zu bestimmen. Ein Vorgehensmodell ist meist keine detaillierte Handlungsanweisung. Die Aktivitäten werden daher auch Aktivitätsgruppen genannt, die je nach Durchführung konkret mit Handlungen ausgefüllt werden müssen. Ein Beispiel hierfür wäre die Aktivitätsgruppe „Ist-Analyse“. Hier ist noch nichts über die Analyseart ausgesagt, das ist je nach Anforderung zu bestimmen.
- **Rollen**: Zur Umsetzung der Aktivitäten oder Aktivitätsgruppen sind Menschen erforderlich, ein Vorgehensmodell erledigt sich nicht von alleine. Daher werden in den meisten Modellen Rollen beschrieben.
- **Produkte**: Das strukturierte Vorgehen soll helfen das Ziel zu erreichen, aber auch bestimmte Ergebnisse liefern.
- **Werkzeuge**: Zur Bewältigung eines komplexen Vorgehensmodelles sind Werkzeuge erforderlich. Das können Dokumente sein, wie Protokolle, Abnahmeerklärung etc. Immer mehr ist es jedoch auch üblich, elektronische

Werkzeuge einzusetzen, die den Vorgang unterstützen. Manche Vorgehensmodelle haben einen Fundus an Dokumentformularen, die eingesetzt werden können.

- **Prinzipien**: Für die Zusammenarbeit werden bestimmte Regeln aufgestellt, wie miteinander kommuniziert wird, welche Werkzeuge zu benutzen sind etc.

Neben den Modellelementen unterscheiden manche Vorgehensmodelle **Durchführungsarten**, so wird z.B. beim V-Modell XT zwischen Auftraggeber und Auftragsnehmerprojekt unterschieden, je nach Art gestaltet sich das Vorgehensmodell unterschiedlich. Bei [Zi09] werden die Durchführungsarten **Projektthemenbereiche** genannt, das sind

- Requirements Engineering
- SW-Engineering
- SW-Management
- Projektmanagement
- Menschenführung

Aus der Kombination von Modellelement und Durchführungsart ermittelt [Zi09] eine **Richtlinie**, welches Vorgehensmodell für welche Anforderung geeignet sein könnte. Weitere Kategorien eines Vorgehensmodelles nennt Darren Dalcher [Da05] als *„sequentiell, inkrementell, evolutionär und agil"*.

Zusammengefasst kann man festhalten, dass ein Vorgehensmodell die oben genannten Modellelemente aufweisen sollte und optional verschiedene Durchführungsarten enthalten kann.

4.1.3 Geschäftsprozessmanagement als Vorgehensmodell

Es ist empfehlenswert dass ein Geschäftsprozessmanagement oben genannte **Modellelemente** eines Vorgehensmodells enthält, das sind Zielorientierung, Aktivität(-sgruppen), Rollen, Produkte, Werkzeuge und Prinzipien.

Berücksichtigt man die Definition „Geschäftsprozessmanagement ist ein integriertes System aus Führung, Organisation und Controlling. (...)" von [Sc10, S.6] und passt man die **Projektthemenbereiche** nach [Zi09] an die Anforderungen an das Geschäftsprozessmanagement an, könnte man eine erweiterte Liste erstellen:

- Geschäftsprozesse (Schwerpunkt)
- Organisation
- Requirement Engineering
- SW-Engineering
- SW-Management
- Projektmanagement

- Menschenführung
- Controlling

Bei BPM 2.0 nach Kurz spielen zudem die Faktoren Menschenführung und Organisation eine besondere Rolle [Ku11]. Neu in der Liste aufgenommen ist der Aspekt der Organisation, schließlich wird durch das Geschäftsprozessmanagement die Ablauforganisation verändert, das kann auch Auswirkungen auf die Aufbauorganisation haben.

Zusammenfassung:

- **Geschäftsprozessmanagement kann unter bestimmten Gesichtspunkten als Vorgehensmodell** interpretiert werden.
- Im Gegensatz zu den Vorgehensmodellen des Software-Engineering werden Fragestellungen von **Organisation im besonderen Maße berücksichtigt.**

Nach dieser für uns wichtigen Klärung des Verhältnisses von Vorgehensmodell und Geschäftsprozessmanagement werden wir kurz anhand der Eigenschaften drei Vorgehensmodelle beschreiben und ihren Bezug zu Geschäftsprozessen aufzeigen.

Ausgehend von der natürlichen Sprache können Geschäftsprozesse aufgaben-, objekt- und subjektorientiert dargestellt werden. Wir skizzieren daher drei Vorgehensmodelle mit vergleichbaren Schwerpunkten. Die ersten beiden Modelle kommen aus dem Software-Engineering, das dritte aus dem Geschäftsprozessmanagement.

4.1.4 Aufgabenorientiertes V-Modell XT

Das V-Modell XT hat eine lange Tradition. Die Anfänge des früheren V-Modelles gehen zurück bis in das Jahr 1979. Aspekte aus dem frühen Software-Engineering wurden sukzessive erweitert und verfeinert. Das Vorgehen ist jedoch stark determiniert, das ist immer ein Kritikpunkt an dem Vorgänger V-Modell gewesen. Ab dem V-Modell XT ist es daher möglich, Bausteine nach eigenen Anforderungen mit dem sogenannten „Tayloring" zu ändern. Dennoch eignet sich es nur für sehr große Software-Projekte, das formalisierte Vorgehen kann hier eine Hilfe sein. Für kleine und mittlere Projekte wird der Nutzen häufig in Frage gestellt. Wir beschreiben das Vorgehensmodell über seine Modellelemente und verweisen auf die Teile der offen zugänglichen Dokumentation [VB12]:

- **Durchführungsart**: Im V-Modell XT kann eine Projektdurchführungsstrategie ausgewählt werden, z.B. die Durchführung des Vorgehensmodells aus Auftragsnehmersicht. Alle Modellelemente werden daraufhin abgestimmt.
- **Aktivitäten und Aktivitätsgruppen**: Teil 6 der Dokumentation widmet sich den umfangreichen Aktivitäten, die im V-Modell XT beschrieben sind.

Die Aktivitäten sind ein Schwerpunkt von V-Modell XT.

- **Rollen**: Die Rollen des V-Modelles werden in Teil 4 beschrieben. Sie werden verknüpft mit den Aktivitäten und Produkten. Daher hat hier das V-Modell XT einen hohen Integrationsgrad.
- **Produkte**: Die Produkte finden sich im Teil 5.
- **Werkzeuge**: In den Unterlagen steht eine umfangreiche Dokumentationsbibliothek zur Verfügung. Darüber hinaus wird an vielen Stellen die Nutzung von Werkzeugen empfohlen, welche einzusetzen sind.
- **Prinzipien**: Das V-Modell XT unterscheidet verschiedene Prinzipien, die überwiegend technischer Art sind, das sind wie z.B. Architektur und Gestaltungsprinzipien. Darüber hinaus widmet sich ein vollständiges Kapitel den Konventionen.

Das Thema Geschäftsprozesse in Vorgehensmodellen ist erst in neueren Versionen aufgenommen worden. Das Thema wurde sublimiert in dem Sinne, dass für das Vorgehensmodell **Geschäftsprozesse eine Rolle spielen**, oder anders formuliert, Geschäftsprozesse sind „Gegenstände", die im Rahmen des Vorgehens „zu betrachten" sind. Im V-Modell XT wird von Geschäftsprozessoptimierung gesprochen, dies erfolgt jedoch relativ oberflächlich, einige Rollen sollen sich damit beschäftigen, ohne deren Aufgaben näher zu spezifizieren. Konsequent umgesetzt wurde das Thema im Modell nicht, so heißt es beim V-Modell XT des Bundes: „…Zusammenhang zwischen Geschäftsprozessoptimierung und dem V-Modell lassen sich auf das V-Modell XT nicht abbilden." [VB12].

4.1.5 Objektorientierter Rational Unified Process (RUP)

Das Vorgehensmodell Rational Unified Process (RUP) wurde zusammen mit der objektorientierten Modellierungsmethode UML entwickelt. Ziel ist eine inkrementelle und iterative Software-Entwicklung. Hierfür werden folgende sechs Disziplinen unterschieden (z.B. [He02] S. 62f.):

- Geschäftsprozessmodellierung
- Anforderungsanalyse
- Analyse und Design
- Implementierung
- Test
- Bereitstellung

Die Modellelemente werden folgendermaßen umgesetzt:

- **Zielorientierung**: Das Ziel in RUP ist dynamisch, es orientiert sich an den verschiedenen Phasen.
- **Aktivitäten und Aktivitätsgruppen**: In RUP werden verschiedene Disziplinen und Phasen unterschieden. Zu den Disziplinen gehören u.a. Ge-

schäftsprozessmodellierung, Anforderungsanalyse, Analyse&Design, Implementierung, Test und Auslieferung. Hierzu orthogonal stehen Konzeption, Ausarbeitung, Implementierung und Inbetriebnahme (meist werden die englischen Begriffe Inception, Elaboration, Construction und Transition verwendet).
- **Rollen**: Als Hauptrollengruppen werden unterschieden: Analysten, Entwickler, Manager, Produktion, Support und Tester.
- **Produkte und Werkzeuge**: Der Prozess RUP bezeichnet sich selbst als Produkt [Ru01] und sieht die Software als das eigentliche Zielprodukt. Darüber hinaus gibt es auch viele Teilprodukte, wie Pflichtenhefte, Datenbankmodelle, Sourcecode etc., die als „work products" oder „work units" bezeichnet werden.
- **Prinzipien**: Ein Grundprinzip in RUP ist die Vermeidung von Risiken.

Im Gegensatz zum V-Modell XT ist Geschäftsprozessanalyse als eigene Disziplin vorhanden. Es stellt sich jedoch die Frage, warum die Anforderungen danach und selbst Analyse und Design zu einem noch späteren Zeitpunkt durchgeführt werden. Schließlich müsste jedes Projekt mit Geschäftsprozessen mit der Analyse der Anforderungen an diese beginnen.

4.1.6 Subjektorienterter S-BPM-Regelkreis

Das umfassende Werk zum subjektorientierten Geschäftsprozessmanagement beschreibt nicht nur die subjektorientierte Methode, sie beschreibt darüber hinaus deren Umsetzung mit einem Vorgehensmodell, dem offenen S-BPM-Regelkreis [Fo11].

Folgende Modellelemente eines Vorgehensmodelles kommen zum Einsatz:

- **Zielorientierung**: Ziel von Geschäftsprozessmanagement per se ist die *Erstellung von Geschäftsprozessen*. Darüber hinaus trägt das Geschäftsprozessmanagement „wesentlich dazu bei, die strategischen und operativen Ziele des Unternehmens zu erfüllen" [Sc10 S.6]. Eine Ausrichtung erfolgt sowohl an den Unternehmenszielen, wie an den IT-Zielen und berücksichtigt Aspekte von Governance, Compliance u.a.
- **Aktivitäten und Aktivitätsgruppen:** In dem S-BPM-Vorgehensmodell [Fo11] werden Aktivitätsbündel beschrieben, die nicht nur zirkulär angeordnet sind, sondern auch, je nach Anforderung, beliebig miteinander verbunden werden können.
- **Rollen:** Im S-BPM-Vorgehensmodell werden die vier Rollen beschrieben: actor, governor, facilitor und expert. Im Abschnitt 4.2.2 wird ausführlicher darauf eingegangen.
- **Produkte und Werkzeuge:** Produkt des Geschäftsprozessmanagements ist der Prozess, hierfür gibt es viele Werkzeuge, beginnend von graphischen Tools bis zu umfassenden S-BPM-Suiten.

Der S-BPM-Regelkreis ist ein modernes Vorgehensmodell, das die Entwicklung von Geschäftsprozessen im Fokus hat. Im Mittelpunkt stehen hier die Rollen.

4.1.7 Zusammenfassung

Es wurde das Verhältnis zwischen Vorgehensmodell und Geschäftsprozessmanagement aufgezeigt. Dies gelang u.a. über den Vergleich von Modellelementen. Das Vorgehensmodell von S-BPM kann anhand dieser Kriterien als relativ reif beschrieben werden.

Zusammenfassend lässt sich feststellen, dass Geschäftsprozesse derzeit nur eine nebengeordnete Rolle in den etablierten Vorgehensmodellen einnehmen. Sobald jedoch durch ein Vorgehensmodell die bestehende Ablauforganisation geändert oder nachhaltig geprägt werden soll, erscheint dies zu kurz. An dieser Lücke setzt Geschäftsprozessmanagement an. Die Frage, die sich hier stellt ist, ob Geschäftsprozessmanagement als Vorgehensmodell bezeichnet werden kann. So stellt sich die Frage: Lassen sich aus einem Vorgehensmodell Kennzeichen ableiten, die es als einen Geschäftsprozess interpretieren lassen?

Dieses Kapitel zeigt, dass Geschäftsprozessmanagement eine Form von Vorgehensmodell ist. Es gibt als Geschäftsprozessmanagement mehrere Phasenmodelle. Als umfassendster Ansatz erscheint derzeit das Vorgehensmodell S-BPM. Der originär subjektorientierte Ansatz deckt die Kriterien weitgehend vollständig ab.

Tabelle 4-1: Vergleich der drei Vorgehensmodelle

	V-Modell	**RUP**	**S-BPM Regelkreis**
Eigenschaft	Aufgaben-orientiert	Objekt-orientiert	Subjekt-orientiert
Phasen-beschreibung	√	√	√
Phasenreihenfolge	sequentiell, mit Schleife	sequentiell	situativ
selbstreferentiell	-	-	√
Rollen	√	√	√
Objekte	√	√	√
Einzelaktivitäten	√	√	-
umfassend praxiserprobt	√	√	-

4.2 Rollen festlegen

Ein Vorgehensmodell beschreibt, was zu tun ist, um gewünschte Ergebnisse zu erreichen. Wie sich im täglichen Leben die Dinge nicht von alleine erledigen muss auch hier zunächst festgelegt werden, *wer* zum Geschäftsprozessmanagement etwas beiträgt. Wir beschreiben hier einen klassischen Ansatz und einen modernen Ansatz aus dem S-BPM-Vorgehensmodell.

4.2.1 Klassischer Ansatz

In den meisten Prozessen haben sich heute folgende oder ähnliche Rollen etabliert:

Prozess-Kunde

Wer ist der Kunde eines Prozesses? Hat der Prozess sogar nur einen Selbstzweck und gibt es gar keinen Kunden? Nach der Philosophie des Business Process Reengineering sollten sogar alle Prozesse eines Unternehmens auf den Kunden ausgerichtet sein. Ein Prozess-Kunde erwartet kostengünstige, schnelle, fehlerfreie und aus seiner Sicht einfach zu handhabende Prozesse.

Prozess-Sponsor

Diese Rolle nimmt das Management ein, das für die Einführung und den Betrieb eines Prozesses verantwortlich ist. Hintergrund ist jeweils eine strategische Entscheidung: Implementierung eines neuen Geschäftsfeldes, Optimierung und Neuausrichten von Prozessen oder Erhöhung der Qualität.

Prozess-Manager

Der Prozess-Manager hat die Aufgabe, die Anforderungen der Fachabteilungen zu koordinieren, sowie korrekte und verständliche Prozessbeschreibungen zu liefern. Zu diesem Aufgabengebiet gehören auch die Entwicklung und Optimierung von Prozessen.

Prozess-Owner

Prozess-Owner sind für den Prozess im laufenden Betrieb verantwortlich und sind die ersten Ansprechpartner für Fragen zum Prozess oder bei Störungen.

Prozess-Controller

Dieser ist verantwortlich dafür, dass der Prozess im betrieblichen Durchlauf den geforderten Output in der gewünschten Qualität (Zeit, Kosten) liefert.

Prozess-Anwender

Diese Personengruppe ist für die Ausführung von Tätigkeiten im Rahmen eines Geschäftsprozesses voll- oder teilverantwortlich. Diese Rolle kann ein betriebseigener Mitarbeiter oder auch ein externer Dienstleister einnehmen.

Prozess-Implementierer

Ein Prozess-Implementierer bildet die Anforderungen von Prozessen auf IT-Systeme ab. Dazu gehören Software-Entwickler, die Anpassungen vornehmen, und der IT-Service, der die Lauffähigkeit der verbundenen Systeme garantiert. Die Auswirkungen auf notwendige Anpassungen der Aufbau- und Ablauforganisation müssen ebenfalls unterstützt werden.

Tipp: Versuchen Sie, im GPM Rollen zu erkennen, die *nicht* festgelegt worden sind, die aber offenbar eingenommen werden oder Rollenbelegungen von anderen Personen. So lassen sich interessante Rollen identifizieren, wie die Rolle eines *Projekttouristen* (ist überall dabei, hat aber keine konkrete Aufgabe) etc.

Geschäftsprozessmanagement heute arbeitet noch zumeist mit den hier skizzierten Rollen. Hier finden sich verschiedene Varianten in der Bezeichnung, Prozess-Owner kann z.B. Prozess-Eigentümer genannt werden, statt Prozess-Manager wird der Begriff Prozess-Durchführer verwendet etc. Ebenso sind die Interpretationen nicht einheitlich. Was sich hinter den Rollen verbirgt wird unterschiedlich beschrieben oder nicht beschrieben und unterschiedlich interpretiert.

Diese Rollen haben sich vielfach bewährt, sie bergen jedoch grundsätzlich ein Risiko: Hierarchische Organisationen beginnen, in die Prozess-Rollen wieder in aufbauorganisatorischen Strukturen zu denken. Und schon werden z.B. Prozess-Sponsor, Prozess-Owner, Prozess-Manager, Prozess-Implementierer und Prozess-Anwender auf fünf Hierarchiestufen der Aufbauorganisation gestellt. Vorsicht! Damit werden die Grundvoraussetzungen von aufgabenorientierter Prozessorganisationen verlassen. Prozessrollen haben nichts zu tun mit Positionen im Organigramm. Hier wird auf die anfangs aufgeführte Unterscheidung zwischen Aufbau- und Ablauforganisation verwiesen. Insbesondere der öffentliche Dienst tut sich aufgrund seiner hierarchischen Strukturen schwer. Hier kann es besonders leicht passieren, dass Prozessmanagement mit der Schaffung neuer Stellen verwechselt wird.

Im Folgenden wird ein Ansatz beschrieben, der im Grundsatz auf dies verzichtet.

4.2.2 Moderner Ansatz

Einen ganz anderen Weg wie die klassischen Rollen geht das S-BPM-Vorgehensmodell. Hiermit werden konsequent Rollen vergeben, die in einer flachen Hierarchie stehen. Hierzu wurden vier neue Begriffe verwendet, um die neuen Wege zu verdeutlichen.

Actor

Actors oder Arbeitshandelnde sind die eigentlich unmittelbar am Prozess Beteiligten, sie sind Bezugspunkt und Praktiker zugleich. Ein Actor kommt aus der Praxis. Sein Interesse ist, *seinen* Prozess vorwärts zu bringen, zu überwachen und zu verbessern. So liegen bei ihm alle Kernaktivitäten von der Analyse über die Modellierung bis zur Implementierung und Betrieb. In der Gruppe der Actors müssen Vertreter des Fachbereichs wie der IT sitzen, die gemeinsam um die beste Lösung ringen. Es gibt keinen Prozess des Fachbereiches mehr, der von der IT in einen Workflow überführt wird, der keine Akzeptanz findet.

Im subjektorientierten Geschäftsprozessmanagement werden sie durch die Subjekte repräsentiert. Sie sind die eigentlich Handelnden im Prozess.

Was ein Actor nicht ist: Ein Actor ist kein Fachmann von außen, der Prozesse im Unternehmen analysiert und optimiert.

Governor

Governors tragen die Verantwortung für den Prozessrahmen. Sie stellen die Verbindung her zwischen den Anforderungen aus der Geschäftsleitung und dem operativen Geschäft. Sie entwickeln keine Vorgaben, vielmehr sind sie Bindeglied zwischen Strategie, Governance und Compliance und der Basis der Organisation. Er ist daher ein Vermittler, wie man Vorgaben am besten umsetzt.

Was ein Governor nicht ist: Ein Governor entwickelt keine neue Vorgaben, davon dürfte es im Unternehmen genug geben. Seine Aufgabe ist auch nicht die Steuerung und Überwachung, dass Vorgaben eingehalten werden.

Facilitor

Ein Facilitor koordiniert die Arbeitsschritte im Zyklus der Aktivitätsbündel. Er ist Initiator zur Einleitung von Aktionen und leitet nach Erledigung eines Aktivitätsbündels zum nächsten über. Damit wird er auch „Katalysator" für die organisatorische Entwicklung genannt. Er ist keine Vorgesetztenrolle, kann aber initiieren, z.B. eine Aktivitätsphase zum Abschluss zu bringen.

Was ein Facilitor nicht ist: er gibt keine Vorgaben an die Actors, wie sie zu modellieren haben. Er ist auch kein Projektleiter, der die Arbeit der Actors steuert.

Expert

Von den Actors wird grundsätzlich keine methodische und technische Kompetenz erwartet. Viel wichtiger ist, dass sie ihren Prozess kennen mit allem Hintergrundwissen, was gar nicht niederzuschreiben ist. Wie der Prozess modelliert werden kann oder was man für die technische Umsetzung wissen muss, brauchen sie nicht zu kennen – dieses Wissen stellen die Experts bereit.

Was ein Expert nicht ist: ein Expert wird zeigen, wie man einen Prozess modelliert, er wird dies aber nicht selbst durchführen.

Warum moderne Rollen?

Der Leser wird sich die Frage stellen, warum im S-BPM ganz andere Rollen vergeben werden, wie bislang üblich. Eine konsequente Umsetzung des subjektorientierten Ansatzes führt zum Umdenken in der Organisation, dies schlägt sich auch in dem hier beschriebenen Vorgehensmodell nieder. Prozessmanagement heißt nicht Organisationsaufbau, Prozessmanagement bedeutet gelungene Kommunikation und Zusammenarbeit – hier herrschen andere Regeln und Rollen, wie in einer Aufbauorganisation. Will das gelingen muss das Unternehmen grundlegend umdenken.

Achtung: Mit der Durchführung der erforderlichen Arbeitsgruppen geht nicht zwangsläufig ein Ergebnis einher. Man kann sich bei einem Vorgehensmodell nicht alleine verlassen, es darf und soll der gesunde Menschenverstand eingeschaltet werden. Legen Sie also nicht allein das Augenmerk auf die richtige Verwendung aller Komponenten, stellen Sie auch sicher, dass die zielführenden Dinge getan werden, also: *do not only the things right, do also the right things*!

4.3 Aufgabe zum Vorgehen (Teil 2)

Checkliste:

- Welche Vorgehensmodelle eignen sich für das Management Ihrer Geschäftsprozesse?
- Priorisieren Sie anhand der Kennzeichen von Prozessmodellen die Anforderungen an Ihr Geschäftsprozessmanagement!
- Legen Sie die wichtigsten Rollen für Ihr Geschäftsprozessmanagement fest!

◎ Hinweise zur Lösung dieses Gestaltungsschrittes finden Sie im Abschnitt 8.2.

5 Architektensicht: Prozesse gekonnt beschreiben

Geschäftsprozesse haben eine hohe Komplexität. Gleichzeitig sollen sie flexibel sein und dynamisch an neue Situationen angepasst werden können. Sie müssen so strukturiert sein, dass sie zur Aufbauorganisation des Unternehmens passen. Es ist eine große Herausforderung, diesen vielfältigen Anforderungen gerecht zu werden und den Prozess „richtig" zu beschreiben.

Es gibt **drei grundlegende Methoden** zur **Prozessbeschreibung.** Sie orientieren sich an den Prinzipien der natürlichen Sprache. Geschäftsprozesse können nach diesen drei unterschiedlichen Prinzipien analysiert, modelliert und realisiert werden. Diese Prinzipien zu kennen ist wichtig bei der Wahl der „passenden" Prozessbeschreibungsmethode und der entsprechenden Werkzeuge.

Im Folgenden werden diese drei Methoden vorgestellt und anschließend dazu „passende" Prozessbeschreibungsnotationen bzw. –methoden erläutert. Abschließend erhalten Sie praktische Hinweise für die Wahl der „richtigen" Prozessbeschreibungsform für Ihre jeweilige Beschreibungsdomäne (Anwendungsbereich).

5.1 Grundprinzipien der Prozessbeschreibung

Prinzipien stehen im Allgemeinen für übergeordnete Gesetzmäßigkeiten und Grundsätze.

Wie entstehen Prinzipien?

Allgemein sprechen Menschen von betrieblichen **Prozessen**. *Je nach Anlass* werden **verschiedene Informationen** zu Geschäftsprozessen besprochen oder beschrieben. Es werden fachliche und technische Begriffe zur Beschreibung verwendet. So kann es geschehen, dass sich verschiedene Abteilungen nicht verstehen, möglicherweise sprechen sie vom selben Prozess, verwenden aber hierfür ganz andere Begriffe.

Voraussetzung für eine **effektive Kommunikation** ist die Einigung über die Verwendung einer **gemeinsamen Sprache**. Bei nachhaltiger Verwendung vereinbarter Festlegungen und Regeln entstehen **Prinzipien**.

Ein Beispiel:

Im Bereich der Prozessplanung eines Unternehmens ist es üblich, Anforderungen an einen neuen Fertigungsablauf in Form von „*Lastenheften*" zu dokumentieren. Die Texte werden in englischer Sprache verfasst. Es gibt einen einheitlichen Aufbau und eine gleiche Formatierung. Zentrale Fachbegriffe werden in einem Glossar dokumentiert. Mit dieser Methode können alle Beteiligten sich schneller in eine neue Materie einarbeiten.

In diesem Beispiel wird das Prinzip der *„textuellen Prozessbeschreibung"* unter Verwendung einer gemeinsamen Sprache gewählt.

5.2 Anforderungen an die Beschreibung von Geschäftsprozessen

An eine Geschäftsprozessbeschreibung werden folgende Anforderungen gestellt:

- **Verständlichkeit** für alle Beteiligten
- **Flexibilität** und **Korrektheit** bei Optimierungen und Änderungsbedarf.
- **Durchgängigkeit** von der Planung bis zur Umsetzung
- **Strukturierbarkeit** bei komplexen Prozessen

5.2.1 Verständlichkeit

Eine Prozessbeschreibung muss **unterschiedliche Sichten** auf Geschäftsprozesse unterstützen, sodass verschiedene Interessensgruppen Prozesse aus ihrer Sicht betrachten und verstehen können. [Ga00].

Die **Erlernbarkeit** von Prozessbeschreibungen hängt von der Kenntnis der verwendeten Sprache (Syntax und Semantik) und des Anwendungsbereiches (Pragmatik) ab. Die verschiedenen Interessensgruppen sollten eine gemeinsame Beschreibungssprache nutzen, die alle Beteiligte erlernen können.

Insbesondere *Prozess-Anwender* und *Prozess-Implementierer* sprechen unterschiedliche Sprachen. In Kapitel 4 wurde gezeigt, dass beide klassische Rollen zu einem *Actor* verschmolzen werden können. Alle Actors haben die gleichen Prinzipien und sprechen dieselbe Sprache.

5.2.2 Flexibilität und Korrektheit

„Nichts ist stetiger als der Wandel"

Geschäftsprozesse sollten **änderbar und anpassbar** sein. Bei Veränderungen des Geschäftes, der Partner oder der Aufbauorganisation sollte ein Prozess stabil sein, besonders dann, wenn es sich um einen **change-sensitiven Prozess** handelt, der häufigen Wandel unterworfen ist (siehe Kapitel 3). Hilfreich ist es für die Prozessbeteiligten, wenn sie Änderungen der Prozessbeschreibung frühzeitig „erleben" können oder durch Simulation die Auswirkungen der Änderungen gezeigt werden können.

Für die *Prozess-Owner* und die *Governors* ist die frühzeitige Abschätzung von Kosten und Risiken einer Prozessänderung eine wesentliche Entscheidungsgrundlage. Für die *Prozess-Anwender* spielen die praktische Relevanz der Prozessänderung und die Benutzerfreundlichkeit eine große Rolle.

Andererseits setzt Flexibilität einen **verbindlichen Gestaltungsrahmen** mit konsistenten Regeln und Erweiterungsmöglichkeiten voraus. Voraussetzung für diese Anforderungen ist eine formale Notation und die Präzision der Beschreibungssprache. Beschreibungsformen, welche von den verschiedenen Interessensgruppen unterschiedlich interpretiert und verstanden werden können, sind ungeeignet. Zu starker Formalismus mindert die Akzeptanz der *Prozess-Anwender*. So ist ein wesentlicher Erfolgsfaktor, eine zielgruppenorientierte Beschreibungssprache einzusetzen.

5.2.3 Durchgängigkeit (statische und dynamische Aspekte)

Produkte, Dienstleistungen und die dazu notwendigen Geschäftsprozesse durchlaufen einen spezifischen Lebenszyklus.

Dabei müssen sowohl **statische als auch dynamische Aspekte** von Prozessen beschrieben werden können. Die wesentliche Voraussetzung besteht in der Identifikation von Bestandteilen und Elementen einer Prozessaufbaubeschreibung (statisch) und der Konstruktion von zeit- und zielorientierten Prozessablaufbeschreibungen (dynamisch). Der abgebildete Kosten-/Nutzenverlauf (Abbildung 5-1) ist beispielhaft und typisch für viele Produktlebenskurven. Für Geschäftsprozesse gilt diese Charakteristik ebenso [Sc98].

Eine Prozessbeschreibung muss durchgängige Methoden zur Unterstützung aller Lebensphasen eines Prozesses, von der Prozessanalyse bis zur Implementierung und Anpassung an neue Anforderungen, zur Verfügung stellen.

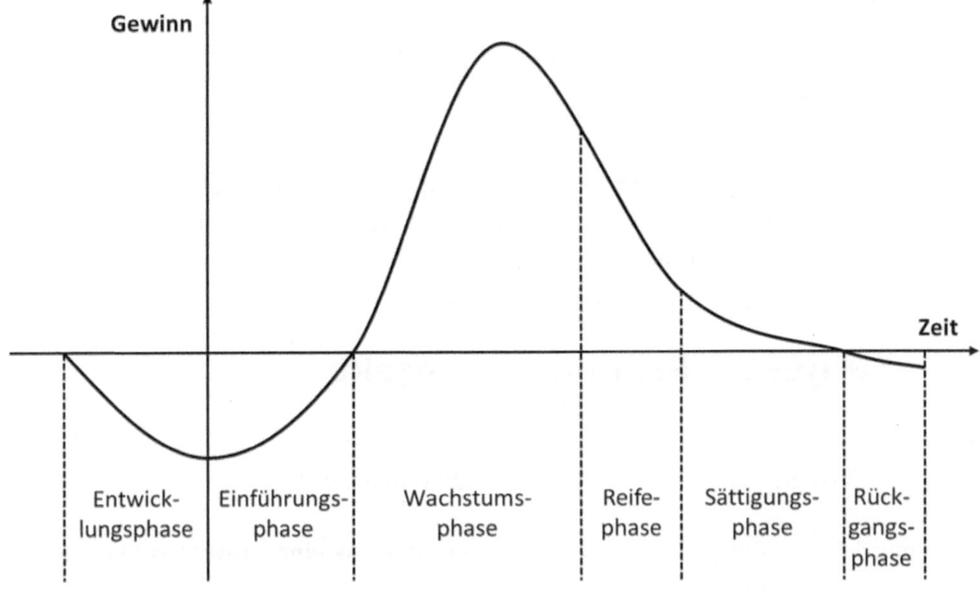

Abbildung 5-1: Produkt-Lebenszyklus

5.2.4 Strukturierbarkeit

Komplexe Geschäftsprozessbeschreibungen müssen die Zerlegung in Prozesskomponenten oder Teilprozessen darstellen können. Schnittstellen und Beziehungen zwischen den Komponenten müssen übersichtlich dargestellt und verständlich gemacht werden. Die folgende Abbildung zeigt einen einfachen Prozess mit vier Prozessphasen.

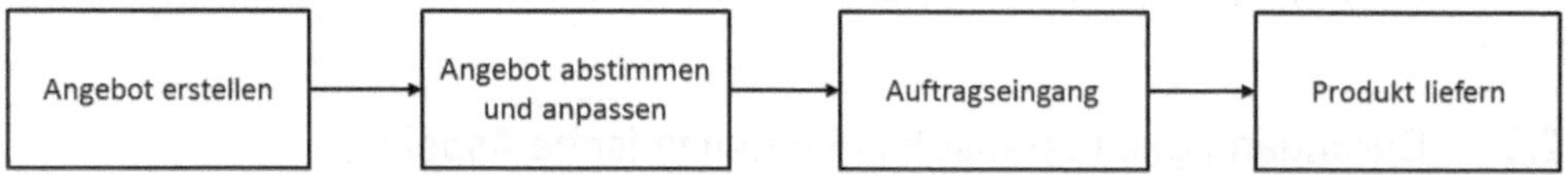

Abbildung 5-2: Beispiel für die Struktur eines einfachen Geschäftsprozesses

Verallgemeinerungen (Generalisierung) und Detaillierung (Spezialisierung) von Prozessbeschreibungen müssen schlüssig nachvollziehbar sein.

5.3 Natürliche Sprache – Grundprinzip der textuellen Geschäftsprozessbeschreibung

Sprache ist Grundlage jeder Kommunikation. Über die Sprache legen die Kommunikationspartner Regeln fest, wie sie die Welt sehen und was sie austauschen wollen. Für jede Sprache werden daher Regeln festgelegt. Was ein Kind noch intuitiv durch Nachahmung der Eltern erfährt lernt es in der Schule mit den wesentlichen Sprachbausteinen:

- Subjekt
- Prädikat
- Objekt

Für die textuelle Beschreibung von Geschäftsprozessen genügen diese drei Elemente vollauf. In [Fo11, S.27] wird „Wissen über die Sprache benutzt, um Prozesse und ihre Einbettung in Organisationen auszudrücken“.

Wir zeigen dies anhand eines einfachen Beispiels:

Abbildung 5-3: Beispiel für einen einfachen Satz aus einer Anforderungsbeschreibung

Der Satz *„Der Vorgesetzte prüft den Urlaubsantrag"* beschreibt einen kleinen Ausschnitt aus einer umfangreichen Geschäftsprozessbeschreibung. Die textuelle Analyse dieses Satzes liefert den folgenden Informationsgehalt:

Das **Subjekt**: „(Der) Vorgesetzte" beantwortet, ***wer*** an diesem Teilprozess beteiligt ist und wer der Akteur ist.

Das **Prädikat**: „prüft" stellt klar, ***was*** in diesem Teilprozess getan wird.

Das **Objekt**: „(den) Urlaubsantrag" beschreibt, ***womit*** dieser Teilprozess ausgeführt oder ***worauf*** dieser Teilprozess angewandt wird.

Das nachfolgende Beispiel ist etwas umfangreicher und stellt den Prozess eines *„Urlaubsantrags"* dar.

1. Der Mitarbeiter füllt den Urlaubsantrag aus.
2. Der Mitarbeiter gibt den Urlaubsantrag an den Vorgesetzten.
3. Der Vorgesetzter prüft den Urlaubsantrag auf Ablehnung oder Genehmigung.
4. Der Vorgesetzter informiert den Mitarbeiter ob der Urlaubsantrag genehmigt oder abgelehnt wurde.
5. Wurde der Urlaubsantrag genehmigt, tritt der Mitarbeiter den Urlaub an.
6. Wurde der Urlaubsantrag abgelehnt, muss der Mitarbeiter weiterarbeiten.
7. Der Vorgesetzte informiert bei genehmigtem Urlaubsantrag die Personalabteilung.
8. Die Personalabteilung aktualisiert das Urlaubskonto des Mitarbeiters.

Abbildung 5-4: Beispiel der textuellen Anforderungsbeschreibung: Urlaubsantrag

Die textuelle Anforderungsbeschreibung wird zunächst einer Subjektanalyse unterzogen. Hierzu wird der Text analysiert und die Subjekte zur Kennzeichnung unterstrichen.

Die **Subjektanalyse** liefert das folgende Ergebnis.

1. Der **<u>Mitarbeiter</u>** füllt den Urlaubsantrag aus.
2. Der **<u>Mitarbeiter</u>** gibt den Urlaubsantrag an den Vorgesetzten.
3. Der **<u>Vorgesetzter</u>** prüft den Urlaubsantrag auf Ablehnung oder Genehmigung.
4. Der **<u>Vorgesetzter</u>** informiert den Mitarbeiter ob der Urlaubsantrag genehmigt oder abgelehnt wurde.
5. Wurde der Urlaubsantrag genehmigt, tritt der **<u>Mitarbeiter</u>** den Urlaub an.
6. Wurde der Urlaubsantrag abgelehnt, muss der **<u>Mitarbeiter</u>** weiterarbeiten.
7. Der **<u>Vorgesetzte</u>** informiert bei genehmigtem Urlaubsantrag die Personalabteilung.
8. Die **<u>Personalabteilung</u>** aktualisiert das Urlaubskonto des Mitarbeiters.

Abbildung 5-5: Ergebnis der Subjektanalyse

Anschließend wird eine **Prädikatanalyse** durchgeführt. Hierzu wird der Text analysiert und die Prädikate zur Kennzeichnung unterstrichen. Die Prädikatanalyse liefert das folgende Ergebnis.

1. Der Mitarbeiter **füllt** den Urlaubsantrag aus.
2. Der Mitarbeiter **gibt** den Urlaubsantrag an den Vorgesetzten.
3. Der Vorgesetzter **prüft** den Urlaubsantrag auf Ablehnung oder Genehmigung.
4. Der Vorgesetzter **informiert** den Mitarbeiter ob der Urlaubsantrag genehmigt oder abgelehnt wurde.
5. Wurde der Urlaubsantrag **genehmigt**, **tritt** der Mitarbeiter den Urlaub **an**.
6. Wurde der Urlaubsantrag **abgelehnt**, muss der Mitarbeiter **weiterarbeiten**.
7. Der Vorgesetzte **informiert** bei genehmigtem Urlaubsantrag die Personalabteilung.
8. Die Personalabteilung **aktualisiert** das Urlaubskonto des Mitarbeiters.

Abbildung 5-6: Ergebnis der Prädikatanalyse

Abschließend wird eine **Objektanalyse** vorgenommen. Auch hierzu wird der Text analysiert und die Objekte zur Kennzeichnung unterstrichen. Die Objektanalyse liefert das folgende Ergebnis.

1. Der Mitarbeiter füllt den **Urlaubsantrag** aus.
2. Der Mitarbeiter gibt den **Urlaubsantrag** an den Vorgesetzten.
3. Der Vorgesetzter prüft den **Urlaubsantrag** auf Ablehnung oder Genehmigung.
4. Der Vorgesetzter informiert den Mitarbeiter ob der **Urlaubsantrag** genehmigt oder abgelehnt wurde.
5. Wurde der **Urlaubsantrag** genehmigt, tritt der Mitarbeiter den Urlaub an.
6. Wurde der **Urlaubsantrag** abgelehnt, muss der Mitarbeiter weiterarbeiten.
7. Der Vorgesetzte informiert bei genehmigtem **Urlaubsantrag** die Personalabteilung.
8. Die Personalabteilung aktualisiert das **Urlaubskonto** des Mitarbeiters.

Abbildung 5-7: Ergebnis der Objektanalyse

Als Ergebnis erhalten wir folgende Bausteine:

- Aus den Subjekten werden im Geschäftsprozess *Handelnde*
- Aus den Prädikaten werden im Geschäftsprozess konkrete *Aufgaben*
- Aus Objekten werden *Geschäftsobjekte*

Die analysierten Geschäftsprozesselemente sind in der folgenden Tabelle übersichtlich zusammengestellt:

Tabelle 5-1: Zusammenfassung der textuellen Analyse

Handelnde	Aufgaben	Geschäftsobjekte
Mitarbeiter	Ausfüllen	Urlaubsantrag
Vorgesetzter	Weitergeben	Urlaubskonto
Personalabteilung	Prüfen	
	Informieren	
	Genehmigen	
	Urlaub Antreten	
	Ablehnen	
	Weiterarbeiten	
	Aktualisieren	

Damit wurde gezeigt, dass ein Geschäftsprozess über die Satzbausteine Subjekt, Prädikat, Objekt beschrieben werden kann. Mit einfachen Mitteln kann aus einem sachlichen Text ein Geschäftsprozess mit statischen Prozesselementen hergeleitet werden.

Die Durchgängigkeit (siehe Abschnitt 5.2.3) einer Prozessbeschreibung kann ebenfalls beschrieben werden. Den statischen Prozesselementen können an dieser Stelle passende dynamische Prozesselemente zugeordnet werden. Diese werden zur Konstruktion von zeit- und zielorientierten Prozessablaufbeschreibungen (dynamisch) verwendet.

In der folgenden Tabelle werden beispielhaft statische und dynamische Prozesselemente dargestellt:

Tabelle 5-2: Elemente statischer und dynamischer Prozesse

Statischer Prozess	**Dynamischer Prozess**
Prozessbeteiligte	Subjektträger
Aufgabe	Aktivität
Geschäftsobjekt	Daten, Dokumente etc.

5.4 Grundprinzipien der grafischen Geschäftsprozessbeschreibung

Verbale und textuelle Beschreibung von Geschäftsprozessen erfüllen die Anforderungen wie Verständlichkeit, Flexibilität, Korrektheit, Durchgängigkeit und Strukturierbarkeit nur bedingt.

Allerdings findet sich in textuellen Beschreibungen in der Regel ein Großteil der relevanten Informationen zu einem Geschäftsprozess. Es liegt also nahe, diese als Ausgangspunkt für grafisch orientierte Beschreibungsformen zu nutzen.

- Verständlichkeit für alle Beteiligten
- Flexibilität und Korrektheit bei Optimierungen und Änderungsbedarf.
- Durchgängigkeit von der Planung bis zur Umsetzung
- Strukturierbarkeit bei komplexen Prozessen

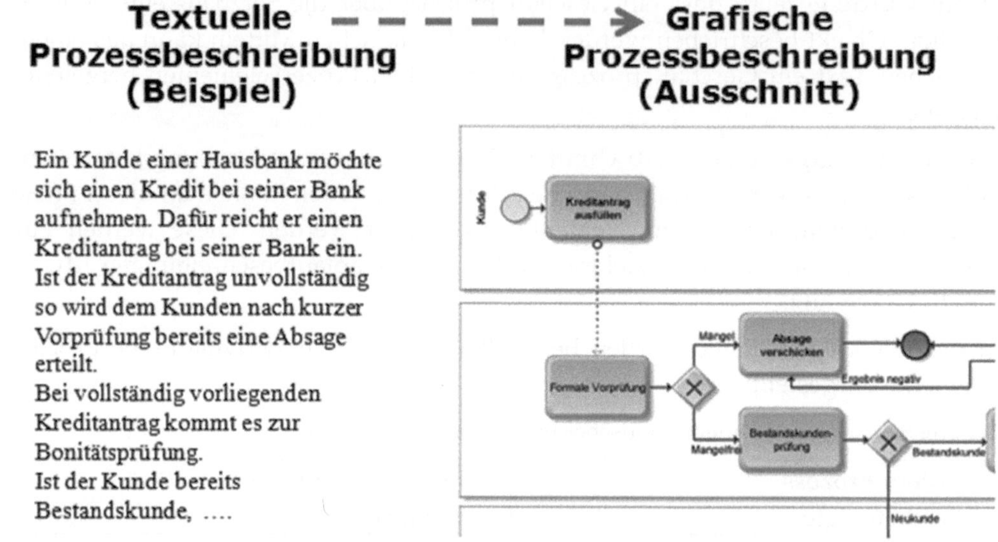
Textuelle Prozessbeschreibung (Beispiel)
Grafische Prozessbeschreibung (Ausschnitt)
Ein Kunde einer Hausbank möchte sich einen Kredit bei seiner Bank aufnehmen. Dafür reicht er einen Kreditantrag bei seiner Bank ein. Ist der Kreditantrag unvollständig so wird dem Kunden nach kurzer Vorprüfung bereits eine Absage erteilt. Bei vollständig vorliegenden Kreditantrag kommt es zur Bonitätsprüfung. Ist der Kunde bereits Bestandskunde, ...
Kunde
Kreditantrag ausfüllen
Mangel
Absage verschicken
Formale Vorprüfung
Ergebnis negativ
Bestandskunden-prüfung
Neukunde

Abbildung 5-8: **Beispiel für die Transformation einer textuellen Prozessbeschreibung (Ausschnitt)**

In der Abbildung 5-8 wird an einem Beispiel die **Transformation** einer textuellen Prozessbeschreibung zu einer grafisch notierten Prozessbeschreibung dargestellt. Bei dieser Transformation dürfen keine „wichtigen" Prozessinformationen verloren gehen.

Um die Anforderungen an die Beschreibung von Geschäftsprozessen (siehe Abschnitt 5.2) weitgehend erfüllen zu können, ist es notwendig, die Komplexität der textuellen Prozessbeschreibung zu reduzieren. Die Konzentration auf eine primäre Sicht stellt eine weitverbreitete Methode zur Komplexitätsreduzierung dar (Primäranalyse).

Aus der Primäranalyse lassen sich die Grundprinzipien zur grafischen Geschäftsprozessbeschreibung ableiten.

Folgende Möglichkeiten zur Primäranalyse gibt es:

- Sicht P: Ergebnis aus der Prädikatanalyse
- Sicht O: Ergebnis aus der Objektanalyse
- Sicht S: Ergebnis aus der Subjektanalyse

Das folgende Bild zeigt einzelne Darstellungsmethoden und welche Primäranalyse jeweils angewendet wird.

Analyse	Grundprinzip	Modellierungsmethode: Beispiel
der Prädikate	aufgabenorientiert	EPK, BPMN
der Objekt	objektorientiert	UML
der Subjekte	subjektorientiert	S-BPM

Abbildung 5-9: Grundprinzipien der Prozessbeschreibung

Grafische Geschäftsprozessbeschreibungen werden im Weiteren auch Geschäftsprozessmodelle genannt.

5.4.1 Aufgabenorientiertes Grundprinzip

Das **aufgabenorientierte** Grundprinzip wird im Rahmen der Analyse der Prädikate (Prädikatanalyse) angewandt und liefert einen Überblick über die Aufgaben („*was*") eines Geschäftsprozesses (Sicht P). Nach der Strukturierung der Aufgaben (z.B. Funktionsbäume) werden grafische Geschäftsprozessmodelle angefertigt. Anschließend können aufgabenorientierte Prozessbeschreibungen durch entsprechende Subjekte und Objekte ergänzt werden. Beispiele für aufgabenorientierte Beschreibungsmethoden sind „(erweiterte) ereignisgesteuerte Prozessketten", kurz (e)EPK und „Business Process Model and Notation", kurz BPMN.

5.4.2 Objektorientiertes Grundprinzip

Das **objektorientierte** Grundprinzip wird bei der Analyse der Objekte (Objektanalyse) verwendet und liefert einen Überblick über die Objekte („*womit*", „*worauf*") eines Geschäftsprozesses (Sicht O). Nach der Abstraktion der Objekte zu Klassen werden grobe Geschäftsprozessmodelle angefertigt. Anschließend können objektorientierte Prozessmodelle durch entsprechende Subjekte und Prädikate ergänzt werden. Die bekannteste objektorientierte Modellierungssprache ist die „*Unified Modeling Language*", kurz UML.

5.4.3 Subjektorientiertes Grundprinzip

Das **subjektorientierte** Grundprinzip wird bei der Analyse der Subjekte (Subjektanalyse) eingesetzt und liefert einen Überblick über die Subjekte („*wer*") eines Geschäftsprozesses (Sicht S). Nach der Strukturierung der Subjekte und deren Kommunikation werden Geschäftsprozessmodelle angefertigt. Anschließend können subjektorientierte Prozessbeschreibungen durch entsprechende Objekte und Prädikate ergänzt werden. Eine subjektorientierte Modellierungsmethode wird im „*Subjektorientierten Business Process Management*", kurz S-BPM beschrieben.

5.5 Aufgabenorientierte Geschäftsprozessmodellierungsmethode

5.5.1 Eigenschaften und Konventionen

Aufgabenorientierte Geschäftsprozessmodelle werden in der betrieblichen Praxis sehr häufig eingesetzt. Bekannte Vertreter dieser Beschreibungsform sind

- Ereignisgesteuerte Prozessketten (EPK), siehe [Ru99] und [Se02] oder eEPK (erweiterte ereignisgesteuerte Prozessketten)
- Programmablaufpläne (PAP), siehe [Mi02]
- Business Process Model and Notation (BPMN) [Gö13]

eEPK werden zur Modellierung von Geschäftsprozessen verwendet, PAP werden immer noch häufig in der Softwareentwicklung zur Spezifikation von Programmabläufen eingesetzt. Die Beschreibungsform BPMN hat sich erst im Jahr 2006 als Standardnotation am Markt durchgesetzt. Im Januar 2011 wurde die BPMN 2.0 von der OMG (Object Management Group) verabschiedet.

5.5.1.1 Ereignisgesteuerte Prozessketten (EPK)

Abbildung 2-2 zeigt einen Ausschnitt aus dem Geschäftsprozessmodell einer „Buchbestellung an einer Universität".

Der Prozess beginnt mit dem Ereignis *„Buchbedarf ist aufgetreten"*. Dann erfolgt die Bearbeitung der ersten Aufgabe „Buchdaten besorgen". Es werden die benötigten Daten *„Buchdaten"* und die Verantwortlichkeit *„Professor"* angegeben. Das Ereignis *„Buchdaten sind vorhanden"* zeigt die erfolgreiche Durchführung der Aufgabe *„Buchdaten besorgen"* an.

In der weiteren Folge werden die notwendigen Prozessschritte beschrieben, wobei neben der reinen Sequenz auch parallele („UND") und optionale („ODER" und „EXCLUSIVES ODER") Schritte angegeben werden.

Die Charakteristik des aufgabenorientierten Grundprinzips zeigt sich im Geschäftsprozessmodell einer eEPK an der führenden Rolle der Prädikate. Aufgaben legen die Grundstruktur des Geschäftsprozesses fest. Objekte (Daten) und Subjekte (Organisationseinheiten) können nachrangig den Aufgaben zugeordnet werden.

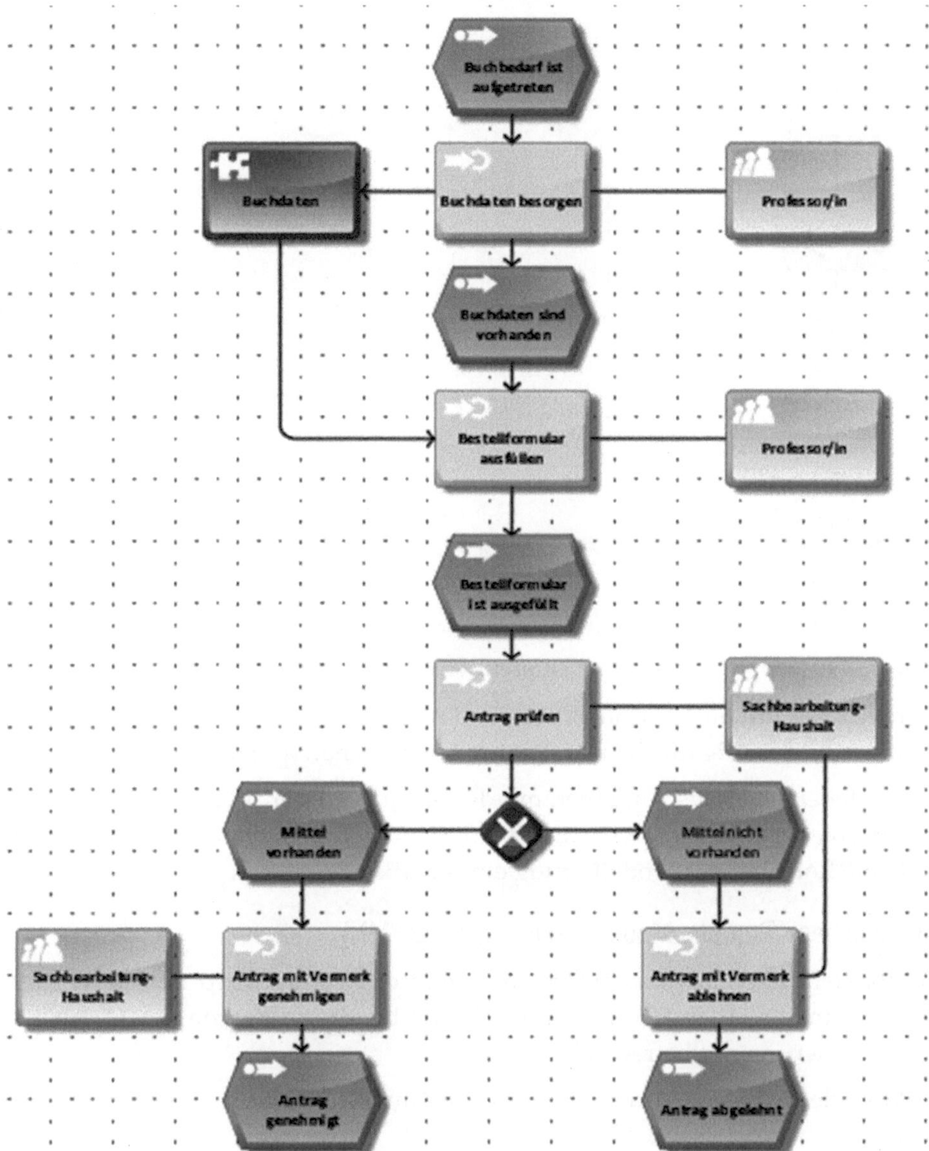

Abbildung 5-10: Beispiel eEPK modelliert mit ARIS Express

5.5.1.2 Programmablaufpläne (PAP)

Es folgt ein Beispiel für einen PAP zur Darstellung einer verschachtelten Zählschleife (Abbildung 5-11).

Der Prozess beginnt mit Initialisierung des Prozesses (i=2). Anschließend wird der Zähler i jeweils um 1 erhöht. Beim Zählerstand i=48 erfolgt ein Zählersprung auf i=81. Dann wird bis i=99 weitergezählt und der Prozess endet.

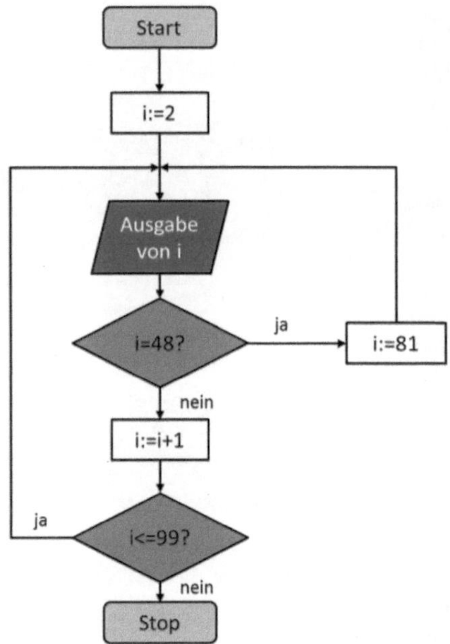

Abbildung 5-11: Beispiel eines aufgabenorientierten Prozessmodells (PAP)

Diese Prozessbeschreibung erinnert an die Beschreibung von Programmabläufen, trotzdem wird sie häufig für die Darstellung von Geschäftsprozessen verwendet.

Beim PAP stehen ebenfalls Aufgaben mit der Ablauflogik im Vordergrund. Objekte (Daten) spielen eine untergeordnete Rolle, Subjekte (Organisationseinheiten) spielen keine Rolle bei der Modellierung eines PAP.

5.5.1.3 Business Process Model and Notation (BPMN)

Die BPMN stellt ebenfalls das aufgabenorientierte Grundprinzip in den Vordergrund. Allerdings werden Objekte und Subjekte bereits zu Beginn der Geschäftsprozessmodellierung mit betrachtet.

Die BPMN bietet hierzu zahlreiche Beschreibungselemente in vier Kategorien [Gö13] an:

- Flussobjekte mit Aktivitäten, Ereignissen und Gateways
  Grundprinzip: Aufgabe
- Artefakte mit Datenobjekten, Dokumenten und Material
  Grundprinzip: Objekt
- Pools und Lanes
  Grundprinzip: Subjekt

Zusätzlich sind noch Verbindungsobjekte für die Darstellung von Nachrichtenfluss, Sequenzfluss und Assoziationen definiert.

Beispiel:

In Abbildung 5-12 ist ein Geschäftsprozessmodell mittels BPMN dargestellt.

Dabei werden

a) die beteiligten Subjekte in Pools und Lanes
b) die notwendigen Aufgaben innerhalb der Pools und Lanes sowie
c) die auszutauschenden Objekte als Daten

dargestellt.

Das objektorientierte Grundprinzip ist in der BPMN nur sehr schwach ausgeprägt. Pools und Lanes können als Subjekte interpretiert werden. Es werden quasi „gleichzeitig" die drei Grundprinzipien (aufgabenorientiert, objektorientiert und subjektorientiert) in die Geschäftsprozessmodellierung einbezogen.

Weiterhin besteht die BPMN aus weit mehr als den bisher vorgestellten Beschreibungselementen, siehe dazu [Gö13]. Die semantische Vielfalt der Beschreibungselemente unterstützt zwar die Anforderungen nach Genauigkeit und Korrektheit der Beschreibung. Die Verständlichkeit der Beschreibung leidet jedoch unter dieser Komplexität.

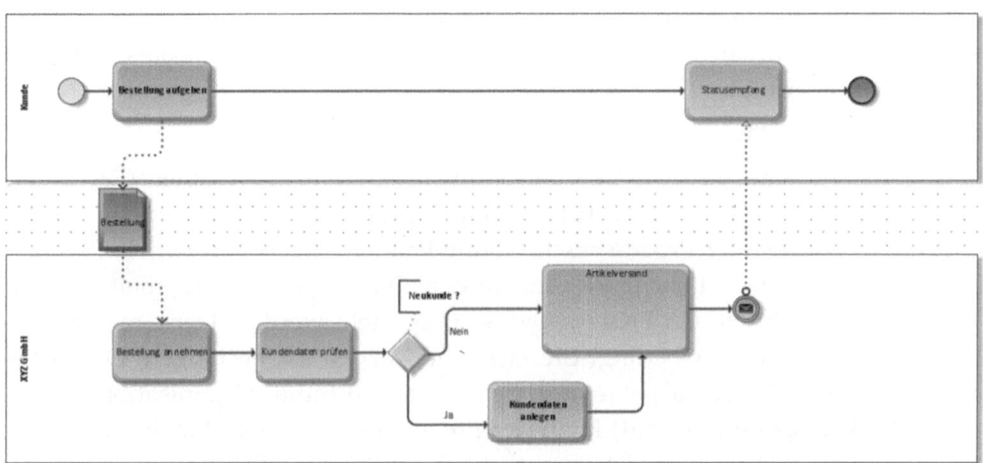

Abbildung 5-12: Beispiel: BPMN modelliert mit ARIS Express

5.5.2 Bewertung der Praxisrelevanz

Nachfolgend werden Anforderungen an aufgabenorientierte Geschäftsprozessmodelle bewertet.

Verständlichkeit

Prozessmodell dargestellt als EPK bzw. eEPK (siehe Abbildung 2-2) sind für *Prozess-Verantwortliche* intuitiv verständlich und nachvollziehbar. Das ist auch ein Grund für die Beliebtheit dieser Beschreibungsmethode in Unternehmen und Behörden. Der Überblick über den Gesamtprozess kann sehr gut visualisiert werden. Falls an einem Geschäftsprozess jedoch unterschiedliche Nutzer (Subjekte) eventuell aus unterschiedlichen Unternehmensbereichen (Organisationsbereichen) beteiligt sind, verliert diese Beschreibungsform an Überblick und Verständlichkeit. Das Nachvollziehen einer individuellen Rolle ist nicht mehr zusammenhängend darstellbar.

Die Prozessbeschreibung in Abbildung 5-11 (PAP) wird von *Prozess-Implementierern* geschätzt, da in dieser Beschreibungsform eine große Nähe zur programmtechnischen Ablauflogik erkennbar ist.

Prozessbeschreibungen dargestellt als BPMN (siehe Abbildung 5-12) sind für *Prozess-Verantwortliche* und *Prozess-Implementierer* sehr gut verständlich und nachvollziehbar. Diese Notation hat auch aufgrund der Verständlichkeit der Symbolik in den letzten Jahren stark an Beliebtheit zugenommen. Der Überblick über den Gesamtprozess kann in einer groben BPMN-Prozessbeschreibung anschaulich dargestellt werden. Über die Bildung von Unterprozessen können detaillierte Prozessbeschreibungen realisiert werden. Ein großer Vorteil besteht in der „gleichzeitigen" Visualisierung von Aufgaben, Objekten und Subjekten.

Bei Verwendung einer großen Zahl von verschiedenen BPMN-Symbolen verschlechtert sich die Verständlichkeit und der Überblick geht verloren. Außerdem ist die Bedeutung von zahlreichen Symbolen nicht präzise definiert. Insbesondere ist nicht klar beschrieben ob der Nachrichtenaustausch zwischen Pools synchron oder asynchron erfolgt.

Flexibilität und Korrektheit

Die Darstellung eines Prozess-Überblicks mit Programmablaufplänen (PAP) und ereignisgesteuerte Prozessketten (EPK) kann hinreichend genau dargestellt werden. Die Korrektheit der Prozessbeschreibung kann auf Basis von Regeln (Syntax) auch programmgesteuert nachgewiesen werden. Die fachliche Korrektheit (Semantik) muss visuell durch den Prozess-Owner festgestellt werden. Der einzelne Prozess-Anwender kann nur bedingt die fachliche Korrektheit bestätigen. Durch Ergänzung weiterer Prozessaspekte (wie beispielsweise Input, Organisation, Dokumente, Werkzeuge und Output) kann der Prozess noch genauer beschrieben werden, was jedoch zu Lasten der Übersichtlichkeit und Verständlichkeit geht.

Die Darstellung eines Prozess-Überblicks mit BPMN kann hinreichend genau dargestellt werden. Die Korrektheit der Prozessbeschreibung kann auf Basis von Regeln (Syntax) auch teilweise programmgesteuert nachgewiesen werden. Die fachliche Korrektheit (Semantik) muss visuell durch den *Prozess-Owner* festgestellt werden. Der einzelne Prozess-Anwender kann sich innerhalb von Pool und Lanes orientieren und die fachliche Korrektheit aus seiner Sicht bestätigen. Bei nachträglichen Änderungen im Geschäftsprozessmodell muss in der Regel die gesamte Prozessbeschreibung neu verifiziert und validiert werden.

Durchgängigkeit

Eine Vielzahl von Beschreibungsvarianten, wie beispielsweise

- Funktionsbaum
- Organigramm
- Datenmodell

unterstützen die Darstellung statischer Aspekte einer Prozessbeschreibung. Die Bestandteile eines Geschäftsprozesses können auf diese Weise übersichtlich und kompakt dokumentiert werden.

Die dynamischen Aspekte einer Prozessbeschreibung werden überwiegend mit Hilfe der bereits besprochenen EPK oder PAP dargestellt. Durch Einsatz von Simulationsinstrumenten können Kennzahlen für die betrachteten Prozesse ermittelt werden. Auf diese Weise werden anhand der Prozessbeschreibung Kosten und Zeiten für den Prozess ermittelt.

Die BPMN kann zur fachlichen und technischen Beschreibung von Geschäftsprozessen eingesetzt werden. Für die Ausführung von BPMN-Modellen kann die „Business Process Execution Language" (BPEL), siehe [Le11] verwendet werden, da im BPMN-Standard festgelegt ist, wie ein BPMN-Modell in ein BPEL-Modell umgesetzt werden kann.

Dadurch gelingt es eine statische BPMN-Beschreibung in eine dynamische ausführbare BPEL-Beschreibung zu transformieren. Allerdings ist dies wegen der unzureichend präzise beschriebenen BPMN Konstrukte nur möglich wenn nur Teilmengen der möglichen BPMN Konstrukte verwendet werden.

Strukturierbarkeit

Komplexe aufgabenorientierte Prozessmodelle können durch Hierarchisierung einfacher und übersichtlicher gestaltet werden. Weiterhin werden Prozess-Schablonen erstellt, welche den Wiederverwendungsgrad bei Prozessvarianten deutlich erhöhen. Darüber hinaus existieren Referenzmodelle, beispielsweise für Standard-Anwendungssysteme wie SAP R/3, anhand derer sich Prozess-Beteiligte grob orientieren können.

Komplexe BPMN-Geschäftsprozessmodelle können durch Hierarchisierung einfacher und übersichtlicher gestaltet werden. Allerdings findet die Abstraktionsmöglichkeit nur bei den Aufgaben statt. Die Vielfalt der definierten BPMN-Symbole erschwert die Strukturierbarkeit der Beschreibung.

Einsatz in der Praxis

Aufgabenorientierte Modelle für Geschäftsprozesse werden bevorzugt von *Prozess-Anwendern, Prozess-Ownern* und dem *Prozessmanagement* eingesetzt. Spezielle Formen wie beispielsweise Programmablaufpläne werden überwiegend von *Prozess-Implementierern* eingesetzt.

EPK werden überwiegend zur fachlichen Spezifikation von Geschäftsprozessen verwendet, während die BPMN mit dem Ziel entwickelt worden ist, fachliche Prozessbeschreibungen in technische Prozessbeschreibungen (Workflow-Spezifikation) transformieren zu können. Abweichungen vom BPMN-Standard und proprietäre Anpassungen der Notation, insbesondere der Toolhersteller, bremsen die weitere Verbreitung der BPMN.

5.6 Objektorientierte Geschäftsprozessmodellierungsmethode

5.6.1 Eigenschaften und Konventionen

Beim objektorientierten Beschreibungsansatz stehen betriebliche **Objekte** (Produkte und Dienstleitungen) im Mittelpunkt der Konzeption und Darstellung von Geschäftsprozessen. Ein Prozess wird als Verrichtung von Tätigkeiten an Objekten mittels **Methoden** beschrieben. Eigenschaften der Objekte werden gelesen oder durch Anwendung geeigneter Methoden verändert. Diese übernehmen die primäre Rolle bei der Darstellung, Gestaltung und Realisierung von Geschäftsprozessen. Akteure und Datenelemente (Eigenschaften bzw. Zustände der Objekte) nehmen eine unterstützende Rolle ein. Die Änderungen an Objekten entsprechen bei Standard-Prozessen der betrieblichen Realität [Oe03].

Objektorientierte Prozessmodelle dienen in erster Linie der Beschreibung von Anforderungen und Konzepten für die objektorientierte Softwareentwicklung. Die Unterstützung von Geschäftsprozessmodellen ist eher ein Nebenaspekt.

Die „Unified Modeling Language" (UML) [Ru12] stellt die führende und weit verbreitete Notation und Beschreibungsform für objektorientierte Softwaresysteme. UML bietet einen umfangreichen Katalog an Struktur- und Verhaltensbeschreibungen.

Die Beschreibung von Geschäftsprozessen wird in der betrieblichen Praxis durch spezielle Diagrammformen der UML unterstützt, das sind:

- Use-Case-Diagramme
- Sequenzdiagramme und
- Aktivitätsdiagramme

Es ist anzumerken, dass diese Diagramm-Notationen primär auf dem aufgabenorientierten Architekturprinzip basieren.

Beispiele für einfache Use-Case-Diagramme, Sequenzdiagramme und Aktivitätsdiagramme werden im Folgenden dargestellt.

5.6.1.1 Use-Case-Diagramm

Das Beispiel in Abbildung 5-13 zeigt eine Prozessbeschreibung für die „Bearbeitung von Kopieraufträgen" als Use-Case-Diagramm.

Es werden verschiedene Akteure (beispielsweise: Auftraggeber und Haushaltssachbearbeiter) und deren Beziehung zu den erforderlichen Anwendungsfällen dargestellt. Die Beziehungen zwischen den Anwendungsfällen können noch näher konkretisiert („extend" oder „include") werden.

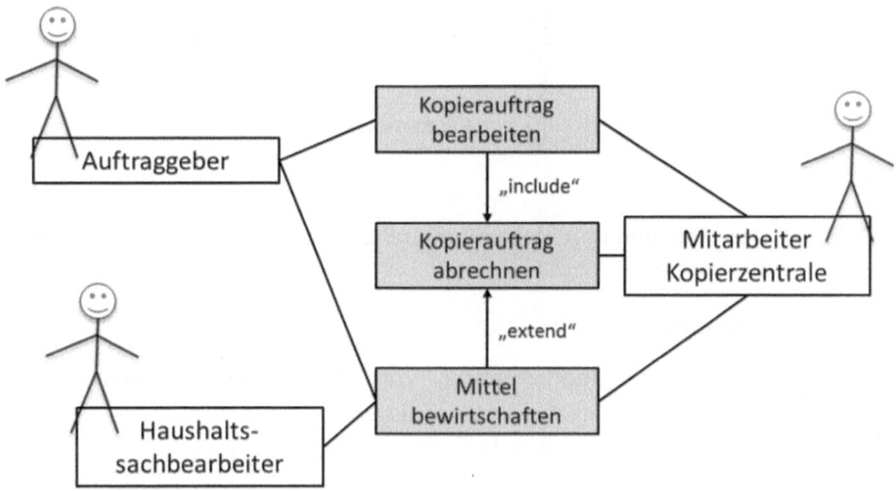

Abbildung 5-13: Beispiel einer objektorientierten Prozessbeschreibung (Use-Case-Diagramm)

5.6.1.2 Sequenzdiagramm

Mit Hilfe eines Sequenzdiagramms Abbildung 5-14 kann der Ablauf eines Anwendungsfalles als Folge von Arbeitsschritten (beispielsweise: Wertkarte beantragen) näher beschrieben werden. Es werden die verantwortlichen Akteure (Auftraggeber, Haushaltssachbearbeiter und Mitarbeiter Kopierzentrale) mit angegeben.

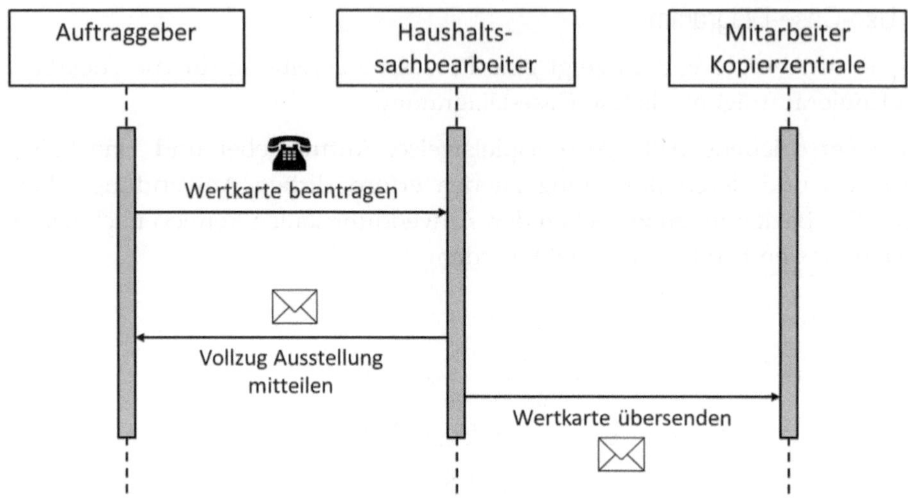

Abbildung 5-14: Beispiel einer objektorientierten Prozessbeschreibung als Sequenzdiagramm

5.6.1.3 Aktivitätsdiagramm

Am häufigsten werden zur Beschreibung von Prozessen aus dem UML-Werkzeugkasten Aktivitätsdiagramme verwendet. Abbildung 5-15 zeigt ein Beispiel für einen einfachen Prozess beschrieben als Aktivitätsdiagramm.

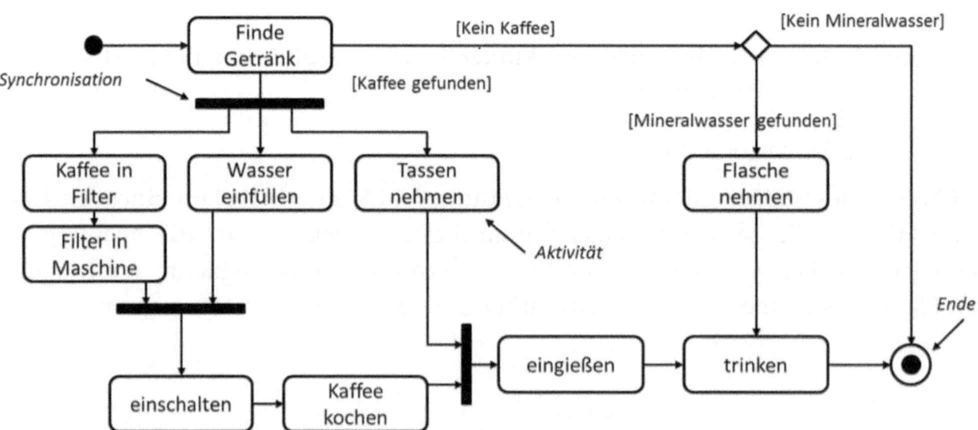

Abbildung 5-15: Beispiel einer objektorientierten Prozessbeschreibung als Aktivitätsdiagramm

Das Beispiel in Abbildung 5-15 zeigt eine Prozessbeschreibung für einen „Getränkeautomaten". Es werden die verschiedenen Aufgaben (wie *„einschalten"* und *„eingießen"*) in der notwendigen Abfolge dargestellt. Auch Parallelität (wie „Kaffee gefunden") und Optionen „Mineralwasser gefunden bzw. nicht gefunden" können dargestellt werden. Start- und Endpunkte der Prozessbeschreibung werden durch Kreissymbole dargestellt.

Die Charakteristik des objektorientierten Grundprinzips zeigt sich im UML-Geschäftsprozessmodell an der führenden Rolle der Objekte, welche zu Klassen und deren Beziehungen untereinander abstrahiert werden. Objekte bzw. deren Klassen bilden die statische Grundstruktur des Geschäftsprozesses in Form von Klassendiagrammen fest. Aufgaben (Prädikate) werden zur detaillierten Beschreibung der Ablauflogik verwendet, während Subjekte (Organisationseinheiten) nachrangig betrachtet werden.

5.6.2 Bewertung der Praxisrelevanz

Nachfolgend werden Anforderungen an objektorientierte Geschäftsprozessmodelle bewertet.

Verständlichkeit

Use-Case-Diagramme sind sehr anschaulich, jedoch in der Regel zu oberflächlich und werden von *Prozess-Implementierern* oft nicht akzeptiert. Für Prozess-Verantwortliche und *Prozess-Owner* dienen Sie als Überblick, um die Beteiligten (Akteure) den geforderten Anwendungsfällen (Geschäftsprozesse) zuzuordnen.

Sequenzdiagramme stellen den Kommunikationsbedarf zwischen den beteiligten Akteuren in einem Geschäftsprozess dar. Für die *Prozess-Anwender* (Akteure) ist diese Beschreibungsform aussagekräftig. In der Praxis ist für diese Beschreibungsform die Akzeptanz im Fachbereich sehr gering. Sequenzdiagramme sind für die *Prozess-Anwender* eher nicht geeignet.

Aktivitätsdiagramme visualisieren den Ablauf eines Geschäftsprozesses und sind aufgabenorientierten Beschreibungsformen (siehe EPK) sehr ähnlich.

Flexibilität und Korrektheit

Die UML basiert auf einer definierten Syntax und es existiert ein wohldefiniertes Metamodell. Objektorientierte Geschäftsprozessmodelle können deshalb auf syntaktische Korrektheit überprüft werden.

Der Nachweis der fachlichen Korrektheit (Semantik) ist aufgrund der Vielzahl unterschiedlicher Beschreibungsformen (Modellarten) schwer nachzuweisen. Insbesondere Prozess-Anwender sind mit der Interpretation objektorientierter Beschreibungsformen überfordert. Die Einfachheit von Use-Case-Modellen wird aufgrund der inhaltlichen Oberflächlichkeit und Ungenauigkeit von Prozess-Anwendern nach Erfahrung der Autoren oft nur anfangs akzeptiert.

Durchgängigkeit

UML bietet mehrere Struktur- und Verhaltensmodelle an. Statische Aspekte (Struktur) einer Prozessbeschreibung können mit folgenden Diagrammarten beschrieben werden:

- Objektdiagramme
- Klassendiagramme

- Paketdiagramme
- Kompositionsstrukturdiagramme
- Komponentendiagramme
- Verteilungsdiagramme

Beschreibungsformen für dynamische Aspekte (Verhalten) sind:

- Use-Case-Diagramme
- Aktivitätsdiagramme
- Sequenzdiagramme
- Zustandsautomaten
- Kommunikationsdiagramme
- Timing-Diagramme
- Interaktionsübersichtsdiagramme

Für einen detaillierten Einblick in die Beschreibungsformen der UML sei die einschlägige Fachliteratur empfohlen [Ru12].

UML bietet ein umfangreiches Beschreibungs-Instrumentarium. In der Praxis zeigt sich diese Vielfalt als Nachteil in der Anwendungs-Akzeptanz. Zahlreiche Beziehungen zwischen den unterschiedlichen Beschreibungsformen sind für viele Prozess-Beteiligte nicht nachvollziehbar. Insbesondere die dynamischen Aspekte können nicht eingeschätzt und erlebt werden. *Prozess-Anwender* und *Prozess-Owner* werden dadurch schnell überfordert und verlieren den Überblick. *Prozess-Implementierer* setzen objektorientierte Beschreibungen (statisch und dynamisch) zur Vorbereitung der „Programmierung von Geschäftsprozessen" ein.

Strukturierbarkeit

Die objektorientierten Beschreibungsformen basieren auf den Grundprinzipien von Wiederverwendbarkeit und Abstraktion. Für die „Software"-Architektur von Geschäftsprozessen sind diese Prinzipien von großem Nutzen. Für den fachlich-orientierten *Prozess-Anwender* oder *Prozess-Owner* sind diese Aspekte eher uninteressant.

Einsatz in der Praxis

Objektorientierte Modelle für Geschäftsprozesse werden bevorzugt von *Prozess-Implementierern* und *Prozess-Ownern* eingesetzt.

5.7 Subjektorientierte Geschäftsprozessmodellierungsmethodik

5.7.1 Eigenschaften und Konventionen

Im subjektorientierten Beschreibungsansatz stehen Prozessbeteiligte (Subjekte) im Mittelpunkt eines Geschäftsprozesses. Während bei den anderen Methoden die Prädikate als Aufgaben abgebildet werden differenziert die Subjektorientierung die Aufgaben zwischen Kommunikation und innerem Verhalten. Für ein Subjekt steht primär die Kommunikation zu anderen Subjekten. Erst sekundär sind die Objekte, die hier Geschäftsobjekte genannt werden und die Aufgaben, die das Subjekt selbst verrichtet. Dies wird das Verhalten eines Subjektes genannt.

Das Besondere ist die Möglichkeit, asynchron Nachrichten auszutauschen [Fl94]. Der Gedanke dabei ist, dass bei einem dynamischen Prozess unerwartete Ereignisse auftreten können. Dies zu berücksichtigen ist mit einer aufgabenorientierten oder objektorientierten Methode kaum möglich.

Das „Subjektorientierte Business Process Management" (S-BPM) [Fo11] stellt eine neue und zunehmend in der Praxis eingesetzte Notation und Beschreibungsform für subjektorientierte Softwaresysteme dar.

Die Beschreibung von Geschäftsprozessen wird in der betrieblichen Praxis durch zwei Diagrammformen der S-BPM unterstützt, das sind:

- Subjektinteraktionsdiagramme (SID) und
- Subjektverhaltensdiagramme (SVD)

Zur Veranschaulichung dient das nachfolgende Beispiel. Der Geschäftsprozess *„Kundenauftrag ändern"* wird aus der Sicht der Beteiligten (Subjekte) beschrieben.

5.7.1.1 Subjektinteraktionsdiagramm (SID)

Im SID werden die an einem Prozess beteiligten Subjekte, deren **Interaktionen** und Schnittstellen festgelegt. Zu den einzelnen Interaktionen wird beschrieben, welche Daten (Objekte) bei einer Interaktion vom sendenden zum empfangenden Subjekt übermittelt werden.

Beispiel:

Ein Kunde stellt bei einer Bank eine Kreditanfrage. Diese wird vom Beratungs-Desk entgegen genommen und von einem Kreditsachbearbeiter geprüft. Die Freigabe oder Ablehnung erfolgt durch den Leiter der Kreditabteilung. Die Entscheidung wird dem Kunden anschließend mitgeteilt. Abbildung 5-16 zeigt hierzu das SID, das die Interaktionen der beteiligten Subjekte darstellt.

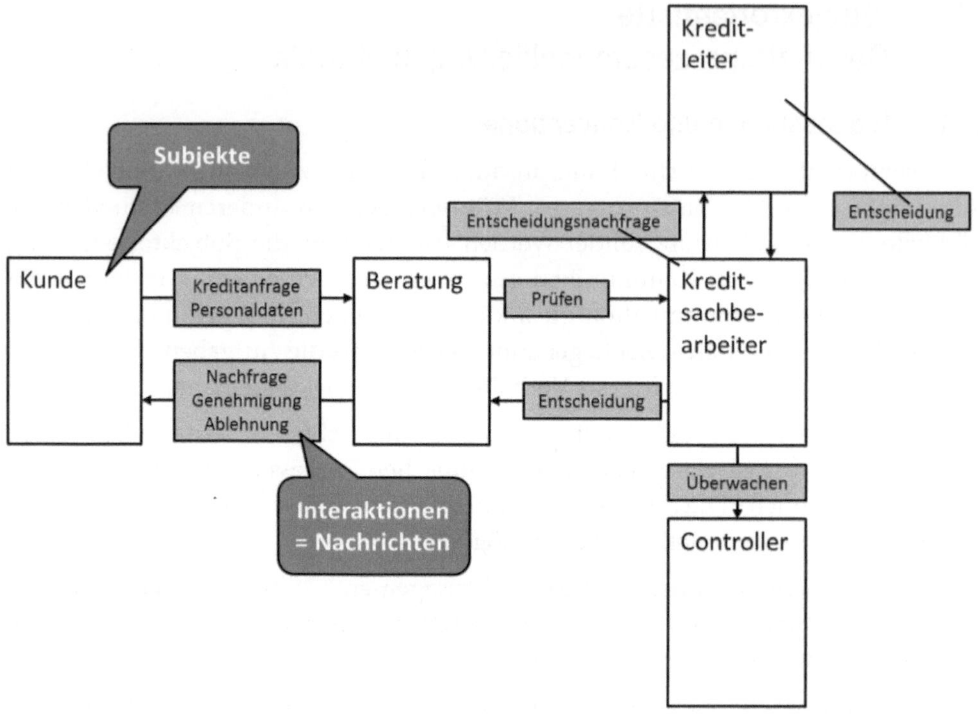

Abbildung 5-16: Beispiel: Subjektinteraktionsdiagramm (SID)

5.7.1.2 Subjektverhaltensdiagramm (SVD)

Im SVD wird das **Verhalten** der einzelnen Subjekte beschrieben. Es wird dargestellt, in welcher Reihenfolge ein Subjekt welche Interaktionen oder Aufgaben ausführt. Folgende Zustandsarten kann das Subjekt annehmen:

- Empfangszustand
- Aufgabenverrichtung
- Sendezustand

Jeder Zustand kann durch Angabe von „refinements" detaillierter beschrieben werden. Damit ist es möglich, einem Subjekt zusätzliche Ressourcen (beispielsweise Verhaltensvorschriften, externe Programme, Hilfsmittel, etc.) zuzuordnen.

Beispiel:

Das Verhalten des Subjekts „*Beratung*" wird exemplarisch in einem SVD dargestellt, siehe Abbildung 5-17. Die „*Beratung*" befindet sich zunächst im Wartestatus (Empfangszustand). Sobald eine Kreditanfrage eines Kunden eingeht, führt die „Beratung" eine Prüfung (Aufgabe) durch. Das Ergebnis der Prüfung wird dem Kunden mitgeteilt (Sendezustand).

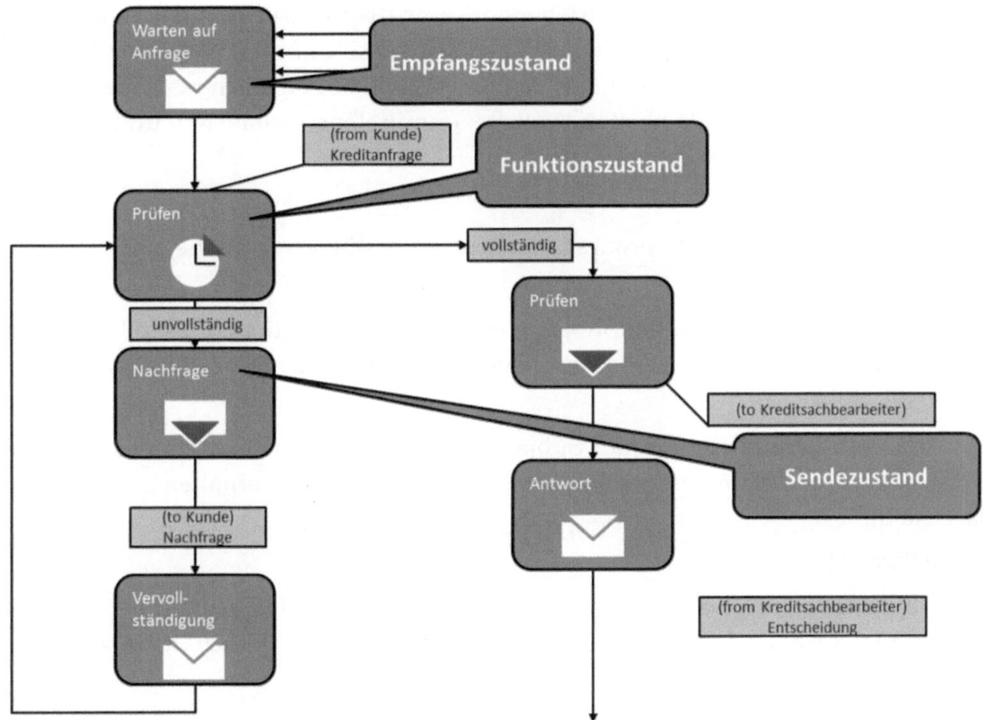

Abbildung 5-17: Beispiel: Subjektverhaltensdiagramm (SVD)

5.7.2 Bewertung der Praxisrelevanz

Nachfolgend werden Anforderungen an subjektorientierte Geschäftsprozessmodelle bewertet.

Verständlichkeit

Im Subjektbegriff findet sich der Prozess-Anwender schnell zurecht und identifiziert sich als Prozessbeteiligter in der jeweiligen Rolle. Das Verhalten eines Subjektes kann mit einfachen Darstellungsmitteln nachvollzogen, ergänzt oder geändert werden. Das Zusammenspiel der Subjekte im Prozess ist visualisierbar und erlebbar. Dadurch gewinnt die Beschreibung der Geschäftsprozesse eine neue Qualität und erhöht die Verständlichkeit. Alle Prozess-Beteiligten können gemeinsam die Prozess-Beschreibung betrachten und begutachten.

Flexibilität und Korrektheit

Subjektorientierte Prozessmodelle basieren auf einer definierten Syntax und präzisen formal definierten Semantik. Sie können deshalb rechnergestützt validiert und auf syntaktische Korrektheit überprüft werden.

Das fachlich notwendige Kommunikations- und Prozessverhalten der Subjekte kann hinreichend genau (insbesondere durch refinements) beschrieben werden.

Die rasche Erlebbarkeit der beschriebenen Geschäftsprozesse ermöglicht ein frühzeitiges Erkennen von „Prozessfehlern", sodass diese unmittelbar in der Prozessbeschreibung behoben werden können. Die Flexibilität zeigt sich besonders durch schnelle Änderungsmöglichkeiten, welche unmittelbar visualisiert und erlebbar gemacht werden können.

Durchgängigkeit

Subjektorientierte Geschäftsprozessmodelle unterstützen statische und dynamische Aspekte.

Im SID werden die beteiligten Subjekte und deren Interaktionen festgelegt. Diese Deklaration beschreibt die statischen Anforderungen an das Kommunikationsverhalten der Subjekte.

Im SVD findet die Definition der Subjekte statt. Es werden die dynamischen Anforderungen an die Prozessbeschreibung und das interne Verhalten der Subjekte dargestellt.

Strukturierbarkeit

Die S-BPM verwendet die Abstraktionsmechanismen der Objektorientierung und Hierarchisierung. Dadurch kann die Komplexität „großer" Geschäftsprozesse beherrschbar gemacht werden.

Subjekte interagieren untereinander (öffentlich) und kapseln das Prozessverhalten (privat). Das Subjektverhalten wird aufgabenorientiert beschrieben. Detaillierte Anforderungen an das Prozessverhalten werden durch „refinements" ermöglicht und können in einer objektorientierten Notation formuliert werden.

Einsatz in der Praxis

Subjektorientierte Modelle für Geschäftsprozesse (S-BPM) sind von allen Prozess-Beteiligten mit frühzeitigem Erlebniswert und hoher Akzeptanz nutzbar.

Prozess-Anwender identifizieren sich mit der subjektorientierten Beschreibungsform sehr schnell. Die eigene Rolle im Geschäftsprozess geht unmittelbar in die Prozessbeschreibung (Modellierung) ein. Die Möglichkeit des frühen Prozess-Erlebnisses bildet einen wichtigen Beitrag zur Prozess-Qualität.

Auch *Prozess-Implementierer* profitieren von der syntaktisch klaren Beschreibung. Aus der subjektorientierten und erlebbaren Geschäftsprozessbeschreibung kann automatisiert Programmcode generiert werden. Dieser kann in der Softwareentwicklung weiter detailliert und optimiert werden.

5.8 Werkzeugunterstützung bei der Beschreibung von Geschäftsprozessen

5.8.1 Grundprinzipien und Modellierungsmethoden

Vor der Wahl der „richtigen" Werkzeugunterstützung steht die Entscheidung für die „richtige" Modellierungsmethode der Geschäftsprozesse. Dabei kann man sich an den Grundprinzipien zur Beschreibung von Geschäftsprozessen orientieren. In Abschnitt 5.4 wurden aufgabenorientierte, objektorientierte und subjektorientierte Grundprinzipien vorgestellt.

Beispiele hierzu wurden ausführlich diskutiert und sind in Abbildung 5-9 zusammengefasst. Es wird an dieser Stelle nochmals betont, dass es sich bei den genannten Modellierungsmethoden nur um Beispiele und keine Empfehlungen aus der Praxis handelt.

5.8.2 Empfehlungen zur Wahl der „richtigen" Modellierungsmethode

Die Wahl der „richtigen" Modellierungsmethode hängt wesentlich von zwei Einflussfaktoren ab:

- Typ des zu modellierenden Geschäftsprozesses
- Zweck der Geschäftsprozessmodellierung

Aufgrund langjähriger Praxiserfahrung in der Anwendung verschiedener Modellierungsmethoden können folgende Empfehlungen zur Wahl der „richtigen" Modellierungsmethode gegeben werden.

Für sequenzorientierte Geschäftsprozesse wie sich häufig Fertigungs- und Verwaltungsprozesse darstellen, sind aufgabenorientierte Modellierungsmethoden (Beispiele: EPK und BPMN) zu empfehlen.

Für die Modellierung baustein-, modul- und serviceorientierter Geschäftsprozesse werden zunehmend objektorientierte Modellierungsmethoden (Beispiel: UML) vorgeschlagen. Insbesondere bei Verfügbarkeit von sogenannten Prozessbibliotheken hat sich die objektorientierte Modellierungsmethodik bewährt.

Zur Modellierung von kommunikationsintensiven Geschäftsprozessen mit vielen Prozessbeteiligten bietet die subjektorientierte Modellierungsnotation (Beispiel: S-BPM) klare Vorteile.

Die Wahl der „richtigen" Geschäftsprozessmodellierungsmethode hängt auch sehr stark von Anwendungszweck der Modelle ab. Hierbei ist zu unterscheiden, ob das Geschäftsprozessmodell zur

- Visualisierung als Diskussionsbasis (Beispiel: Ist-Modelle)
- Modellierung als Realisierungsgrundlage (Beispiel: Pflichtenheft)

- Simulation für Verifikations- und Validierungszwecke
- Generierung von Anwendungssystemen (Beispiel: Workflowsystem)

verwendet werden soll.

5.8.3 Empfehlungen zur Wahl des „richtigen“ Modellierungswerkzeuges

Erst die Wahl der Modellierungsmethode für einen bestimmten Anwendungszweck lässt die Auswahl des „richtigen" Modellierungswerkzeuges zu! Es gibt im deutschsprachigen Raum derzeit ca. 160 Werkzeuge für den Bereich Geschäftsprozessmanagement (insb. Geschäftsprozessmodellierung).

Aktuelle Marktübersichten findet man beispielsweise unter:

http://www.competence-site.de/erp-systeme/Aktuelle-Marktuebersicht-zum-Funktionsumfang-von-Modellierungswerkzeugen

http://opus.kobv.de/ubp/volltexte/2010/4447/pdf/pwisof021.pdf

http://www.bpm-expo.com

5.9 Zusammenfassung

In der Praxis haben sich zahlreiche Modellierungsmethoden zur grafischen Beschreibung von Geschäftsprozessen etabliert. Diese lassen sich aus den drei Grundprinzipien ableiten. Jede Modellierungsmethode hat spezifische Vorzüge aber auch Nachteile.

Im Folgenden wird auf Basis der in 5.2 genannten Anforderungen an die Beschreibung von Geschäftsprozessen eine Bewertung der auf den Grundprinzipien basierenden Modellierungsmethoden zusammengestellt. Die Ergebnisse dieser Bewertung sind in der folgenden Tabelle 5-3 dargestellt und basieren auf der langjährigen und subjektiven Praxiserfahrung der Autoren.

Tabelle 5-3: Bewertung der Grundprinzipien zu den Anforderungen an die Beschreibung von Geschäftsprozessen

Grundprinzipien	aufgabenorientiert	objektorientiert	subjektorientiert
Anforderungen			
Verständlichkeit	++	+	+
Flexibilität und Korrektheit	+	+	++
Durchgängigkeit	+	+	++
Strukturierbarkeit	+	++	++

5.10 Aufgabe zur Prozessbeschreibung (Teil 3)

Checkliste:

- Welche Grundprinzipien sind zur übersichtlichen Strukturierung und Darstellung Ihrer Prozesse relevant?
- Skizzieren Sie auf Basis der drei Grundprinzipien jeweils die grobe Struktur Ihres Prozesses!
- Reflektieren und diskutieren Sie, welche der groben Prozessbeschreibungen Ihre Anforderungen am besten erfüllt!

◎ Hinweise zur Lösung dieses Gestaltungsschrittes finden Sie im Abschnitt 8.3 der Fallstudie.

6 Qualitätskontrolle: Prozessmodelle validieren

Mit der Modellierung eines Geschäftsprozesses ist ein wichtiger Schritt in Richtung seiner Realisierung getan. Nun sollte der Entwurf auf seine Tauglichkeit in der Praxis überprüft werden. Eine sorgfältige Validierung zeigt, ob der Prozess alle Anforderungen erfüllt und die beabsichtigten Ergebnisse erreicht. Diese Qualitätskontrollen müssen **möglichst frühzeitig** einsetzen, bevor IT-Systeme entwickelt und die späteren Anwender geschult werden.

Die Qualitätskontrolle bei Geschäftsprozessen hat zwei wesentliche Aufgaben. Sie soll die **Effektivität** und die **Effizienz** von Prozessen gewährleisten. Effektivität bedeutet, dass der Prozess die an ihn gestellten Anforderungen erfüllt. Effizient ist der Prozess dann, wenn er mit möglichst geringem finanziellen und zeitlichen Mitteleinsatz ausgeführt werden kann.

Diese qualitativen und quantitativen Ziele sollten durch entsprechende **Messgrößen** definiert werden. Ideal ist es, wenn für einen Prozess Effektivitäts- und Effizienzkennzahlen existieren, die einen Prozess ausreichend charakterisieren und damit steuerbar machen.

Im Folgenden werden Methoden vorgestellt, mit deren Hilfe die Qualität von Prozessmodellen bewertet werden kann. Diese Methoden ergänzen sich und sollten je nach Unternehmenssituation kombiniert eingesetzt werden.

Am Ende des Kapitels wird in einer Tabelle die Eignung der Qualitätsbeurteilung für Geschäftsprozesse hinsichtlich der in Kapitel 5 dargestellten Modellierungsmethoden verglichen und bewertet.

6.1 Visuelle Methoden

Bei dem Begriff „visuelle Begutachtung" wird man sagen, das ist doch selbstverständlich, dass Geschäftsprozessmodelle mit den ergänzenden Dokumenten begutachtet werden, bevor sie umgesetzt werden! Es genügt jedoch nicht, einen Prozess oberflächlich „anzuschauen". Zu viel Komplexität ist in ihm verborgen, sodass ein Leitfaden hilfreich ist, um zu überprüfen, ob die Ziele des Prozesses erreicht werden.

6.1.1 Vorgehensweise und Konventionen

Eine systematische Begutachtung kann in Form von **Reviews** erfolgen. Dabei wird die Prozessbeschreibung von Mitarbeitern, die nach diesem Prozess arbeiten sollen, beurteilt. Zur Vorbereitung eines Reviews wird die Prozessbeschreibung und eine **Checkliste**, nach der die Prozessbeschreibung geprüft werden soll, kommuniziert. Diese Checkliste enthält Fragen, die die Gutachter bezüglich des Prozesses beantworten sollen.

Beispiele für solche Fragen sind:

- Sind die Ziele des Prozesses definiert?
- Ist der Nutzen des Prozesses in der Zielsetzung klar beschrieben und ist ersichtlich, welche Wertschöpfung er für wen liefert?
- Gibt es Kennzahlen mit denen die Zielerreichung bewertet werden kann?
- Sind die Messverfahren für die Kennzahlen eindeutig festgelegt?
- Werden die Zielwerte für die Kennzahlen des Prozesses systematisch festgelegt und liefern sie eine Aussage über den Wertbeitrag des Prozesses?
- **Unterstützt der Prozess die Politik und Strategie des Unternehmens bzw. der IT Organisationen?**
- **Ist der Prozessablauf beschrieben?**
- **Sind die Eingaben und Ergebnisse des Prozesses beschrieben?**
- **Ist klar, wer (Organisationen, Rollen, Personen) welche Eingaben liefert und welche Ergebnisse entgegennimmt?**
- **Werden die Beschreibungskonventionen für Prozesse eingehalten?**
- **Ist klar definiert, wer für die einzelnen Schritte des Prozesses verantwortlich ist (Organisationen, Rollen oder Personen)?**
- Ist das Vorgehen in dem Prozess auf die Interessensgruppen (beispielsweise Kunden) ausgerichtet?
- Ist das Vorgehen im Prozess klar begründet?
- Gibt es neben der Prozessbeschreibung noch ausreichend Hilfsmittel für die Ausführung des Prozesses (Checklisten, Arbeitsanweisungen etc.)?
- Wurde ein Prozessverantwortlicher (Process Owner) benannt?
- Sind die Befugnisse des Prozessverantwortlichen (Process Owner) festgelegt und sind diese ausreichend?
- Ist der Geltungsbereich des Prozesses eindeutig festgelegt?
- Sind die Beziehungen des Prozesses zu anderen Prozessen beschrieben bzw. definiert?

6.1.2 Bewertung

Lediglich die Beantwortung der fett herausgehobenen Fragen wird durch geeignete Werkzeuge unterstützt. Alle anderen Fragen können nur durch die am Prozess beteiligten Personen bzw. Organisationen geklärt werden.

Insbesondere sind die fett gekennzeichneten Fragen für Menschen schwer und mühselig zu beantworten. Umfangreiche Diagramme, die den Prozessablauf beschreiben, müssen auf das Einhalten von Beschreibungskonventionen (Syntax) geprüft werden und ob mit dem Prozess erreicht wird, was gefordert wurde. Diese Beweise durch *„heftiges Hinschauen"* (Spruch eines alten Mathematiklehrers) sind sehr mühselig zu erbringen und fehleranfällig.

Insbesondere ist das Lesen seitenlanger Diagramme für Menschen sehr ermüdend, und die Inhalte sind bezüglich ihrer Praxistauglichkeit nur schwer nachvollziehbar.

Aus diesem Grund sind die Autoren der Meinung, dass diese Methode der Qualitätssicherung gut geeignet ist für Prozesse, die in Fließtext oder in strukturiertem Text wie beispielsweise Tabellen beschrieben sind. Für formale Beschreibungsmethoden sollten Werkzeuge zur Verfügung stehen, die einen großen Teil der Prüfungen (beispielsweise Syntax) automatisch erledigen.

6.2 Walk-Through

Um die Schwächen einer visuellen Begutachtung zu kompensieren, wurde eine stärker formalisierte Version des Reviews entwickelt, das „Walk-Through".

6.2.1 Vorgehensweise und Konventionen

Ähnlich wie bei der Code-Inspection in der Programmierung, wird beim Walk-Through ein Prozess gemeinsam mit ausgewählten Prozess-Beteiligten **Schritt für Schritt besprochen**. Um das schrittweise Durchgehen lebendiger zu gestalten, kann eine formale Prozessbeschreibung mit Hilfe eines praktischen Beispiels durchlaufen werden. Ein Prozess-Beteiligter geht anhand eines konkreten Beispiels die Geschäftsprozessbeschreibung schrittweise durch. Zu jedem Prozess-Schritt stellt ein Experte gezielte Fragen, um die Effektivität der Prozessbeschreibung zu hinterfragen.

Es werden beispielsweise das **Verständnis der Fachbegriffe**, die **fachliche Notwendigkeit** sowie die **Vollständigkeit der Prozessbeschreibung** hinterfragt. Auf diese Weise wird die Prozessbeschreibung überprüft. Ein Walk-Through wird mit etwa zwei bis drei Prozess-Beteiligten durchgeführt, die verschiedene Benutzergruppen vertreten.

Die „Autoren" der Prozessbeschreibung (beispielsweise Prozess-Manager), sollten sich im Hintergrund halten, damit Kritik offen formuliert werden kann. Alle Kritikpunkte und Anregungen werden gesammelt, dokumentiert und anschließend mit den Prozess-Beteiligten ausgewertet. Diese Auswertung führt zu einer Überarbeitung des Prozesses.

Die schrittweise Analyse des Prozesses kann durch **Animationen** unterstützt werden. Das verwendete Werkzeug zeigt den aktuellen Prozess-Schritt beispielsweise durch eine andere Farbkennzeichnung an.

Das **schematische „Abarbeiten"** der Prozessbeschreibung erfordert, dass der Prozessablauf formal beschrieben ist. Allerdings schränkt die Anforderung der formalen Beschreibung die Anwendbarkeit des Walk-Throughs wieder ein, denn die Anwender eines Prozesses (Fachabteilungen) sind nicht generell in der Anwendung formaler Techniken geschult. Wird zur Beschreibung eines Prozesses beispielsweise die Beschreibungssprache UML verwendet, ist dieser zumindest semiformal beschrieben; allerdings ist UML eher eine Technik für Softwareentwickler und weniger für Fachabteilungen.

6.2.2 Bewertung

Für informelle Beschreibungen von Prozessen in Freitextform oder strukturierter Textform sind Walk-Throughs nur bedingt geeignet. Für alle grafisch notierten Geschäftsprozessmodelle (EPK, UML, S-BPM und BPMN) sind Walk-Throughs sehr gut zur Validierung geeignet. Die am Walk-Through Beteiligten erkennen im Überblick die Prozessbestandteile und –zusammenhänge. Im Detail kann die Validierung aus der jeweiligen Perspektive durchgeführt werden. Subjektorientierte Geschäftsprozessmodelle (S-BPM) eignen sich für Walk-Throughs besonders gut.

6.3 Simulation

Neben der Effektivität muss die Effizienz der beschriebenen Geschäftsprozesse überprüft werden.

6.3.1 Vorgehensweise und Konventionen

Nach der Prüfung der Effektivität (Liefern die Prozesse überhaupt das gewünschte Ergebnis?), muss überprüft werden, ob das Ergebnis **mit dem geringsten möglichen Einsatz von Ressourcen** zustande kommt. Die hierbei gewonnenen Erkenntnisse liefern die Basis für die Ermittlung des Ressourcenbedarfs bei einer angenommenen Anzahl von Prozessdurchläufen.

Bei der Simulation von Geschäftsprozessen werden die von einem Prozess verarbeiteten Geschäftsereignisse **zufällig erzeugt**. Im Rahmen der Simulationsläufe werden Informationen über die Ablauffähigkeit von Prozessen, über Prozess-Schwachstellen und Ressourcenengpässe geliefert. Auf Basis der simulierten Prozesskennzahlen können bereits im Vorfeld kostenintensiver Prozessänderungen innerhalb eines Unternehmens verschiedene Alternativen bewertet und ein realitätsgetreues Benchmarking durchgeführt werden.

Moderne Werkzeuge und Simulationsmethoden ermöglichen die Analyse und Optimierung der Prozesse bezüglich der **Kosten**, der **Durchlaufzeiten**, der **Auslastung** oder der **Engpässe**. Zusätzlich bildet die Simulation der Geschäftsprozesse eine Ausgangsbasis zur Einführung der **Prozesskostenrechnung** anstelle der relativ ungenauen Zuschlagskalkulation. Die Gewinne bzw. Verluste der einzelnen Bereiche werden damit frühzeitig transparent.

6.3.2 Bewertung

Die Durchführung einer Simulationsuntersuchung setzt eine präzise Beschreibung des betrachteten Prozesses voraus. Dies bedeutet, dass zur Definition des Prozessablaufes eine formale Methode verwendet wird. Zusätzlich sind genaue Kenntnisse über die untersuchten Kennzahlen notwendig. In der Praxis werden Simulationen wegen des damit verbundenen Aufwandes nicht häufig eingesetzt, obwohl die gewonnenen Erkenntnisse überzeugend sein können.

6.4 Geschäftsprozesse „für alle Sinne“

Die beste Bewertung für die Effektivität und für erste Abschätzungen der Effizienz liefert die Möglichkeit, Prozesse bereits im frühen Beschreibungsstadium auszuprobieren. Da durch das „sofortige Erleben“ der höchste Qualitäts- und Erkenntniszuwachs erzielt werden kann, soll diese Art der Qualitätsverbesserung etwas genauer vorgestellt werden, denn der Mensch lernt durch das praktische Tun am meisten.

6.4.1 Begriffsklärung

„Prozesse sofort erleben“ hat folgende Aspekte:

- Die Darstellung von Prozessen orientiert sich an der realen „**Erlebniswelt**“ der betroffenen Personen. Mit Erlebniswelt ist natürlich das Geschäftsumfeld gemeint.
- Das Geschäftsumfeld ist stark von den damit verbundenen IT-Systemen geprägt. Das bedeutet, die Abläufe können weitgehend **am Rechner** nachempfunden werden.
- Die Anforderung „**sofort**“ bedeutet, dass anhand der Prozessbeschreibung die Prozesse ausprobiert werden sollen ohne irgendwelche Programmierarbeiten. Mängel können auf diese Weise frühzeitig erkannt und korrigiert werden. Das reduziert Zeit und Kosten der weiteren Konzeptions- und Realisierungsarbeiten deutlich.

Der Erlebnisaspekt klingt ungewohnt emotional. Der Begriff „Erleben“ führt jedoch weiter, was in den 90er Jahren durch „Multimedia“ propagiert wurde. Damals wurde versprochen, dass mit dem „Neuen Medium“ alle menschlichen Sinne angesprochen werden. Richtig ist, dass am Computer sowohl Audio- Bild-, Videoverarbeitung etc. möglich ist und die Medien miteinander kombiniert werden können. Für die sensuelle Aufnahme muss Information auf mehreren Kanälen nicht unbedingt hilfreich sein.

Anmerkung aus der Praxis:

Ein Softwareanbieter verspricht, dass man mit seiner Software „gleichzeitig", das heißt parallel, Briefe schreiben, Bilder bearbeiten und Tabellen berechnen kann. Dieses, fiktive Beispiel zeigt: Was technisch machbar ist, ist für den Menschen nicht unbedingt möglich oder wünschenswert.

6.4.2 Vorgehensweise und Konventionen

Um den Aspekt „Erleben" zu verstehen, kann ein Bezug zur **handlungsorientierten Medienpädagogik** herangezogen werden. Hier wird gezeigt, dass der Umgang mit Medien am besten durch das aktive Handeln und Ausprobieren erlernt werden kann.

Man stelle sich vor, jemand hat noch nie ferngesehen, sondern darüber in Büchern gelesen und versucht, jemandem das Fernsehen zu erklären oder über Filme zu diskutieren. Das Ergebnis wird sicher sehr merkwürdig sein.

Nun sind Unternehmensabläufe erheblich komplexer. Schließlich münden hier viele unterschiedliche „Erlebniswelten" ein. Oft wird behauptet, dass durch Aufzeichnen eines Prozesses die Zusammenhänge in ihrer Gesamtheit verstanden werden. Das bezieht sich auf alle Beteiligten: Management, Prozessverantwortliche, Entwickler oder Anwender. Um Prozesse verstehen zu können, ist es entscheidend, ein umfassendes Verständnis zu bekommen.

So gleicht das Konzept „Prozesse erleben" in gewisser Weise einem Unternehmensplanspiel, in dem Personen verschiedene Rollen einnehmen. Eine günstige Voraussetzung zum „Prozesse erleben" bietet das subjektorientierte Grundprinzip (siehe Kapitel **Fehler! Verweisquelle konnte nicht gefunden werden.**) der Geschäftsprozessmodellierung.

6.4.3 Geschäftsprozesse sofort erleben

Zielsetzung

Optimale Voraussetzungen, um Prozesse zu erleben, sind dann vorhanden, wenn die skizzierten Prozesse sofort ausprobiert werden können. Der End-Anwender sollte sofort in der Lage sein, zu sehen, wie sich der Prozess in der täglichen Arbeit darstellt und auswirkt.

Rollenspiel

Subjektorientierte Modellierungsmethoden (S-BPM) eignen sich besonders Geschäftsprozesse sofort erlebbar zu machen.

Als Überblick für die Validierung im Modus „Geschäftsprozesse sofort erleben" dient ein Subjektinteraktionsdiagramm (SID). Im Beispiel Abbildung 6-1 sind zwei Prozess-Beteiligte dargestellt, Teamleiter und Team.

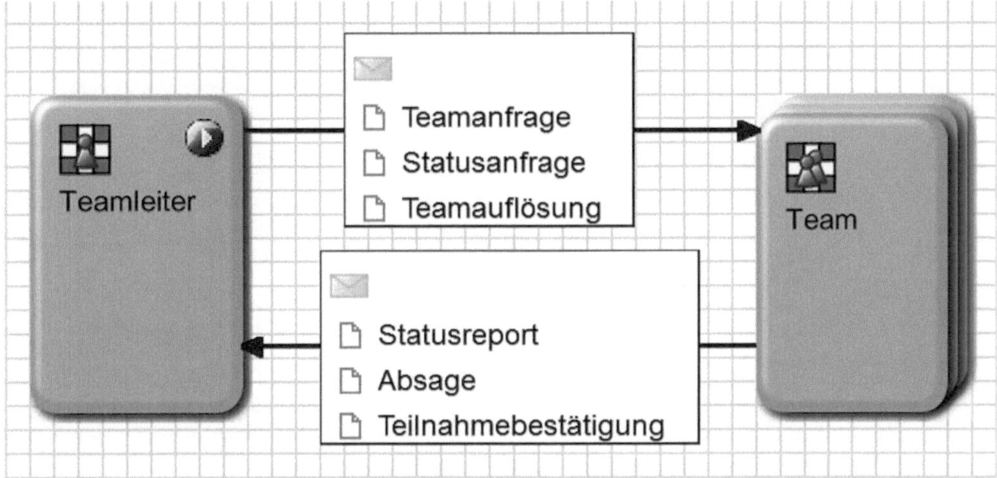

Abbildung 6-1: Subjektinteraktionsdiagramm (SID) für den Geschäftsprozess „Teambildung"

Das „Rollenspiel" funktioniert nun folgendermaßen:

Schritt 1:

Jedes Subjekt im SID wird einer an der Validierung beteiligten Person als Rolle zugeordnet.

Im Beispiel würde Herr Meier die Rolle für das Subjekt „Teamleiter" und Frau Helm die Rolle für das Subjekt „Team" übernehmen.

Das SID gibt den beteiligten „Rollenspielern" einen Überblick über die grundsätzlichen Interaktion im zu validierenden Geschäftsprozess „Teambildung".

Schritt 2:

Nun erhält jeder „Rollenspieler" das entsprechende Subjektverhaltensdiagramm (SVD), quasi als Spielplan.

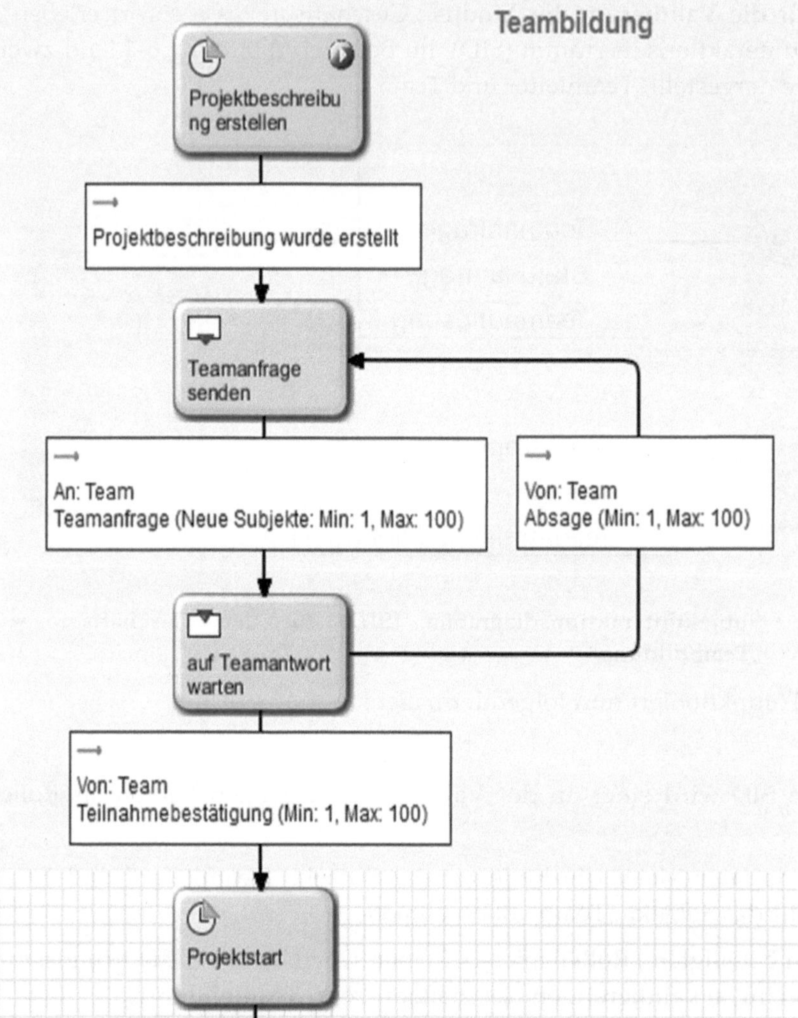

Abbildung 6-2: Subjektverhaltensdiagramm (SVD) für das Subjekt „Teamleiter" (Ausschnitt)

Abbildung 6-2 stellt also den Spielplan für Herrn Meier (Teamleiter) und Abbildung 6-3 beschreibt den Spielplan für Frau Helm (Team).

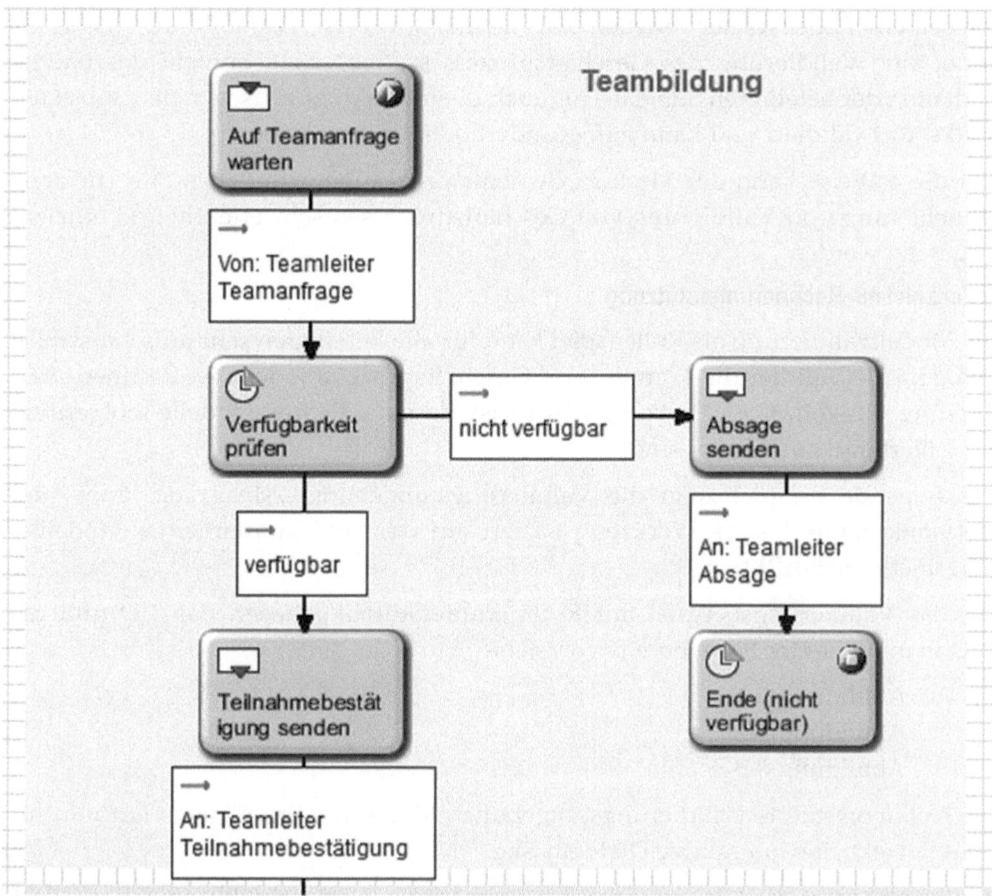

Abbildung 6-3: Subjektverhaltensdiagramm (SVD) für das Subjekt „Team" (Ausschnitt)

Schritt 3:

Nun kann das Rollenspiel zur Validierung im Modus „Geschäftsprozesse sofort erleben" beginnen.

Herr Meier erstellt zunächst eine Projektbeschreibung. Im SVD von Herrn Meier ist das die erste Aktion im Geschäftsprozessmodell „Teambildung". Frau Helm wartet zunächst auf eine Teamanfrage, wie im SVD von Frau Helm dargestellt. Erst wenn Herr Meier eine Projektbeschreibung erstellt hat, sendet er eine Teamanfrage an Frau Helm. Nun empfängt Frau Helm die Teamanfrage von Herrn Meier und führt dann eine Verfügbarkeitsprüfung durch. Entsprechend der dargestellten SVD setzt sich das „Rollenspiel" zwischen Herrn Meier (Teamleiter) und Frau Helm (Team) fort bis die Verhaltensmodelle im jeweiligen SVD terminieren.

Die beiden „Rollenspieler“ erleben den Geschäftsprozess „Teambildung“ sofort. Es findet eine Validierung des Geschäftsprozesses „live“ statt. Sowohl das interne Verhalten der beteiligten Subjekte, als auch die Interaktion zwischen den Subjekten wird sofort validiert und kann ggf. geändert oder ergänzt werden.

Auf diese Weise kann der Modus „Geschäftsprozess sofort erleben“ für die agile Modellierung und Validierung von Geschäftsprozessen sehr effektiv und effizient eingesetzt werden.

Rollenspiel mit Rechnerunterstützung

Die Modellvalidierung als Rollenspiel kann für alle Beteiligten sehr aufschlussreich sein. Für die Validierung komplexerer Geschäftsprozessmodelle ist Rechnerunterstützung sinnvoll. Voraussetzung hierfür ist, dass die Prozessmodelle toolgestützt modelliert und ausführbar sind.

Das folgende Beispiel zeigt die Validierungsumgebung „Metasonic Proof“ der Metasonic Suite. Dieses Werkzeug basiert auf der subjektorientierten Modellierungsmethode S-BPM.

Für das Validierungsbeispiel mit Rechnerunterstützung liegen das SID und die SVD in modellierter Form bereits vor, siehe

- Abbildung 6-1
- Abbildung 6-2
- Abbildung 6-3

Die rechnergestützte Validierungsumgebung „Metasonic Proof“ generiert nun für jedes Subjekt eine interaktive Dialogmaske.

Im Beispiel zeigt die Dialogmaske des Teamleiters (siehe Abbildung 6-4) an, dass der Teamleiter auf eine Teamantwort wartet, was im zugehörigen SVD, siehe Abbildung 6-2 auch so modelliert ist, während die Dialogmaske des Teams (siehe Abbildung 6-5) eine Teamanfrage des Teamleiters darstellt. Nach Annahme der Teamanfrage durch das Team würde laut SVD (siehe Abbildung 6-3) die Verfügbarkeit geprüft.

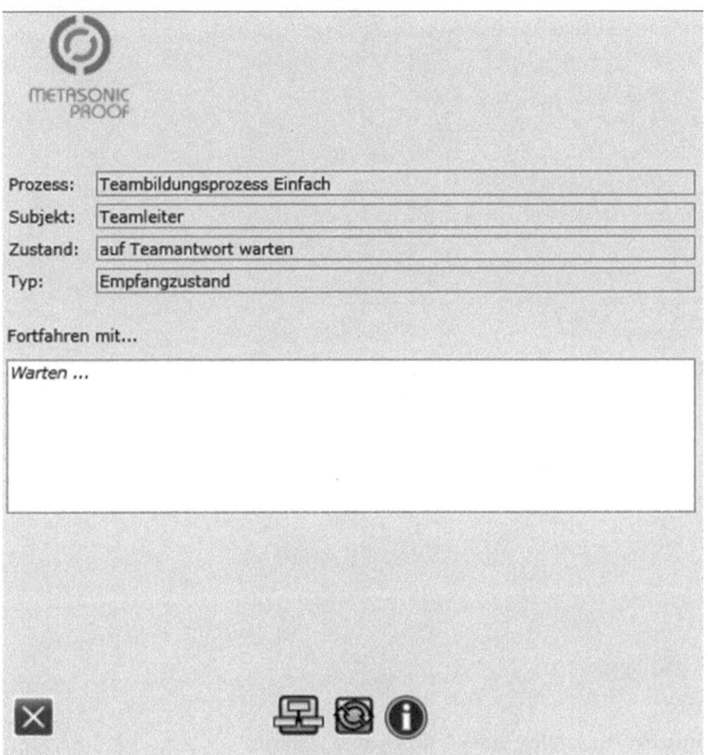

Abbildung 6-4: Metasonic Proof: Dialogmaske für Subjekt „Teamleiter“

Die Validierung des Geschäftsprozessmodells „Teambildung“ lässt sich mit den beiden Subjekten, visualisiert durch die entsprechenden Dialogmasken, rechnergestützt bis zum Prozessende durchführen.

Die an der Validierung Beteiligten erleben den Geschäftsprozess nicht nur als „Spiel“, sondern führen die gewünschten Aktionen anhand definierter Dialogschritte aus.

Im Rahmen der rechnergestützten Validierung können Erfahrungen über den geplanten Prozessablauf gesammelt, Änderung und Ergänzungen am Prozessmodell sofort vorgenommen und erneut überprüft werden.

Abbildung 6-5: Metasonic Proof: Dialogmaske für Subjekt „Team“

6.4.4 Geschäftsprozesse zum Anfassen

Geschäftsprozessmodelle zu „begreifen“ ist eine weitere Anforderung an die Validierung. Dabei werden die taktilen Sinne in die Validierung einbezogen. Das gelingt nach der Methode „Metasonsic Touch“ mit einem Modellierungstisch und begreifbaren Bausteinen (siehe Abbildung 6-6). Die Bausteine bilden die Grundelemente der subjektorientierten Geschäftsprozessmodellierung (S-BPM).

In Abbildung 6-7 ist die Modellierungsoberfläche des Metasonic Touch „Modellierungstisches“ dargestellt. Darauf sind die Modellierungselemente für Aktionszustände (gelb), Empfangszustände (grün) und Sendezustände (rot) erkennbar.

Abbildung 6-6: **Modellierungsbausteine der S-BPM für den Modellierungstisch** (mit freundlicher Genehmigung der Firma Metasonic AG)

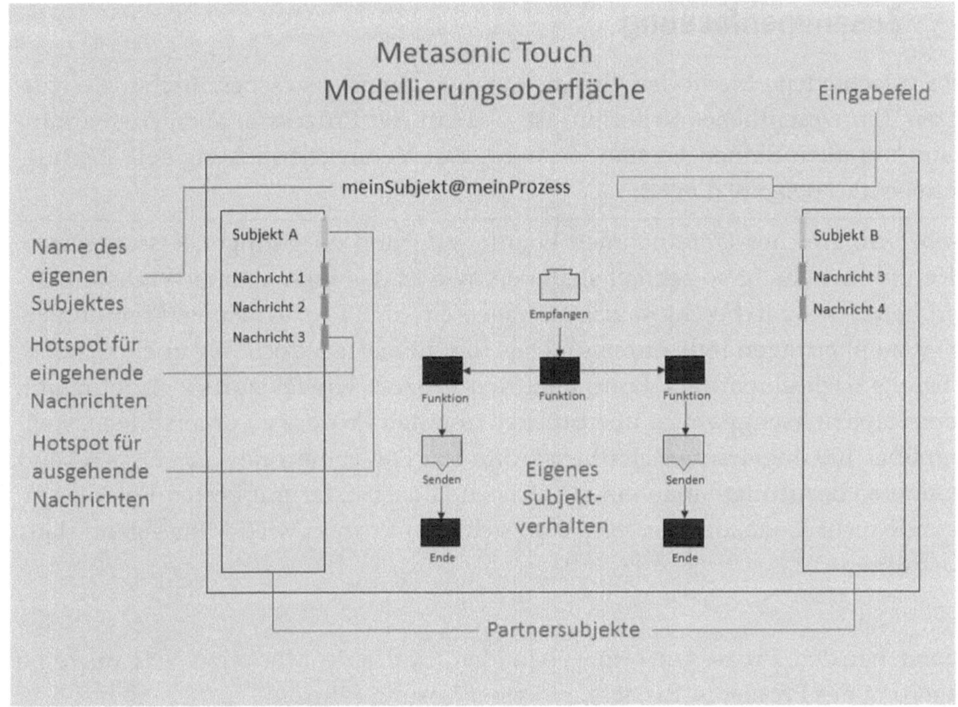

Abbildung 6-7: Metasonic Touch: Modellierungstisch (mit freundlicher Genehmigung der Firma Metasonic AG)

Mithilfe des Modellierungstisches können nun bestehende Geschäftsprozessmodelle (insb. S-BPM) validiert, geändert, ergänzt oder auch neu konstruiert werden.

Modelle zum Anfassen können weitere wichtige Erkenntnisse vor der Implementierung der Geschäftsprozesse bringen. Änderungen an Modellen erfordern deutlich weniger Aufwand als nach der Implementierung und Inbetriebnahme der Prozesse.

Einen eindrucksvollen Film zur Methode Metasonic Touch können Sie unter http://www.metasonic.de/touch betrachten.

6.4.5 Bewertung

Die vorgestellten Beispiele beschreiben, wie eine subjektorientierte Beschreibung rasch in eine erlebbare Form umgesetzt werden kann. Damit wird überprüft, ob die Logik des Prozesses, d. h. die Reihenfolge der Interaktionen, den Anforderungen entspricht und wichtige Fragen werden geklärt. Genügen die ausgetauschten Informationen den Anforderungen? Werden die verwendeten Formulare oder Bildschirmmasken akzeptiert? Gibt es hierzu Änderungswünsche? etc.

6.5 Zusammenfassung

Es gibt verschiedene Methoden, um die Qualität einer Prozessbeschreibung einzuschätzen. Ein wesentliches Kriterium ist, wie gut der Prozess in allen Auswirkungen und mit allen Sinnen verstanden wird. Zur Veranschaulichung soll abschließend folgendes Beispiel dienen.

> Ein sehr erfolgreiches Unternehmen konnte aufgrund zu geringer Ressourcen einen Kernprozess nicht so schnell skalieren, wie es das momentane Wachstum erfordert hätte. Deshalb beschloss das Management, den Prozess einem Fremdunternehmen zu übertragen (outsourcing). Dies funktionierte jedoch nur unzureichend, und bereits nach einem Jahr holte man den Prozess wieder zurück (insourcing). Um den Kapazitätsengpass zu überbrücken und den Prozess zu unterstützen, stellte man über 100 ungelernte Zeitarbeitskräfte ein. Die Fehlerrate war entsprechend hoch, und so beauftragte man einen externen Dienstleister mit besten Referenzen. Es dauerte nicht lange, da überlegte man sich, den Prozess wieder ins eigene Haus zu überführen …
>
> Was ist passiert?
>
> Niemand hat den Prozess richtig verstanden, und jede Migration war nur eine Verlagerung des Problems, die aber zu keiner Lösung führte.

Welches Konzept zur Qualitätssicherung am besten geeignet ist, hängt von den betrieblichen Rahmenbedingungen ab. Eine visuelle Begutachtung der Dokumente wird häufig der erste Schritt sein. Bei Walk-Throughs steht die Effektivität im Vordergrund, bei Simulation die Effizienz. Das Konzept „Erleben“ bringt die deutlichsten Vorteile, da Effizienz und Effektivität eines Prozesses gleichermaßen berücksichtigt werden.

Zusammenfassend zeigt folgende Tabelle, welche Qualitätsmethoden (Kapitel 6) für die Grundprinzipien der Geschäftsprozessmodellierung (Kapitel 5)

- weniger gut (-)
- neutral (O)
- eher gut (+)
- ziemlich gut (++)

geeignet sind.

Tabelle 6-1: Eignung von Qualitätsmaßnahmen bei Grundprinzipien der Geschäftsprozessmodellierung

Grundprinzipien	aufgabenorientiert	objektorientiert	subjektorientiert
Qualitätsmaßnahmen			
Visuelle Begutachtung	-	-	-
Walk Throughs	++	+	++
Simulation	++	+	++
Geschäftsprozesse für alle Sinne	O	O	++

6.6 Aufgabe zur Qualitätskontrolle (Teil 4)

Checkliste:

- Welche Zielgruppen müssen die Prozessbeschreibung verstehen?
- Wie genau muss der Prozess beschrieben werden?
- Wie groß ist das Risiko, einen „falschen" Prozess zu beschreiben und dann zu implementieren?
- Welche Maßnahmen zur Qualitätssicherung der Prozessbeschreibung sind angemessen?
- Wie kann der Prozess vor der Implementierung „erlebbar" gemacht werden?

◎ Hinweise zur Lösung dieses Gestaltungsschrittes finden Sie im Abschnitt 8.4 der Fallstudie.

7 Implementierung: Prozessmodelle erfolgreich umsetzen

Prozessmodelle beschreiben, *wer welche Aufgaben* in welcher Reihenfolge *mit welchen Hilfsmitteln* ausführt, um ein bestimmtes Ergebnis zu erreichen. Das Ergebnis hat einen Nutzen für einen internen oder externen Kunden. Im Mittelpunkt der oben beschriebenen Ebenen lag der Schwerpunkt auf der Beschreibung eines Prozesses in Kapitel 5. Hierdurch wird ein gemeinsames Verständnis in der Organisation entwickelt, was bei der Ausführung einer Aufgabe getan werden muss. Je nach Beschreibungsmethode werden die für die Ausführung benötigten Ressourcen in dem Prozessmodell mehr oder weniger strukturiert eingefügt. Diese **Prozessmodelle** sind **unabhängig von bestimmten Personen**, wie z.B. Hans Huber und auch **unabhängig von IT-Systemen und Ressourcen**. In diesem Kapitel werden die zur **Ausführung eines Prozessmodells** benötigten Mitarbeiter, Informationen, sonstige Hilfsmittel und insbesondere IT-Anwendungen **präzisiert**, um ein möglichst effizientes Ausführen der beschriebenen Geschäftsprozesse zu ermöglichen. Werden Prozesse umgesetzt, sind dies keine formellen Modelle mehr, sondern ein soziotechnisches System, in dem Menschen, Informationen und Maschinen, zu denen auch Softwaresysteme zählen, zusammengebracht werden. In den folgenden Abschnitten wird gezeigt, wie ein Prozessmodell mit diesen Aspekten angereichert und präzisiert in die Wirklichkeit überführt wird.

Dieser Übergang ist die entscheidende Nahtstelle: Ein Fachbereich hat seinen Prozess beschrieben und vielleicht sogar verifiziert. Nun überträgt die IT-Abteilung einen Prozess, soweit sie ihn verstanden hat, auf ein IT-.System. Je besser sich die Beteiligten verstehen, umso erfolgreicher wird das Ergebnis.

Wir unterscheiden daher auch hier drei Aspekte: Die Implementierung der Subjekte in die Organisation, die Verwendung der Geschäftsobjekte und die Implementierung in die IT, damit der Prozess ausführbar wird.

7.1 Übertragung von Prozessmodellen auf die Organisation

In Unternehmen und Verwaltungen gibt es Personen mit unterschiedlicher Ausbildung, Qualifikationen, Neigungen und Interessen. Es gibt Kaufleute, Entwickler, Handwerker usw. die die anfallenden Aufgaben übernehmen, **aus den Aufgaben werden dann konkrete Aktionen**. Organisationen könnte man daher auch als *strukturierte Ressourcenpools* bezeichnen. Je nach Art und Umfang der anfallenden Aufgaben werden Organisationseinheiten gebildet, in denen die jeweiligen Spezialisten zusammengefasst werden. So gibt es eine Abteilung Einkauf, in denen Einkaufsspezialisten zusammengefasst sind, oder Entwicklungsabteilungen, die aus mehreren Entwicklungsingenieuren und sonstigen Experten gebildet werden. Die Aufbaustruktur einer Organisation ergibt sich aus den Beziehungen dieser Organisationseinheiten untereinander. Die Aufgaben eines Prozesses werden in der Regel in unterschiedlichen Organisationseinheiten ausgeführt. Es besteht daher bei näherer Betrachtung durchaus eine gewisse Beziehung zwischen Aufbauorganisation und Geschäftsprozessen. In den folgenden Abschnitten sollen diese Beziehungen näher erläutert werden.

7.1.1 Prozessmodell und Organisationsformen

Prozessmodelle beschreiben die Reihenfolge von Aufgaben, die hierfür erforderlichen Geschäftsobjekte, die ausführenden Akteure und sonstige Werkzeuge. Bei Geschäftsprozessen sind dies üblicherweise IT-Anwendungen. Insbesondere können einzelne Aufgaben aus einem Prozessmodell von unterschiedlichen Akteuren ausgeführt werden. So wird ein Geschäftsreiseantrag durch das Ausfüllen eines entsprechenden Formulars und dessen Weitergabe an den Vorgesetzten gestellt. Dieser prüft den Antrag, genehmigt ihn oder lehnt in ab. Über die Entscheidung wird der Antragsteller informiert. Dieser tritt dann die Dienstreise an oder auch nicht. In einem Unternehmen gibt es viele Mitarbeiter, die Anträge auf Geschäftsreisen stellen und die von ihren Vorgesetzten geprüft werden. Die Aufgaben, die für das Subjekt *„Mitarbeiter"* vorgesehen sind, können von unterschiedlichen Akteuren – auch **Subjektträger** genannt – ausgeführt werden, ebenso die Aufgaben des Subjekts *„Vorgesetzter"*. Ein Antrag muss an das richtige Subjekt weitergeleitet werden, der in dem gegeben Kontext das Subjekt *Vorgesetzter* einnehmen darf. In der Regel gibt es also im Modell *ein* Subjekt und hierfür in der Ausführung *mehrere* Subjektträger. Genauso wird im Prozessmodell eine konkrete Aufgabe beschreiben, die beliebig oft als Aktion ausgeführt werden kann. Die Regeln hierzu beschreibt der Prozess, denn nur ein autorisierter Subjektträger kann die Rolle des Subjektes Vorgesetzter übernehmen. Ebenso kann ein Vorgesetzter selbst Dienstreiseanträge stellen, er hat hier aber dann die Rolle Mitarbeiter.

Und wenn man nun die Frage nach einer Vertreterregelung im Krankheitsfall stellt merkt man, dass auch ein offenbar einfaches Beispiel eines Dienstreiseantrages viele Fragen auftut, wenn man es in die Organisation einbinden will. Es sei an dieser Stelle auf weiterführende Literatur verwiesen, so beschreibt [Fo11] die organisatorische Implementierung sehr detailliert, weitere Ausführungen bei Schaller [Sc13]).

7.1.2 Unterschiedliche Organisationsformen

Ähnlich wie Prozessmodelle sind Organisationsstrukturen ein System von Regelungen. Gemäß [GW13] bildet die Organisationsstruktur „das vertikal und horizontal gegliederte **System** der **Kompetenzen** ab, das gemäß dem instrumentalen Organisationsbegriff als genereller **Handlungsrahmen** die **arbeitsteilige** (Arbeitsteilung) Erfüllung der **permanenten Aufgaben** regelt". Die Ausführung von permanenten Aufgaben ist ebenso in Prozessmodellen definiert. Die Organisationsstruktur eines Unternehmens hängt von vielen Faktoren ab, wie z.B. die Unternehmensgröße, adressierte Märkte, Alter und Geschichte, Service- oder Fertigungsunternehmen usw. Auf die Organisationsstruktur nimmt auch die Strategie einen wesentlichen Einfluss. Im folgenden Abschnitte werden die **gängigen Grundmuster für Organisationsstrukturen** kurz erläutert. Für eine detaillierte Erläuterung und eine Diskussion der jeweiligen Vor- und Nachteile sowie hinsichtlich der Vorgehensweise bei der Gestaltung von Organisationsstrukturen sei auf die sehr zahlreiche Fachliteratur verwiesen z.B. [St90], [Ki07]. Wie in obigen Abschnitt beschrieben gilt es dann, eine Beziehung zwischen den Prozessmodellen und der Organisationsstruktur herzustellen.

Funktionale Linienorganisation

In einer Linienorganisationsstruktur sind die einzelnen Bereiche häufig entsprechend der auszuführenden Funktionen gegliedert. Sie orientiert sich an Aufgabenbündeln. Diese Art der Organisationsstruktur gilt als klassische Struktur. Das folgende Bild zeigt ein einfaches Beispiel für eine Linienorganisation.

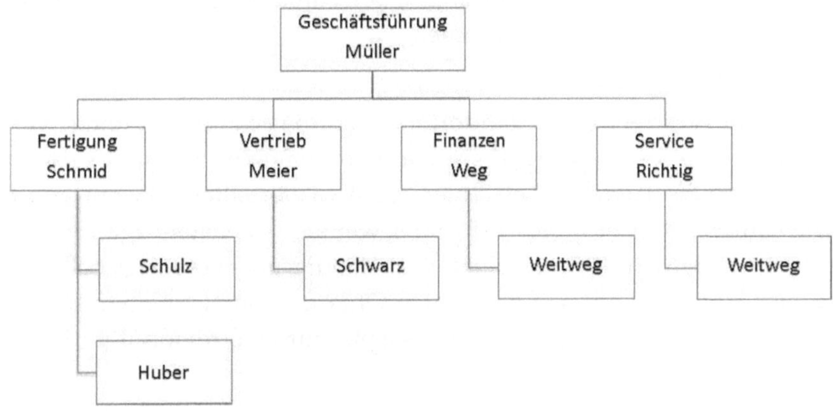

Abbildung 7-1: Beispiel einer Linienorganisation

Produktlinienorganisation

Bei der Produktlinienorganisation, auch Produktmanagement, orientieren sich die jeweiligen Hauptbereiche an Produkte oder Produktgruppen. Damit gelingt eine spezifische Ausrichtung auf das Unternehmensergebnis. Jeder dieser Produktbereiche hat seine eigene Fertigung, Vertrieb, Service und Finanzbereich. In manchen Fällen kann jeder Produktbereich sogar eine eigene Verwaltung besitzen. Das folgende Bild zeigt ein Beispiel für eine Produktlinienorganisation mit vier Produktbereichen und einer gemeinsamen Verwaltung.

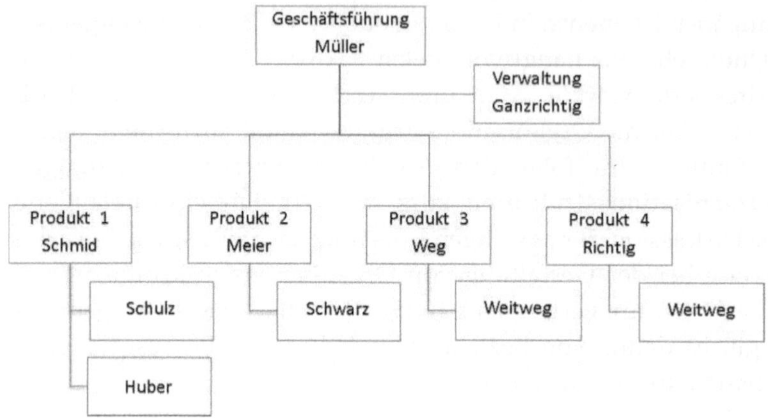

Abbildung 7-2: Beispiel einer Produktlinienorganisation

Dass eine Produktorientierung auch im Öffentlichen Dienst möglich ist zeigt das Beispiel der Behörde *„Zentrum Bayern Familie und Soziales"* (ZBFS). Anders wie viele Behörden sind die Abteilungen an den „Produkten für den Bürger" orientiert, wie z.B. Elterngeld oder Soziale Entschädigung. Querschnittsaufgaben werden in den letzten beiden Produktgruppen übernommen.

Regional verteilte Organisation

Ist eine Organisation an verschiedenen Standorten geographisch verteilt, international tätig oder anderweitig lose gekoppelt spricht man von einer regional verteilten Organisationsform. Das Kennzeichen einer regional verteilten Organisation sind verschiedene örtlich getrennte und mehr oder weniger eigenständige Einheiten. Jeder Bereich ist für eine bestimmte Region zuständig und vereinigt bei sich alle Funktionsbereiche, wie sie in der funktionalen Organisation als oberste Ebene verwendet werden. Das folgende Bild zeigt ein Beispiel für eine regional verteilte Organisation.

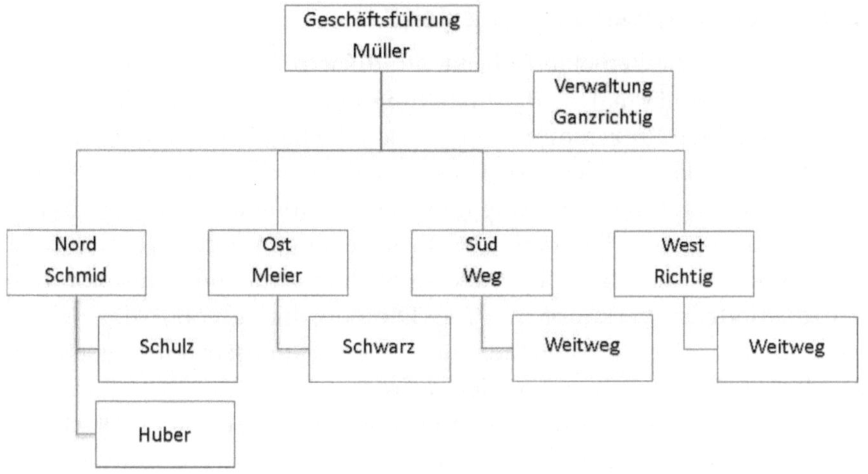

Abbildung 7-3: Beispiel einer regional verteilten Organisation

Matrixorganisation

In einer Matrixorganisation werden mehrere der obigen Organisationsmuster vermischt. Eine Matrixorganisation kann zwei oder mehreren Dimensionen aufweisen. Das folgende Bild zeigt eine Matrixorganisation deren Dimensionen Produktbereiche und Region sind. Dieses Beispiel vereinigt also eine Produktlinienorganisation mit einer regional verteilten Organisation.

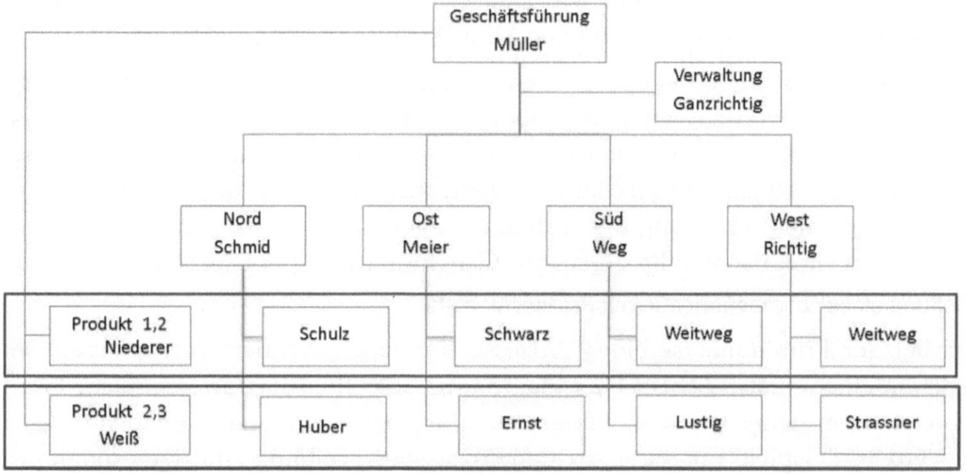

Abbildung 7-4: Beispiel einer Matrixorganisation

Unsere kurze Aufstellung soll keinen Überblick in Organisationstheorie geben, sondern aufzeigen, dass sich auch Aufbauorganisationen grundsätzlich an Aufgaben, Objekten oder geordnete Organisationseinheiten orientieren.

7.1.3 Einbetten von Aufgaben und Subjekten

Ein Prozessmodell deckt die Aspekte Subjekt, Prädikat und Objekt unabhängig davon ab, mit welcher Primäranalyse die Erstellung eines Prozessmodells begonnen wurde. In den erstellten Prozessmodellen werden die handelnden Subjekte auf verschiedene Arten *abstrakt* repräsentiert. Dies geschieht in der Regel durch ein Rollenkonzept oder bereits durch eine Abteilungsbezeichnung aus der Organisationsstruktur des Unternehmens, in dem der Prozess angewendet werden soll. Dadurch kann es vorkommen, dass die Prozesse mit der Aufbauorganisation bereits in den Prozessmodellen verknüpft werden. Die Zuordnung von Aufgaben zu Personen oder Organisationseinheiten aus der Organisationsstruktur erscheint einfach, sollte aber grundsätzlich vermieden werden, da damit eine sehr enge Kopplung zwischen Prozessmodell und Organisationsstruktur entsteht. Wechselt z.B. ein Mitarbeiter seinen Aufgabenbereich, so müsste neben der Organisationsstruktur auch das Prozessmodell angepasst werden. Mit dieser Zuordnung könnte ein Prozessmodell auch nur einmal in eine Organisationsstruktur eingebettet werden. Hat ein Unternehmen z.B. eine regional verteilte Organisation und soll in jeder Region das gleiche Prozessmodell für den Vertrieb verwendet werden, so ist dies durch die feste Zuordnung bestimmter Mitarbeiter nicht ohne weiteres möglich. In der Region Nord wird der Vertriebsprozess von anderen Mitarbeitern abgewickelt, als z.B. in der Region Süd, auch die Abteilungsbezeichnungen können unterschiedlich sein. Es wird deshalb davon ausgegangen, dass in den Prozessmodellen abstrakte Repräsentanten, wie z.B. Rollen für die ausführenden Subjekte verwendet werden und keine konkreten Mitarbeiter.

Im Folgenden soll für die verschiedenen Ansätze zur Beschreibung von Prozessmodellen gezeigt werden, wie eine Einbettung in die Organisationsstruktur eines Unternehmens hergestellt werden kann. Den einzelnen Aufgaben wird indirekt über Rollen ein Subjektträger (Akteur, Agent) zugeordnet. In den folgenden Abschnitten wird die Zuordnung der Aufgabenträger zu den einzelnen Aktionen am Beispiel eines vereinfachten Prozesses zur Genehmigung einer Dienstreise gezeigt.

Einbettung eines aufgabenorientierten Prozessmodells

Wird bei der Primäranalyse eines Prozesses aufgabenorientiert vorgegangen, so werden in einem ersten Schritt Flussdiagramme oder flussdiagrammähnliche Grafiken erstellt, in denen die Reihenfolgen für die Ausführung der Aufgaben festgelegt werden. Beispiele für diese Art der Prozessbeschreibung sind Flussdiagramme, EPKs und BPMN Diagramme (siehe Kapitel 5). Den einzelnen Aufgaben in diesen Ablaufdiagrammen werden dann Rollen zugeordnet, die diese Aufgaben ausführen sollen. Diesen Rollen werden im Folgenden konkrete Subjektträger oder Gruppen zugeordnet, die diese Aufgaben ausführen. Bei Flussdiagrammen wird die Rolle in der Regel in die Beschriftung der Aktionen aufgenommen. Das folgende Beispiel (Abbildung 7-5) zeigt einen Prozess zur Beantragung einer Dienstreise mit den Rollen an den Aktionen. Die Zuordnung der Subjekte zu den einzelnen

Aktionen wird bei Flussdiagrammen informell in der Aktionsbeschriftung hinzugefügt.

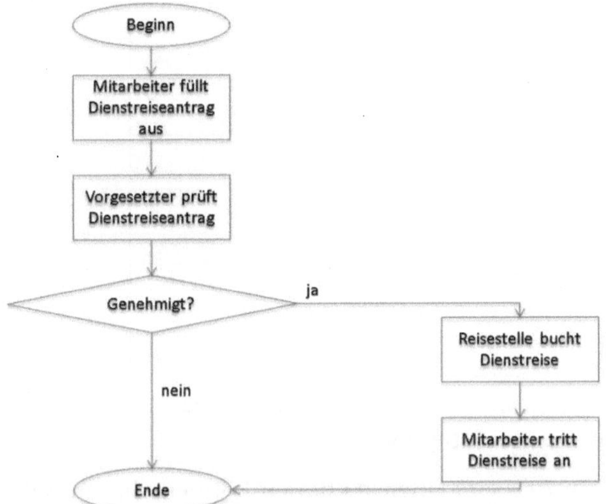

Abbildung 7-5: Dienstreiseantrag dargestellt als Flussdiagramm

In den erweiterten EPKs werden die Subjekte – hier heißen sie Aufgabenträger – unabhängig von den Aufgaben als eigenes Symbol beschrieben. Jedoch können hier Subjekte mehrfach vorkommen, der Ablauf ist aus Sicht eines Subjektes unübersichtlich. Das folgende Bild zeigt den Prozess zur Beantragung einer Dienstreise als erweiterte EPK.

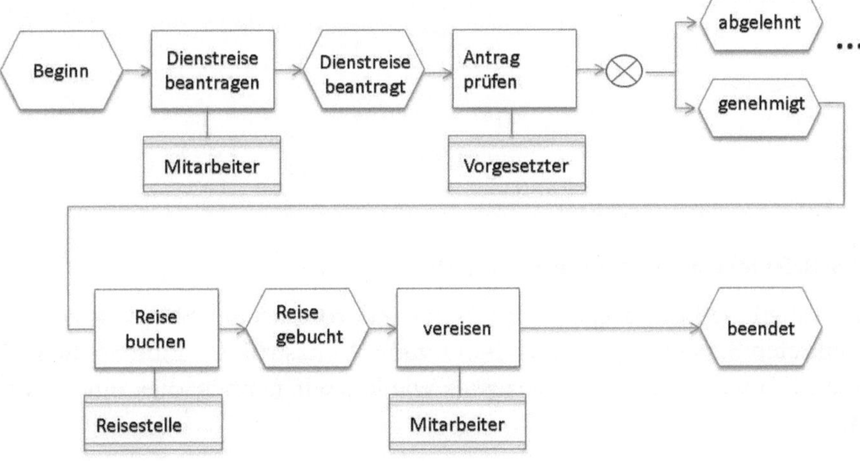

Abbildung 7-6: Dienstreiseantrag dargestellt als erweiterte EPK

In der Darstellung von BPMN werden Subjekte bzw. Aufgabenträger in Swim Lanes einsortiert. Damit entsteht eine Ordnung nach Subjekten, die Reihenfolge der Abläufe wird deutlich. Bei komplexen Prozessen stößt diese Darstellung jedoch an ihre Grenzen. Das folgende Bild zeigt den Prozess zur Beantragung einer

Dienstreise als BMPN Diagramm mit den entsprechenden Swim Lanes für die jeweiligen Subjekte bzw. Aufgabenträger.

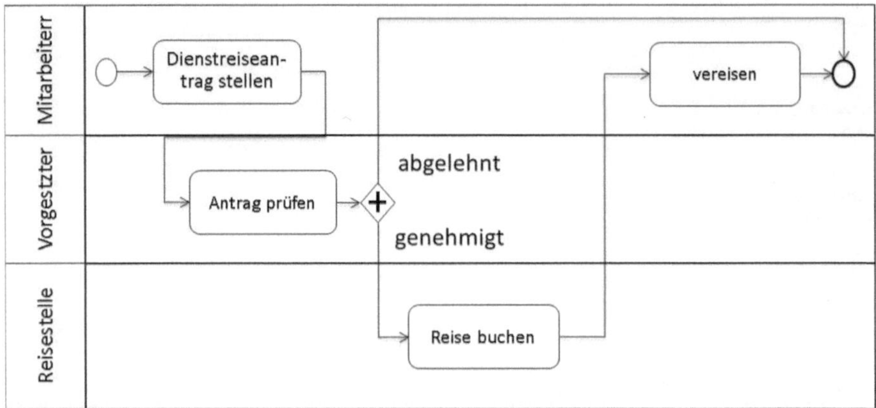

Abbildung 7-7: Dienstreiseantrag dargestellt mit BPMN

Nach der Zuordnung von Rollen zu den einzelnen Aktionen können diesen Subjekten Personen aus der Organisationsstruktur zugeordnet werden. Dazu kann z.B. eine Tabelle verwendet werden in der jeder Aufgabe eine entsprechende Person zugeordnet wird. Das folgende Bild zeigt eine einfache Organisationsstruktur in der der Dienstreisegenehmigungsprozess eingebettet werden soll.

Abbildung 7-8: Beispiel einer Organisationsstruktur

Die folgende Tabelle (Abbildung 7-9) zeigt eine Zuordnung der Subjekte zu den einzelnen konkreten Subjektträgern aus der Organisationsstruktur. Eine Spalte gibt eine konkrete Instanziierung eines Prozesses wieder, wir nennen dies einen **Prozesskontext**.

Rolle	Zuordnung 1	Zuordnung2	Zuordnung 3	Zuordnung 4	....
Mitarbeiter	Schulz	Huber	Schwarz	Schmidt	
Vorgesetzter	Schmidt	Schmidt	Meier	Müller	
Reisestelle	Weg	Weg	Weg	Weg	

Abbildung 7-9: Abbildung von Subjekte auf Subjektträger

Dieses einfache Beispiel zeigt die Einbettung eines Prozessmodells in die Organisation. In der Praxis ist eine organisatorische Implementierung jedoch deutlich komplexer. Vertretungen in Urlaub oder Krankheit können Faktoren sein, sowie spezielle Vereinbarungen. Unter 7.1.1 haben wir bereits auf weiterführende Literatur verwiesen.

Einbettung eines objektorientierten Prozessmodells

Bei einer objektorientierten Primäranalyse steht beim Prozess zur Genehmigung einer Dienstreise das Geschäftsobjekt Dienstreiseantrag im Mittelpunkt. Ein Geschäftsobjekt ist definiert durch eine Datenstruktur und den Operationen zur Manipulation dieser Datenstruktur. Im Anwendungsfalldiagramm von UML wird die Interaktion des Anwenders mit dem System beschrieben. Das folgende Bild zeigt, welche Rolle welche Interaktionen mit dem System Dienstreiseantrag ausführt.

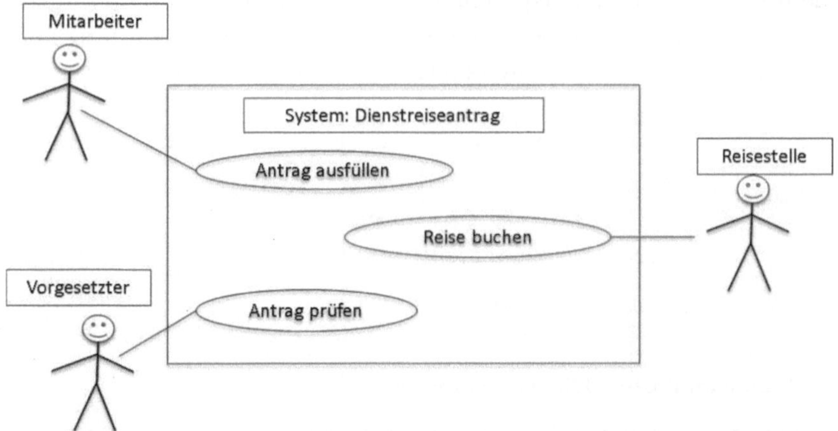

Abbildung 7-10: Anwendungsfalldiagramm des Systems Dienstreiseantrag.

Ein *Anwendungsfalldiagramm* zeigt nicht, in welcher Reihenfolge die einzelnen Interaktionen durchgeführt werden sollen. Dies kann jedoch für einen Prozess sehr wesentlich sein. Aus diesem Grund muss ein Anwendungsfalldiagramm noch durch andere Diagrammarten aus *UML* wie z.B. einem *Time Sequence* oder *Aktivitätsdiagramm* ergänzt werden. Das folgende Bild zeigt ein UML Aktivitätsdiagramm, mit dem die Reihenfolge der Aktionen und auch wer sie ausführt beschrieben ist.

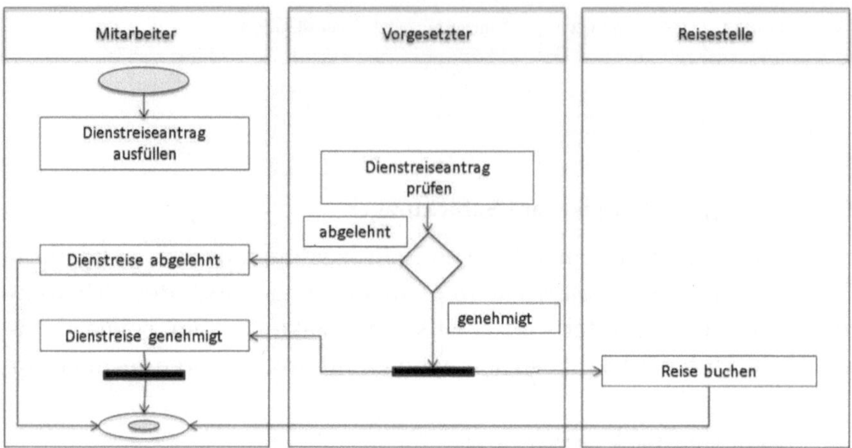

Abbildung 7-11: Aktivitätsdiagramm für den Dienstreiseantragsprozess

Die Abbildung der Rollen erfolgt genauso, wie bei der Einbettung der aufgabenzentrierten Prozessmodelle.

Einbettung eines subjektorientierten Prozessmodells

Wird zur Primäranalyse ein subjektorientierter Ansatz verwendet, so werden die Aufgaben in einem Prozess bereits entsprechend den Rollen sortiert, so dass nicht wie bei den aufgaben- oder objektorientierten Methoden erst die Rollen hinzugefügt werden müssen. Dieser Schritt ist bereits Bestandteil des Prozessmodells.

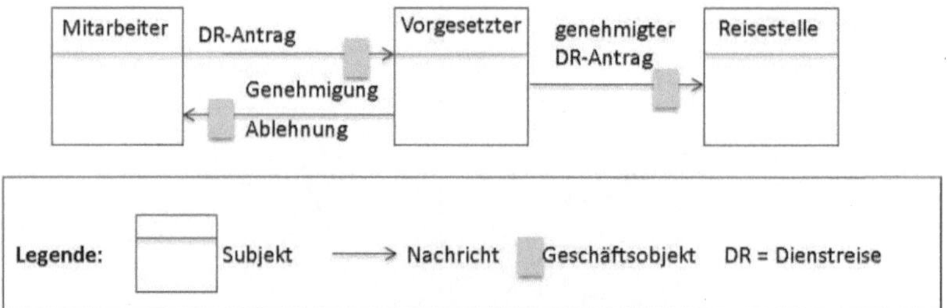

Abbildung 7-12: Subjekte im Prozess Dienstreiseantrag

Die Subjekte können den jeweiligen Personen in der Organisationsstruktur zugeordnet werden analog der oben eingeführten Abbildungstabellen (Abbildung 7-12).

7.1.4 Einbetten von Geschäftsobjekten

Prozessmodelle beschreiben Prozesse, je nach eingesetzter Primäranalyse mit verschiedenen Schwerpunkten. Für eine ausführbare Beschreibung eines Prozesses sind die eine Aktion ausführenden Einheiten z.B. Personen, die notwendigen Informationen und sonstige Werkzeuge den Prozessmodellen hinzu zu fügen. In Abschnitt 7.1. wurde gezeigt, wie den jeweiligen Prozessmodellen durch die Einbettung in die Organisationsstruktur die wichtigsten ausführenden Elemente hinzugefügt wurden. Bevor nun ein Prozess ausgeführt werden kann muss noch definiert werden, auf welchen Informationsobjekten die im Prozessmodell enthaltenen Aufgaben ausgeführt werden. Die in einem Prozess benötigten Informationsobjekte werden auch als **Geschäftsobjekte** bezeichnet. In den folgenden Abschnitten wird erläutert, wie den durch Primäranalysen erstellten Prozessmodellen die jeweiligen Geschäftsobjekte hinzugefügt werden.

Einbettung in einem aufgabenorientierten Prozessmodell

Bei aufgabenorientierten Prozessmodellen werden die Symbole die Geschäftsobjekte repräsentieren mit den Aufgaben verknüpft, in denen die Geschäftsobjekte verwendet werden. Das folgende Bild zeigt eine häufig verwendete Darstellung für Flussdiagramme.

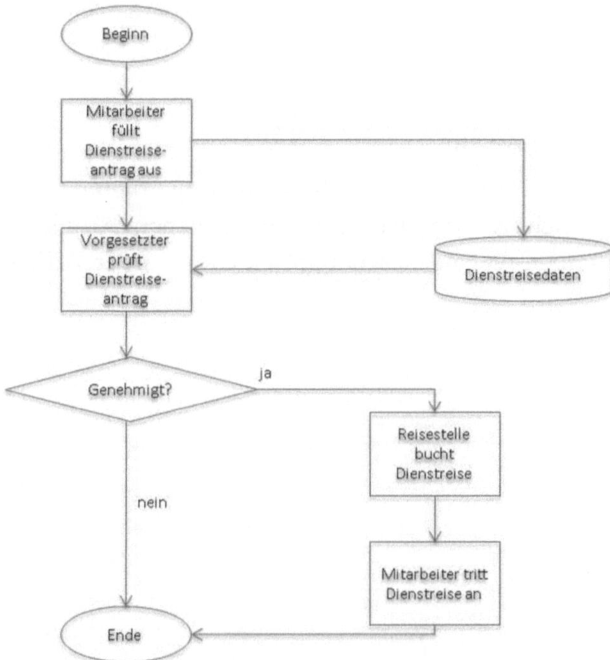

Abbildung 7-13 Flussdiagramm mit Geschäftsobjekten

In EPKs werden Geschäftsobjekte als Symbole beschrieben. Das folgende Bild zeigt das Beispiel eines Dienstreiseantrages dargestellt als Ereignisprozesskette. Die Pfeile zwischen den Symbolen für Informationen und Aktionen zeigen an, ob Geschäftsobjekte lesend, schreibend oder lesend und schreibend benutzt werden.

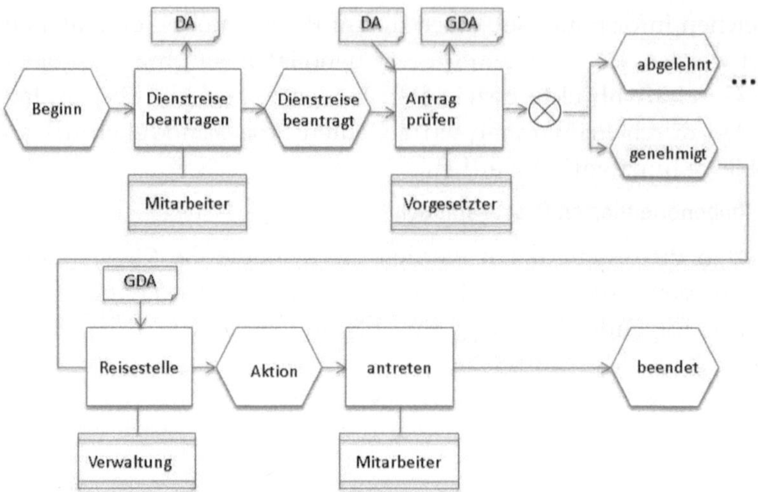

Abbildung 7-14: Beispiel mit Ereignisprozesskette

Das folgende Bild zeigt eine BPMN basierte Prozessbeschreibung. Neben dem Kontrollfluss wird hier gezeigt, welche Geschäftsobjekte von welchen Aufgaben benutzt werden bzw. welche Aufgaben welche Geschäftsobjekte an welche Aufgaben weiterreichen.

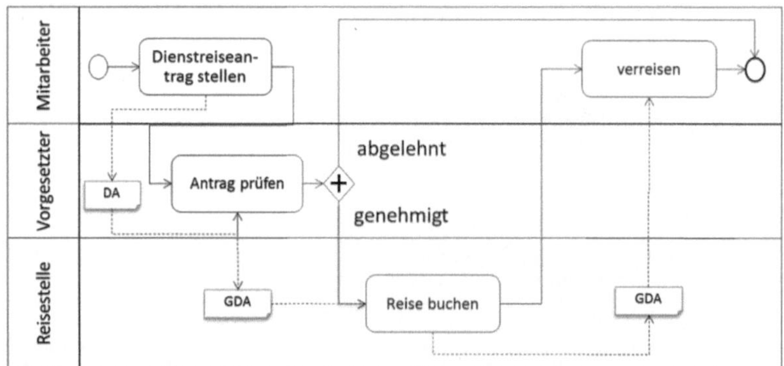

Abbildung 7-15: Daten in BPMN Prozessmodellen

Einbettung in einem objektorientierten Prozessmodell

Objektorientierten Prozessmodelle sind von vorne herein bereits an Daten und Geschäftsobjekten ausgerichtet. Die Interaktionen des Anwendungsfalldiagramms werden mit den Methoden, die auf einer entsprechenden Datenstruktur definiert sind, detailliert beschrieben. Die Reihenfolge der Ausführung der Aufgaben wird definiert durch entsprechende Berechtigungen. Das folgende Bild zeigt die einzelnen Operationen und die dazugehörigen Daten (Attribute).

DR-Antrag
Reisebeginn Reiseende Prüfergebnis
Ausfüllen (Beginn, Ende) Prüfen und Prüfergebnis eintragen (Ergebnis)

Abbildung 7-16: Beispiel für ein Datenobjekt

Einbettung in einem subjektorientierten Prozessmodell

Bei subjektorientierten Modellen werden Subjekte mit Geschäftsobjekten ergänzt. In den internen Funktionen eines Subjekts werden Geschäftsobjekte erzeugt, gelesen oder verändert. Geschäftsobjekte können mit Nachrichten zu anderen Subjekten gesendet bzw. von diesen empfangen werden. Das folgende Bild zeigt wie Geschäftsobjekte von Subjekten benutzt werden.

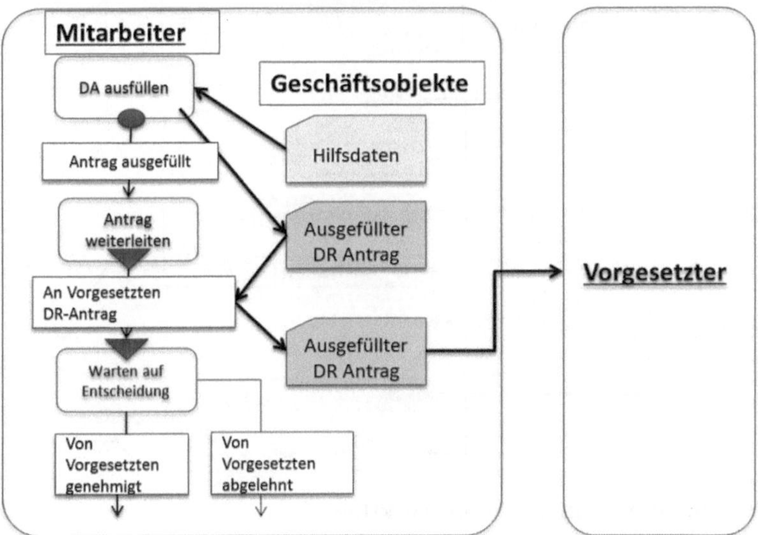

Abbildung 7-17: Subjekte mit Geschäftsobjekten

7.1.5 Zusammenfassung

Ein wesentlicher Schritt bei der Einführung von Geschäftsprozessen ist die Implementierung in die Organisation. Bei diesem Schritt werden aus den Subjekten, Aufgaben und Geschäftsobjekte konkrete Subjektträger, Aktionen und Daten oder Werkzeuge. Je nach Beschreibungsform von Prozessmodellen gestaltet sich dies unterschiedlich. Jede konkrete Ausführung eines Prozessmodells führt zu einem unterschiedlichen Kontext.

7.2 Prozessmodelle (mit IT) ausführen

Prozessmodelle beschreiben eine **existierende oder gewünschte Wirklichkeit**. In der Regel werden Prozessmodelle benutzt, um die existierende Situation zu analysieren und um ein Prozessmodell für eine gewünschte Wirklichkeit herzustellen.

Bemerkung: Wir verzichten auf die in den meisten Büchern verwendete Begrifflichkeit Ist-Prozess und Soll-Prozess für zwei verschiedene Prozess-Modelle. Gearbeitet wird immer mit *einem* Modell, jedoch sind die zugrunde liegenden Wirklichkeiten vielschichtig.

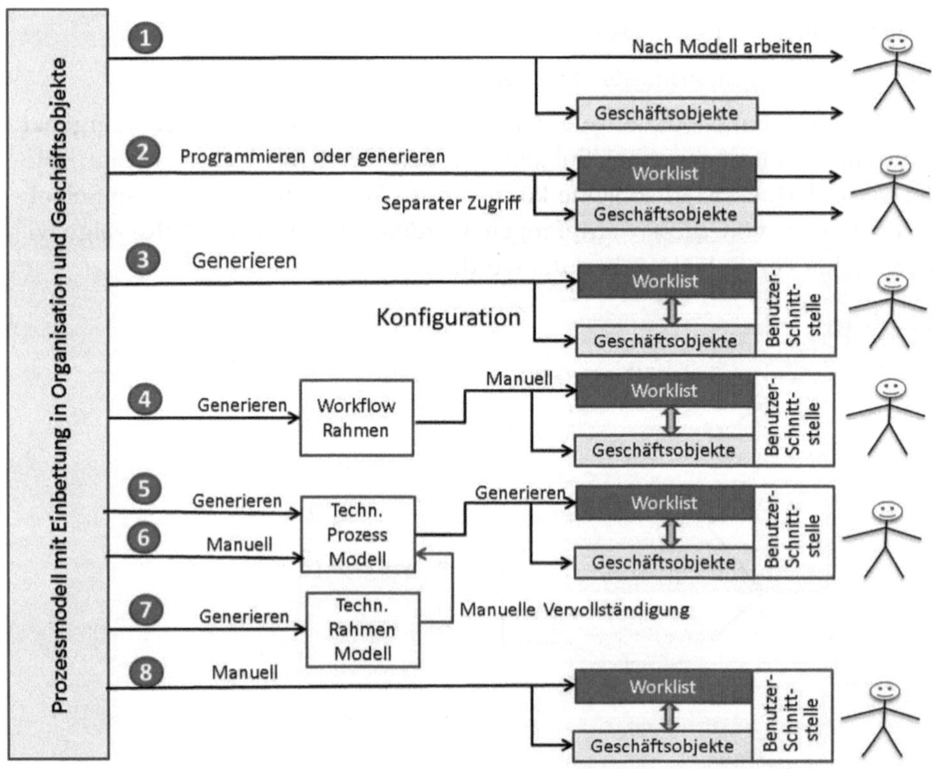

Abbildung 7-18: Schritte vom Prozessmodell zum Workflow

Prozessmodelle für eine gewünschte Wirklichkeit **müssen also implementiert d.h. eingeführt und benutzt werden**. Erste Schritte auf dem Weg der Prozessumsetzung wurden oben beschrieben, dies ist die Einbettung in die Organisation und die Verknüpfung mit den im Prozess benutzten Geschäftsobjekten. Der nächste Schritt ist, dass das Prozessmodell bei der Abarbeitung der entsprechenden Geschäftsvorfälle von den betroffenen Mitarbeitern **verwendet** wird. Für die entsprechende Verwendung des Prozessmodells kann **unterschiedliche Unterstützung** angeboten werden. Heute werden Geschäftsprozesse in der Regel durch IT-Anwendungen unterstützt. Hierzu wird ein Geschäftsprozessmodell mit den Geschäftsobjekten mit Hilfe der IT implementiert. Geschäftsprozesse, die mit Hilfe von Informationstechnologien ausgeführt werden, heißen **Workflows**. Je nach Grad der IT Unterstützung und der Art, wie ein Prozessmodell in einen Workflow überführt wird, unterscheidet man mehrere Varianten. Abbildung 7-18 zeigt in Anlehnung an [Fr08] das Spektrum der Umsetzung von Prozessmodellen in Workflows.

Nach der **Überführung eines Prozessmodells in eine Ausführungsumgebung** können die Prozesse verwendet werden. Ein Geschäftsvorfall initiiert eine **konkrete Instanz** eines Prozesses. Dabei ist wesentlich, in welchem **Kontext** die neue Prozessinstanz entsteht. Ein Dienstreiseantrag von Herrn Schulz erzeugt eine Prozessinstanz in einem anderen Kontext, als ein entsprechender Antrag durch Herrn Huber. Es kann aber durchaus vorkommen, dass mehrere Prozessinstanzen im selben Kontext bestehen. Herr Schulz kann z.B. mehrere Dienstreiseanträge stellen. Erst wenn ein Dienstreiseantrag vollständig abgearbeitet wurde, wird die Instanz beendet. Jede Prozessinstanz hat in der Regel eine **eindeutige Bezeichnung**, die mit der Identifikation des Geschäftsvorfalls zusammenhängt. Für Behörden sind Instanzbezeichnungen selbstverständlich, hier heißen sie **Aktenzeichen**.

Eine Arbeitsliste enthält alle offenen Instanzen eines Prozesses, d.h. sie enthält den Arbeitsvorrat und die offenen Aktionen der jeweiligen Prozessinstanzen.

Wird von der Abarbeitung oder Ausführung eines Prozesses gesprochen bedeutet dies, dass eine bestimmte Prozessinstanz gemäß dem Prozessmodell und dem zugehörigen Kontext abgearbeitet wird.

7.2.1 Prozesse manuell ausführen

In Variante 1 von Abbildung 7-18 wird das Prozessmodell lediglich als eine Art Checkliste benutzt die in einer bestimmten Reihenfolge abgearbeitet wird. Die Geschäftsobjekte werden dann benutzt, wenn im Prozessmodell entsprechend darauf hingewiesen wird. Die Personen, die in einem Geschäftsprozess involviert sind, führen u.U. manuelle Tätigkeitslisten durch (Worklists, siehe Folgeabschnitt), um einen Überblick über den Bearbeitungsstand der jeweiligen Geschäftsvorfälle zu haben.

Office-Unterstützung

Eine manuelle Prozessausführung wird durch zwei wesentliche Eigenschaften festgelegt. Die **Prozessbeschreibung** (vgl. Ebene 3) legt die Reihenfolge der einzelnen Aufgaben fest. Die **Kontrolle** (vgl. Ebene 4) über die korrekte Ausführung der einzelnen Aktionen kann durch Arbeitsanweisungen oder Checklisten erfolgen, in denen die einzelnen Arbeitsschritte durch den jeweiligen Bearbeiter absolviert werden. Das ist eine manuelle Methode zur Ausführung eines Prozesses.

Bei der Durchführung von Prozessen werden häufig Hilfsmittel wie Textverarbeitungs-, Tabellenkalkulations- oder andere Anwendungsprogramme genutzt. Kennzeichen dieser Umsetzung von Geschäftsprozessen sind äußerste Disziplin bei der Abarbeitung des „Kontrollflusses“ und Medienbrüche mit Doppeleingaben bei der Ausführung der einzelnen Arbeitsschritte durch unterschiedliche Anwendungsprogramme. Die Ausführungskontrolle des Prozesses liegt allein beim Mitarbeiter.

Isolierte IT-Anwendungen

Eine weitere Methode sind isolierte IT-Anwendungen, bei denen einfache Datenbankaufrufe genutzt werden. Das können einfache Datenbankanwendungen sein, die für einen ganz bestimmten Teilprozess implementiert worden sind. So kann der Prozess *„Auftragsverwaltung"* einen Schritt *„Kundendaten erfassen"* enthalten, der als Datenbankanwendung umgesetzt worden ist. Da diese Anwendung jedoch isoliert ist, kann es vorkommen, dass eine bereits über das Kundenverwaltungssystem erfasste Adresse ein weiteres Mal in ein Formular eingegeben werden muss, statt sie direkt aus dem Kundensystem in das Formular zu übertragen. Dieser manuelle Zusatzaufwand bedeutet auch Fehleranfälligkeit.

Ein anderes Problem ist, dass in Datenbankanwendungen keine expliziten Prozesse abgebildet werden. Jeder Benutzer manipuliert die Daten ohne übergreifendes Konzept. Auch hier sind Fehler vorausprogrammiert.

Es wäre beim Aufbau einer Datenbank einfach, diese Mängel zu vermeiden, wenn eine Workflow-Logik implementiert würde. Die folgende Methode wird häufig in der Automatisierungstechnik eingesetzt. Jeder Datensatz in den Kern-Tabellen wird um ein „Status"-Attribut erweitert. In einer neuen Datenbank-Tabelle (beispielsweise „STATUS") werden alle möglichen Zustände abgelegt, die die Attribute annehmen können. In einer zweiten Tabelle (beispielsweise Tabelle „TRANSITION") werden die zulässigen Übergänge zwischen den Status' abgelegt.

Auf diese Art und Weise hat jeder Datensatz einen definierten Zustand. Wird er bearbeitet, kann durch Überprüfung in TRANSITION festgestellt werden, welche weiteren Zustände zulässig sind, also welche Prozess-Schritte korrekt sind. Wird der Datensatz bearbeitet und erhält er einen neuen Zustand, wird der Status des Satzes entsprechend geändert.

Die Ausführung der einzelnen Arbeitsschritte wird also durch entsprechende Berechtigungen mit gesteuert.

7.2.2 Verwendung von einfachen Arbeitslisten (Worklists)

In Variante 2 wird aus dem Geschäftsprozessmodell manuell oder automatisch eine IT gestützte **Worklist** erstellt. In dieser ist ersichtlich, welcher Geschäftsvorfall sich in welchem Bearbeitungszustand befindet. Hier wird der Prozessakteur also unterstützt beim abarbeiten seiner Aufgaben in den verschiedenen Prozessen in denen er involviert ist. Die IT-gestützte Worklist enthält Hinweise in welchem Bearbeitungsschritt, welche Operationen auf welchen Geschäftsobjekten auszuführen sind.

Unter einem **Worklistsystem** versteht man also Softwareanwendungen, die Prozess-Schritte steuern, ohne dass die Ausführung der einzelnen Schritte bereits integriert ist. Der Anwender hat die Information, an welchen Geschäftsvorfällen er arbeitet und welche Arbeiten er auszuführen hat. Im Vergleich zu der oben beschriebenen Datenbankanwendung ist bereits eine Kontrollfunktion der Ausführungsreihenfolge der einzelnen Arbeitsschritte integriert.

Wird in einem Prozess-Schritt eine Standardanwendung aufgerufen, so ist es anwenderfreundlich, wenn das Worklistsystem beim Erreichen des jeweiligen Prozess-Schrittes die Anwendung selbst aufruft und die erste Funktionen automatisch ausführt. Durch ein Worklistsystem können einfache Prozess-Schritte automatisiert werden.

Diese Art der Prozessimplementierung ist in überschaubaren Organisationen ohne große Investitionen möglich, wobei die Anzahl der Prozessausführungen pro Zeiteinheit nicht hoch sein sollte.

Durch die IT-gestützte Steuerung der Prozessausführung können für die einzelnen Schritte die Ausführungszeiten gemessen und ein Prozess-Controlling realisiert werden. Ein systematisches Verbessern der Prozesse ist auf diese Weise möglich. Im nächsten Abschnitt werden wir darauf näher eingehen.

7.2.3 Transformation in Workflow Systeme

In Variante 3 wird die Worklist automatisch aus dem Prozessmodell abgeleitet und zusätzlich werden Informationen für die IT-Anwendung bereitgestellt. Sie erlauben es, die Geschäftsobjekte bzw. Anwendungssysteme, die in den jeweiligen Prozessschritten verwendet werden, den jeweiligen Prozessschritten zuzuordnen (Konfigurationen). Führt also ein Bearbeiter einen bestimmten Prozessschritt gemäß Worklist aus, wird ihm auch die auszuführende Operation auf das jeweilige Geschäftsobjekt auf der Benutzeroberfläche angeboten.

Eine umfassende Unterstützung hierfür bieten Workflowsysteme. Im Folgenden werden die Schritte sowie ein allgemeines Referenzmodell für Workflowsysteme beschrieben. Die Schritte zur Umsetzung von Prozessmodellen in einen Workflow werden erläutert und darauf verwiesen welche IT-Unterstützungen existieren.

Referenzmodell für Workflow-Management-Systeme

Ein System zur Implementierung von Geschäftsprozessen wird als Workflow-Management-System bezeichnet. Die **Workflow-Management-Coalition-Organisation (WfMC)** hat ein Referenzmodell für **Workflow-Management-Systeme** entwickelt. Abbildung 7-9 zeigt die einzelnen Komponenten eines solchen Systems und dessen Schnittstellen.

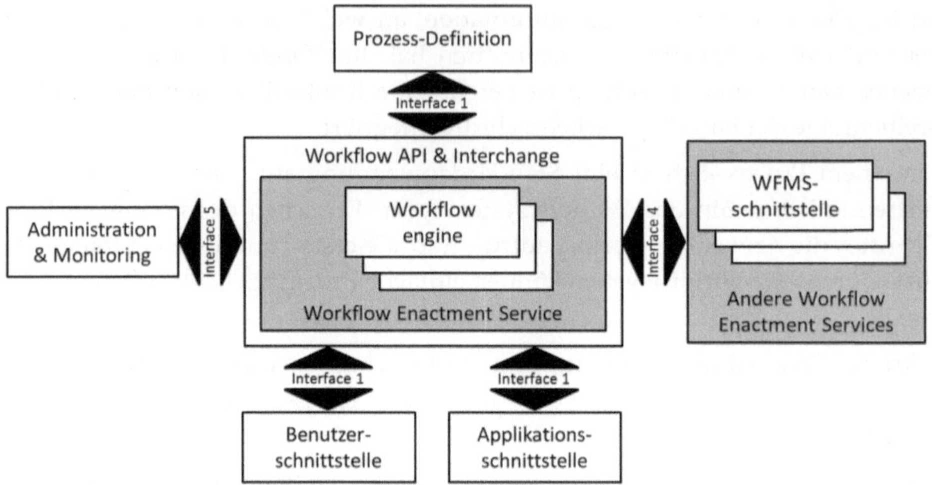

Abbildung 7-19 Referenzmodell für workflow-management-Systeme (WFMS) (WM)

Die Schnittstellen zwischen den einzelnen Komponenten sind wie folgt definiert:

Tabelle 7-1: Überblick der Schnittstellen im Workflowsystem

Schnittstelle	Definition
Prozessdefinition (1)	Schnittstelle zwischen Prozessdefinition, Modellierungswerkzeugen und der Workflow Engine
Benutzerschnittstelle (2)	APIs für Clients, um Dienste von der Workflow Engine anzufordern, damit der Prozessfortschritt und die Aktionen kontrolliert werden können.
Applikations-Schnittstelle (3)	APIs, die der Workflow Engine erlauben, Applikationen aufzurufen und zu nutzen.
Workflow-Management-System Schnittstelle (4)	Standard-Schnittstelle für den Austausch mit anderen Workflow-Systemen
Administration und Monitoring (5)	Schnittstelle für Werkzeuge zur Kontrolle der Prozesse und zur Überwachung

Die **wesentlichen Komponenten** im **Referenzsystem** der WfMC sind der **Workflow Enactment Service** und die **Workflow Engine**. Die Aktionen und ihre Reihenfolge werden in der Prozessdefinition festgelegt und durch die Workflow Engine gesteuert.

In einem Unternehmen laufen mehrere Instanzen eines Geschäftsprozesses gleichzeitig ab. Bei der Erteilung eines individuellen Kundenauftrages wird eine neue Instanz des Geschäftsprozesses *„Auftragsbearbeitung"* angestoßen. Das Management der einzelnen Instanzen eines Geschäftsprozesses erfolgt mit Hilfe von **Workflow Engines** durch das **Workflow Enactment System**.

Eine Workflow Engine stellt die Ausführungsumgebung für eine Workflow-Instanz zur Verfügung.

Dazu gehören beispielsweise folgende Aufgaben:

- Einordnung der Instanz in das organisatorische Umfeld
- Interpretation der Prozessdefinition
- Kontrolle der Prozessinstanzen
- Navigation zwischen sequentiellen oder parallelen Prozessaktivitäten
- Interpretation von Prozessdaten
- Identifikation der Benutzerschnittstellen
- Verknüpfung mit anderen Programmen
- Übergeordnete Kontrollfunktion

Ein **Workflow Enactment Service** ist ein Dienst, der eine oder mehrere Workflow Engines startet, verwaltet und ausführt. Der Zugriff auf Komponenten einer Anwendungssoftware erfolgt über die Schnittstelle WAPI (Workflow Application Programming Interface).

Ein **Worklisthandler** ist der Teil eines Programms, der die Benutzerschnittstelle zum Anwender organisiert. Er kann Teil eines Workflow-Management-Systems sein oder von einem Workflow-Experten definiert und programmiert werden. Workflow-Funktionen können in andere Anwendungen eingebettet werden, wie beispielsweise in einem E-Mail-Programm, damit der Benutzer eine einheitliche Arbeitsoberfläche hat. Zwischen dem Workflow Enactment Service und den Anwendungen muss ein Kommunikationsmechanismus bestehen, um verschiedene operative Systeme zu integrieren.

Der letzte Bereich ist eine Schnittstelle für Administration und Monitoring. Der Ablauf verschiedener Instanzen der einzelnen Geschäftsprozesse muss überwacht werden. Dabei werden zwei Überwachungssichten unterschieden. Zum einen die Überwachung der verwendeten IT-Systeme bezüglich auftretender Engpässe und Fehler, zum anderen eine Überwachung der laufenden Geschäftsprozesse. Beispiele hierfür sind die Überwachung von Antwort- und Bearbeitungszeiten für Geschäftsvorfälle.

Wie wir später zeigen werden, ist die Aufgabe einer Workflow Engine eng verbunden mit dem Konzept der **Service Orchestrierung**. Im folgenden Abschnitt wird erklärt, wie vom Workflow Referenz System ausgehend eine SAP-Anwendung in eine Workflow-Steuerung integriert wird.

Umsetzung eines subjektorientierten Prozessmodells mit SAP/R3 Integration

In einem Industrieprojekt (Branche Anlagenbau) wurde die Standardsoftware SAP R/3 für den Auftragsabwicklungsprozess einer Kundeneinzelfertigung in einen Workflow integriert. Zu diesem Zweck wurde die praktische Anwendung der subjektorientierten Modellierungs- und Implementierungsmethode des Modellierungswerkzeugherstellers Metasonic AG eingesetzt. Das Institut für modellbasierte Softwareentwicklungsprozesse (BayTech IMSWEP) an der Technischen Hochschule Deggendorf (www.imswep.baytech.de) wurde beauftragt, das Projekt zu evaluieren. Interessant war, dass der Kunde als externe Organisation und viele verschiedene Organisationsbereiche des Unternehmens beteiligt waren.

Übertragung des Referenzmodells auf den Anwendungsfall

Wird das Referenzmodell auf den vorliegenden Fall übertragen ergibt sich das folgende Gestaltungs-Szenario. Die Prozessdefinition einschließlich der zugehörigen Geschäftsobjekte wurden in Metasonic Built dem Modellierungswerkzeug der Metasonic BPM suite erstellt. Geschäftsobjekte die Eingaben vom Anwender erfordern werden mit einem entsprechenden Layout zur Eingabeaufforderung verwendet. Diese Eingabeasken, liegen in der Benutzerschnittstelle. Jedes Subjekt kann durch eine eigene Workflow Engine ausgeführt werden. Die einzelnen Workflow Engines können über eine RMI- (Remote Method Invocation, Zugriff auf Methoden über Rechnergrenzen hinweg) oder SOAP-schnittstelle (siehe dazu auch nachfolgende Abschnitte) verknüpft werden, so dass ein Geschäftsprozess über mehrere Workflow Engines ablaufen kann. Die einzelnen Workflow Engines können in unterschiedlichen Unternehmen plaziert sein. Dies erlaubt die Realisierung unternehmensübergreifender Prozesse die in einer globalen Wirtschaft immer wesentlicher werden.

Die einzelnen Subjekte rufen SAP-Bausteine über BAPIs (SAP Zugriffsmethode auf R/3 Module) auf. Damit werden die Funktionen und Daten in einen Workflow eingebunden (Applikationsschnittstelle) Im Folgenden werden die Implementierungsschritte detailliert aufgezeigt.

Anforderungsbeschreibung

Auf Basis einer Prozessanalyse wurde eine verbale Beschreibung des Auftragsabwicklungsprozesses angefertigt. Dadurch werden die Sichten der am Prozess beteiligten Anwender dokumentiert. Dies ist noch kein Bestandteil des Referenzmodells, sondern eine erforderliche Vorarbeit.

Subjektorientierte Modellierung

Als Subjekte wurden der *Kunde* und alle beteiligten Organisationseinheiten des betrachteten Unternehmens identifiziert und deren Interaktionen mit Hilfe des Subjektmanagers modelliert. Abbildung 7-20 zeigt die am Prozess beteiligten Subjekte.

Im Folgenden wird die Interaktion zwischen den Subjekten *Kunde* und *Auftragsmanager* betrachtet. Der Kunde erfasst seinen Auftrag über eine Dialog-Maske und sendet die Auftragsdaten an den Auftragsmanager (Nachricht *„Auftrag"* in Abbildung 7-20). Der Auftragsmanager ergänzt die erhaltenen Auftragsdaten und legt dann den Auftrag ab. Abbildung 7-21 zeigt das Verhalten des Kunden.

Kunde
Auftrag
Auftragsmanager
Projektmanager
Pos-Daten ändern
Projekt Kundeninfo
Pos-Daten
Auftragsleitstelle
Projektinfo
Projektleitung
Arbeitsinhalte
Konstruktion
Projektplan
MTAB
Projekt ok
Projekt nicht ok
Projekt prüfen

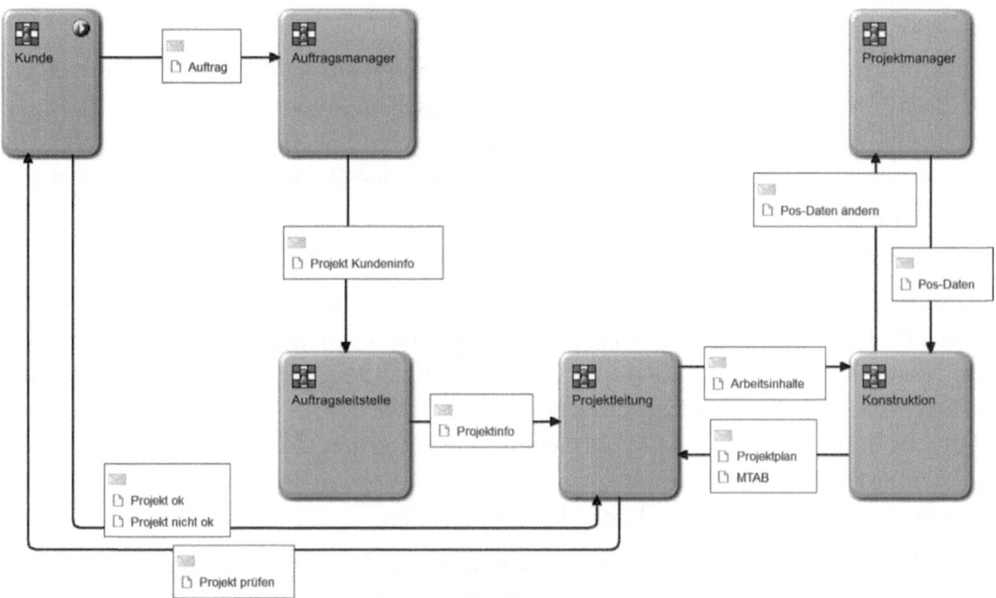

Abbildung 7-20: Prozessbeteiligte Auftragsabwicklung

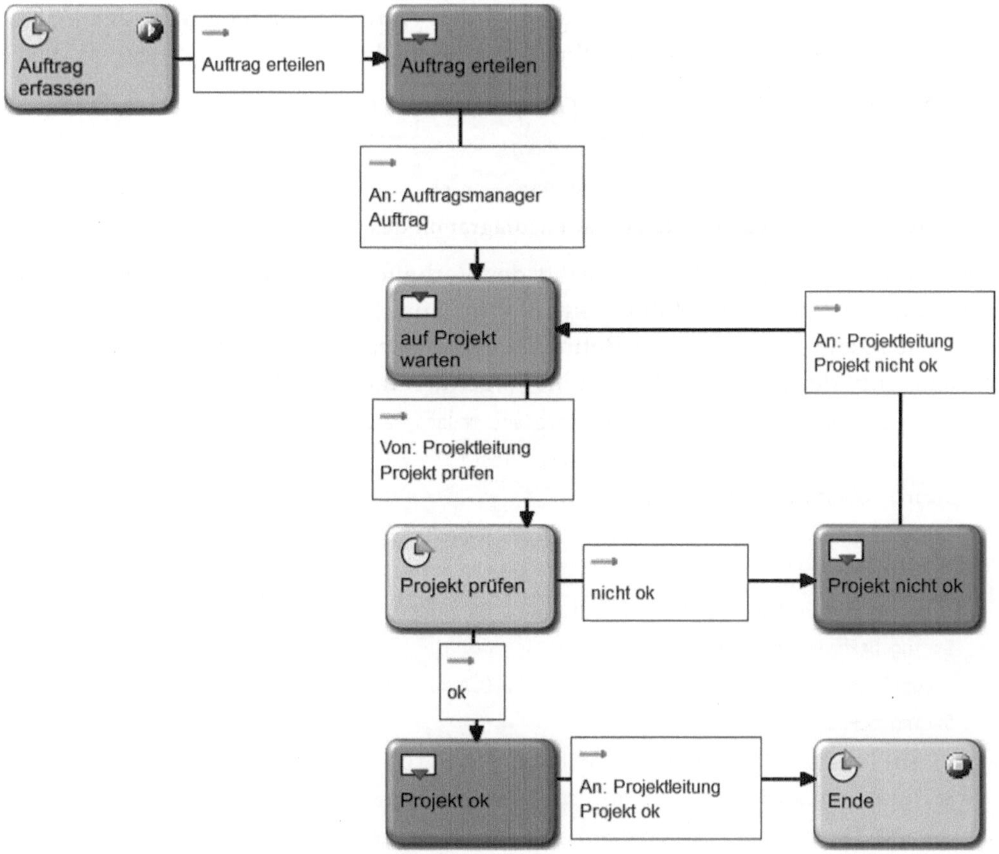

Auftrag erfassen
Auftrag erteilen
Auftrag erteilen
An: Auftragsmanager
Auftrag
auf Projekt warten
An: Projektleitung
Projekt nicht ok
Von: Projektleitung
Projekt prüfen
Projekt prüfen
nicht ok
Projekt nicht ok
ok
Projekt ok
An: Projektleitung
Projekt ok
Ende

Abbildung 7-21: Verhalten des Kunden

Validierung des Prozessmodells

Das subjektorientierte Prozessmodell (Auftragsabwicklung) wurde von Vertretern der betroffenen Fachabteilungen evaluiert. Das Rollenverhalten der am Prozess Beteiligten wurde über das Internet mit Hilfe von Metasonic Proof überprüft. Die Mitarbeiter konnten von verschiedenen Orten aus den Prozess gemeinsam betrachten, simulieren und diskutieren.

Nutzung von Softwarebausteinen (hier SAP BAPIs)

Aus der Verhaltensbeschreibung eines Subjekts wurde automatisch Java Code generiert. Für jedes Subjekt wird eine Klasseninstanz (Objekt) generiert. Jeweils eine Methode ist für jeden Sende- oder Empfangsübergang verfügbar. Diese Methoden werden beim Ausführen eines Zustandsübergangs (Senden und Empfangen eines Subjektes) bzw. beim Erreichen eines internen Zustands ausgeführt. Die **Refinement-Schnittstelle** erlaubt das Einbinden von Anwendungen, die bei der Ausführung des Subjektverhaltens aktiviert werden.

Im Verhaltensdiagramm des Kunden (Abbildung 7-21) wird in der Funktion *„Auftrag erfassen"* ein Geschäftsobjekt hinterlegt. Auf Basis der Datenstrukturen des Geschäftsobjektes werden für den Kunden entsprechende Masken generiert. Nach der Erfassung des Auftrags wird dieser an den Auftragsmanager gesendet. Dabei wird das entsprechende Geschäftsobjekt mit geschickt.

Abbildung 7-22: Ausschnitt Verhaltensdiagramm des Auftragsmanagers

Abbildung 7-22 zeigt einen Ausschnitt des Verhaltensdiagramm des Auftragsmanagers. Durch das kleine Zahnradsymbol im Funktionszustand *„Auftrag anlegen"* wird aufgezeigt, dass dort ein Refinement hinterlegt ist. Der entsprechende Methodenrumpf des Refinements wird im Folgenden dargestellt:

```
public String execute(RefinementTemplateRuntimeData data) {
 RTProperties properties = data.getProperties();
 String boCustomer = properties
   .getPropertyAsString(RTGlobals.SELECT_BO_CUSTOMER + ".field");
 String boProjectTitle = properties
   .getPropertyAsString(RTGlobals.SELECT_BO_MATERIAL + ".field");
 String boPositions = properties
   .getPropertyAsString(RTGlobals.SELECT_BO_QUANTITY + ".field");
 String boPositionsDate = properties
   .getPropertyAsString(RTGlobals.SELECT_BO_QUANTITY + ".field");
 Bo2OAccessory accessory = new Bo2OAccessory(data.getSubjectInstance());
 IStorageInstanceItemBeanReducedToId itemID = accessory
   .getFirstStorageItemInFirstStorage();
```

```
System.out.println(itemID.toString());
IView View = accessory.loadView(itemID, Bo20Accessory.READ);
Object Customer = Bo20FieldValueGetter.getValue(View, boCustomer);
Object Title = Bo20FieldValueGetter.getValue(View, boProjectTitle);
Object Positions = Bo20FieldValueGetter.getValue(View, boPositions);
Object PositionsDate = Bo20FieldValueGetter.getValue(View, boPositionsDate);
CreateCustomerProject project = new CustomerProject();
project.setDestinationName("IDES_911");
project.execute(Customer.toString(), Title.toString(),
 (ArrayList<String>) Positions, (ArrayList<String>) PositionsDate);
return null;
}
```

Wählt der Auftragsmanager den entsprechenden Prozessübergang, so werden mit dieser Methode die Daten an ein Java Objekt übergeben, das die Daten über einen BAPI-Aufruf in das SAP-System schreibt. Dort wird der von SAP bereitgestellte Java Connector verwendet. Dies ist eine API zur Kommunikation zwischen SAP-ERP-Systemen und Java-Programmen.

7.2.4 Transformation über Zwischenstufen

In den Varianten 4,5,6,7 wird eine Zwischenstufe verwendet. Diese Zwischenstufe wird entweder manuell oder automatisch erstellt bzw. erfordert weitere manuelle Ergänzungen. Je nach verwendeter Beschreibungsmethode für die Prozessmodelle sind die Zwischenstufen einfach aus den Modellen abzuleiten bzw. weiter zu ergänzen um einen vollständigen Workflow zu erhalten.

Die Zwischenschritte werden oft auch als technische Prozessbeschreibungen bezeichnet. Abhängig von der verwendeten IT-Plattform auf der die Prozessimplementierungen laufen sollen und den zu integrierenden Anwendungen wird das Prozessmodell, z.B. mit technisch notwendigen Zwischenschritten, ergänzt.

In diesem Abschnitt werden technische Konzepte zur Implementierung von Geschäftsprozessen über Zwischenschritte erläutert. Diese Konzepte sind bereits Bestandteil von Standard-Softwareprodukten bzw. werden in den nächsten Jahren eine zunehmende Rolle spielen.

Zur **technischen Realisierung von Geschäftsprozessen** gibt es heute grundsätzlich zwei Konzepte die oben beschriebenen **Workflow-Management-Systeme (WMS)** und **Serviceorientierte Anwendungsarchitekturen** (Service Oriented Architecture, SOA), wobei diese Konzepte in der Regel auch kombiniert werden.

Das Zusammenfügen von Softwareanwendungen (in Zukunft *Services* genannt) gemäß den Arbeitsschritten eines Geschäftsprozesses zu einem Workflow hat einen engen Bezug zu den Konzepten **Serviceorchestrierung** und **Servicechoreographie**.

Im Folgenden werden diese beiden Konzepte und ihre Beziehung erläutert.

7.2.4.1 Allgemeine Konzepte für Zwischenstufen

Serviceorientierte Architektur

Das Referenzmodell der WfMC ist eine allgemeine Architektur für Workflow-Management-Systeme. Die Komponenten mit ihren Schnittstellen, die beim Ablauf eines Workflows verwendet werden können, werden durch Serviceorientierte Architekturen (SOA) implementiert (Schnittstelle 3 in Abbildung 7-19). SOA ist ein weiteres Architekturprinzip zur Implementierung von Geschäftsprozessen. Serviceorientierte Architekturen beruhen auf dem Prinzip, dass Servicekonsumenten (Service Client) Dienste anfordern (Service Request), welche von Servicelieferanten (Service Provider) bereitgestellt werden. Der Servicelieferant nimmt die Serviceanforderung entgegen, führt den angeforderten Service aus und liefert das Ergebnis an den Servicekonsumenten zurück. Ein Prozessmodell wird dadurch implementiert, dass die benötigten Aufgaben durch Services realisiert und diese Services entsprechend den Vorgaben des Prozessmodells aufgerufen werden. Abbildung 7-23 zeigt das vereinfachte Grundprinzip von Serviceorientierten Architekturen.

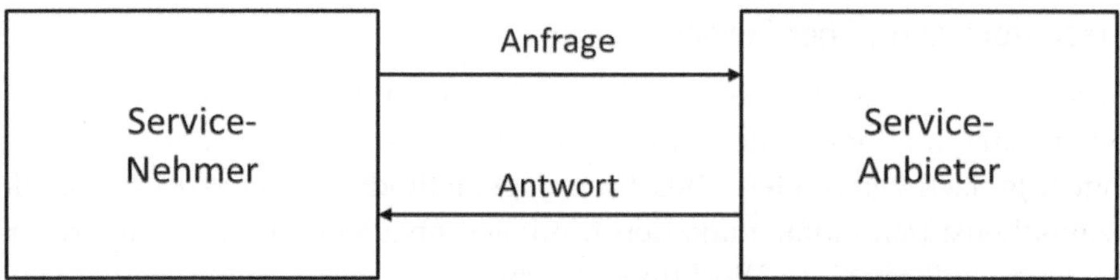

Abbildung 7-23: Zusammenhang Service-Nehmer und Service-Anbieter

Verschiedene Servicelieferanten stellen ähnliche oder gleichartige Services zur Verfügung. Ein Servicekonsument muss den passenden Service zu den günstigsten Konditionen aussuchen. Umgekehrt benötigt ein Servicelieferant einen Marktplatz, um seine Dienste anbieten zu können. Dieser Marktplatz wird durch **Service Directories** realisiert. Die Verzeichnisse enthalten Informationen über die Art der angebotenen Services, wo diese zu finden sind und wie sie abgerufen werden können. Das bedeutet, dass ein Servicekonsument in einem Directory den geeigneten Service suchen muss, um ihn anschließend anzufordern. Abbildung Abbildung 7-24 zeigt die daraus resultierende SOA-Struktur. Die Nummerierung der Kanten gibt an, in welcher Reihenfolge die Operationen ausgeführt werden.

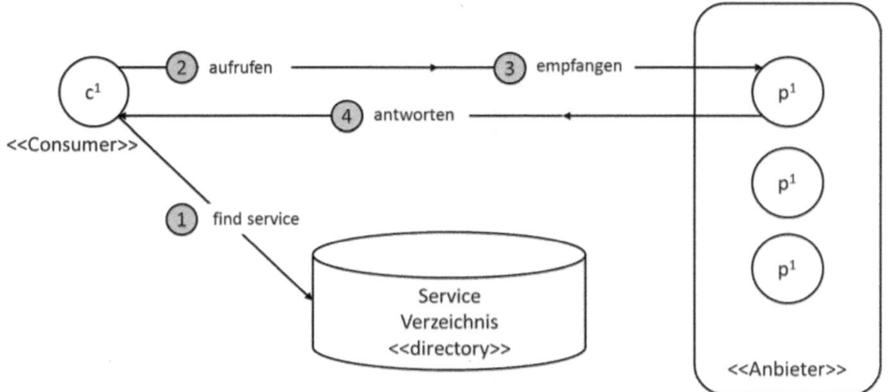

Abbildung 7-24: SOA mit Serviceverzeichnis

Die hier beschriebene Service-Architektur kann unter Verwendung von Web-Technologien genutzt werden. Für die Beschreibung der Services wird die Sprache **WSDL (Web-Service Description Language)** eingeführt. Ein Service-Anbieter beschreibt seinen Service in dieser Sprache. Ein angebotener Service wird in einem allgemein zugänglichen Verzeichnis registriert (Service Directory). Dazu wird zur Zeit der **Standard UDDI (Universal Description Discovery and Integration)** verwendet. Das Service-Register bildet somit die „gelben Seiten" einer Web-Service-orientierten Anwendungsimplementierung, in denen mögliche Anbieter nach gewünschten Services suchen können. Mit Hilfe der für einen angebotenen Service im UDDI hinterlegten Informationen kann der gewünschte Service verwendet werden. Der Aufruf erfolgt mit Hilfe von **SOAP (Simple Object Access Protocol)** [Ne05], [Ku02].

Das **Zusammenfügen verschiedener Services** zu einem Ganzen bzw. zu komplexeren Services, wie beispielsweise der Implementierung eines Geschäftsprozesses, geschieht durch die **Orchestrierung** [Pe03] bzw. **Choreographie** [w302]. Im Sinne des WfMC Workflow-Modells entspricht die Orchestrierung bzw. Choreographie den Aktionsfolgen eines Geschäftsprozesses und der benutzten Services. Im Folgenden werden die beiden Konzepte Orchestrierung und Choreographie eingeführt.

Prozessimplementierung durch Service-Orchestrierung

Orchestrierung bedeutet, dass die Services **von einer zentralen Stelle kontrolliert** werden. Prozesse können sowohl mit internen, als auch mit externen Webdiensten kommunizieren. Orchestrierung beschreibt, wie die Webdienste auf Nachrichtenebene interagieren, einschließlich der Prozesslogik und der Ausführreihenfolge. Die Datenebene bleibt von der Orchestrierung ausgenommen. Abbildung 7-25 zeigt ein Beispiel für eine Orchestrierung bei der Verschiedene Services in einem zentralen Prozess zusammengeführt werden.

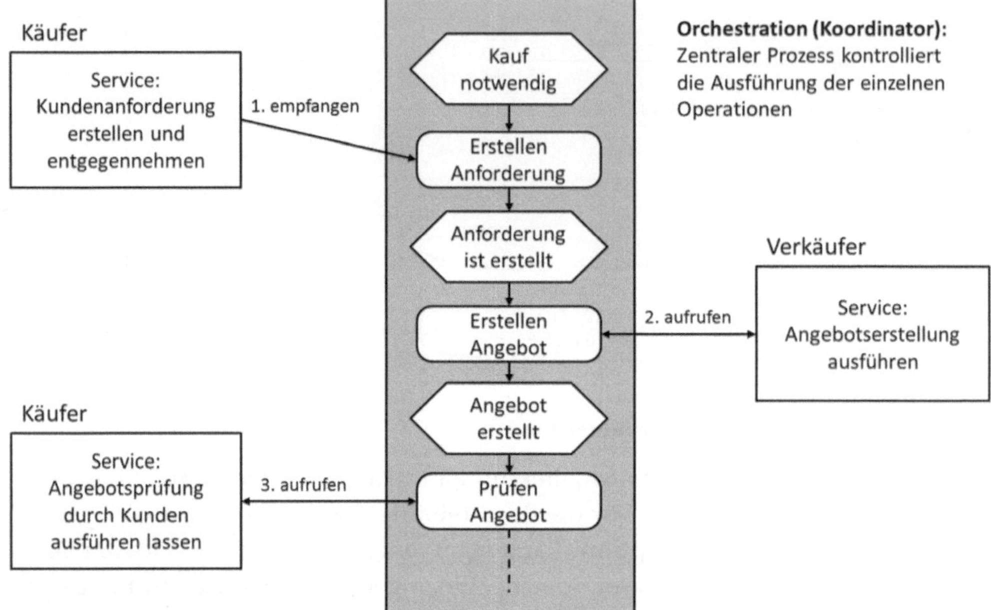

Abbildung 7-25: Beispiel Orchestrierung

Vorteil der Orchestrierung ist die Einfachheit, da die Reihenfolge der auszuführenden Aktionen an einer zentralen Stelle dokumentiert ist. *Aufgabenorientierte* Prozessbeschreibungen lassen sich mit dieser Methode einfach umsetzen, weil die Prozessbeschreibung im Wesentlichen der Orchestrierungsdefinition entspricht. Diese Vorgehensweise hat jedoch auch deutliche Nachteile, wenn ein Prozess Organisationsgrenzen überschreitet und deshalb keine zentrale Stelle existiert, welche die Orchestrierungssteuerung ausführen kann. Das Konzept „Service-Choreographie" bietet hierfür eine Lösung.

Prozessimplementierung durch Service-Choreographie

Das Konzept der Choreographie legt den Schwerpunkt auf die **Zusammenarbeit unabhängiger Services**. Jeder Teil spielt eine definierte Rolle und tauscht mit anderen Komponenten Nachrichten zur Synchronisierung aus. Dadurch entsteht ein System von asynchronen unabhängigen Teilprozessen. Dies ist ein Konzept, wie es bei **embedded systems** (Steuerung technischer Systeme) und Betriebssystemen schon lange verwendet wird.

Service-Choreographie ist dann sinnvoll, wenn keine Organisation die vollständige Kontrolle über den Ablauf eines Prozesses haben kann oder soll. So kann ein Käufer nicht die Kontrolle über das Verhalten des Verkäufers haben und umgekehrt.

Technisch gesehen kann die Service Choreographie auch betrachtet werden als eine Menge zusammen geschalteter Workflow-Management-Systeme, welche über die Schnittstelle 4, (siehe Abbildung 7-19), verbunden sind.

Abbildung 7-26 zeigt ein einfaches Beispiel. Käufer und Verkäufer stimmen durch den Austausch von Nachrichten ihre Aktionen aufeinander ab, um den Kauf eines Produktes zu organisieren. Käufer und Verkäufer arbeiten auf separaten Workflow-Management-Systemen, und die Nachrichten zur Koordinierung werden über eine gemeinsam definierte Schnittstelle 4 ausgetauscht.

Der Prozess wird dadurch beschrieben, dass zulässige Nachrichtenfolgen zwischen den Beteiligten festgelegt werden. Als theoretisches Modell wird auf die Prozesskalküle (process calculus) von R. Milner [Mi80] und C.A.R. Hoare [Hoa85] zurückgegriffen. Ein Überblick zu diesem sehr interessanten Bereich der Informatik findet sich in Wikipedia (www.wikipedia.org) unter den Stichworten „Process Calculus", „Pi-Calculus" und „Calculus of Communicating Systems".

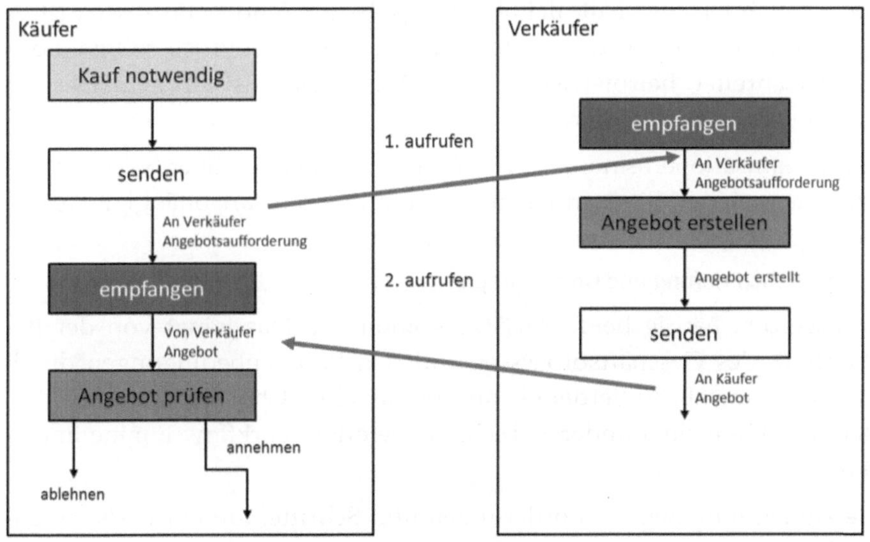

Abbildung 7-26 Beispiel Choreographie

Gegenüberstellung von Orchestrierung und Choreographie

Die folgende Tabelle stellt die wesentlichen Eigenschaften der Orchestrierung und Choreographie gegenüber [Ne05]:

Tabelle 7-2: Gegenüberstellung Orchestrierung und Choreographie

Orchestrierung	Choreographie
Eine zentrale Stelle ist für die Prozessausführung verantwortlich.	Jeder Prozess ist für die korrekte Ausführungsreihenfolge selbst verantwortlich.
Eine zentrale Prozessausführung lässt sich bei organisationsübergreifenden Prozessen schwer realisieren (Probleme beim Outsourcing).	Eine dezentrale Prozessausführung lässt sich bei organisationsübergreifenden Prozessen einfach realisieren.
Impliziert starke Sequentialisierung der Aktivitäten eines Prozesses.	Impliziert starke Parallelisierung der Aktivitäten der am Prozess Beteiligten.
Mögliches Werkzeug: ARIS	Mögliches Werkzeug: Metasonic Suite

Die Orchestrierung hat Vorteile, wenn eine zentrale Koordination der Prozesse aufgebaut werden soll. Dies ist in der Regel bei „kleinen" Prozessen, die innerhalb einer Abteilung ablaufen, der Fall. Bei abteilungsübergreifenden Prozessen ist es deutlich schwieriger, einen Koordinator festzulegen. Wenn ein Prozess Organisationsgrenzen überschreitet, beispielsweise beim Outsourcing, ist ein gemeinsamer Koordinator nur schwer zu realisieren.

Unabhängige Organisationen sind es gewohnt, ihre Tätigkeiten über Nachrichtenaustausch zu organisieren. Sind an einem Prozess mehrere unabhängige Aufgabenträger beteiligt, so greift das Konzept der Choreographie.

Kombination von Orchestrierung und Choreographie

In der Praxis werden häufig beide Ansätze kombiniert. Das hängt von der Beschreibungstechnik des Geschäftsprozesses und den Rahmenbedingungen durch die Aufbauorganisation ab. Außerdem kann jedes an einer Choreographie beteiligte „Orchester" mit Hilfe einer anderen Technologie oder Workflow Engine implementiert werden.

Die folgende Aufzählung zeigt Anforderungen und Schritte, um einen als Aufgabenfolge beschriebenen Prozess entsprechend den organisatorischen Erfordernissen zu realisieren, falls keine zentrale Ablaufsteuerung etabliert werden kann:

- Orchestrierung gibt einen zentralen Überblick über einen Prozess.
- Bei organisationsübergreifenden Prozessen wird die Orchestrierung aufgelöst.
- Jede an einem Prozess beteiligte Organisation, die nicht über eine zentrale Steuerung kontrolliert werden möchte (intern oder extern), erhält eine eigene Steuerung für seine Aufgabenfolgen innerhalb eines Prozesses (Choreographie).
- Die organisationsspezifischen Steuerungen synchronisieren sich durch Nachrichten. Mit diesen Nachrichten werden bei Bedarf Ergebnisse in Da-

tenform ausgetauscht. In die organisationsspezifischen Steuerungen werden Sende- und Empfangsaktionen eingefügt.

- Grundmuster: Sequenz von Aufgaben
- Andere Voraussetzungen liegen vor, wenn bei der Prozessbeschreibung von einer existierenden Aufbauorganisation ausgegangen wird und ein Prozess eine Folge von Interaktionen der am Prozess Beteiligten ist (subjektorientierte Prozessbeschreibung). Da beim Choreographie-Ansatz keine zentrale Steuerung erforderlich ist, müssen bei der Implementierung einer solchen Prozessbeschreibung mehrere parallele Kontrollflüsse aufgebaut werden, die sich über geeignete Methoden synchronisieren.

Die Vorgehensweise bei der Definition und Implementierung von Prozessen entsprechend des Choreographie-Ansatzes skizzieren folgende Punkte:

- Identifikation der an einem Prozess beteiligten Organisationseinheiten mit einer groben Beschreibung der jeweiligen Prozessleistungen.
- Beschreibung der zwischen den Organisationseinheiten durchgeführten Interaktionen (Bezeichnung, ausgetauschte Daten).
- Beschreibung der Aktionsfolgen für jede der am Prozess beteiligten Organisation (lokale Orchestrierung) einschließlich der Interaktionen zur Synchronisation.
- Die organisationsspezifischen Steuerungen synchronisieren sich durch Nachrichten. Mit diesen Nachrichten werden bei Bedarf Ergebnisse (Daten) ausgetauscht.
- Grundmuster: Parallel arbeitende Organisationen die sich abstimmen (Synchronisieren).

In der Praxis kommen diese Konzepte kombiniert zum Einsatz. Die Implementierung von Geschäftsprozessen bedeutet die Orchestrierung und Choreographie von Anwendungen, die in Form von Services zur Verfügung gestellt werden.

Zur Orchestrierung der einzelnen Services innerhalb einer Choreographie können unterschiedliche Technologien verwendet werden. Das ist die Regel bei unterschiedlichen Organisationen, die an einem Prozess beteiligt sind. Es muss eine Übereinkunft bezüglich der Interaktionsschnittstelle getroffen werden (Schnittstelle 4 des Referenzmodells).

7.2.4.2 Implementierung für Zwischenstufen

Im Folgenden wird auf der Basis der oben dargestellten allgemeinen Konzepte für Zwischenstufen gezeigt wie diese Zwischenstufen in Abhängigkeit des Primärkonzepts das bei der Erstellung des Prozessmodells verwendet wurde erstellt werden können.

Implementierung aufgabenorientierter Prozessbeschreibungen

Aufgabenorientierte Prozessbeschreibungen lassen sich als Orchestrierung von Services umsetzen. Der zentrale Koordinator wird durch eine Workflow Engine realisiert. Die Prozessbeschreibung wird in eine von einer Workflow Engine interpretierbaren Beschreibung umgesetzt und um Aufrufe der Anwendungsbausteine ergänzt. Als Standard für die Beschreibung einer Workflow Engine hat sich in den letzten Jahren die Beschreibungssprache **BPEL (Business Process Execution Language)** etabliert. BPEL ermöglicht es, verteilte Web-Services und die Interaktionen mit dem Benutzer zur Geschäftsprozesslogik hinzuzufügen.

BPEL ist mittlerweile zu einem anerkannten Standard für die Komposition von Web-Services geworden. Mit BPEL können komplexe Prozesse implementiert werden, indem die unterschiedlichen Aktionen als Programme erstellt und entsprechend der Prozesslogik zusammengesetzt werden. Bei den Aktionen kann es sich beispielsweise um den Aufruf von (Web-) Services, Altanwendungen, Datenmanipulationen, Anwenderdialoge oder dem Filtern und Behandeln von Fehlern innerhalb des Prozesses handeln. Diese einzelnen Aktionen können ineinander geschachtelt, in Schleifen geführt oder parallel kombiniert werden.

Abbildung 7-27 zeigt das Schema eines BPEL-Prozesses. Mit dieser Abbildung wird deutlich, dass es sich bei BPEL um einen Orchestrierungsansatz handelt.

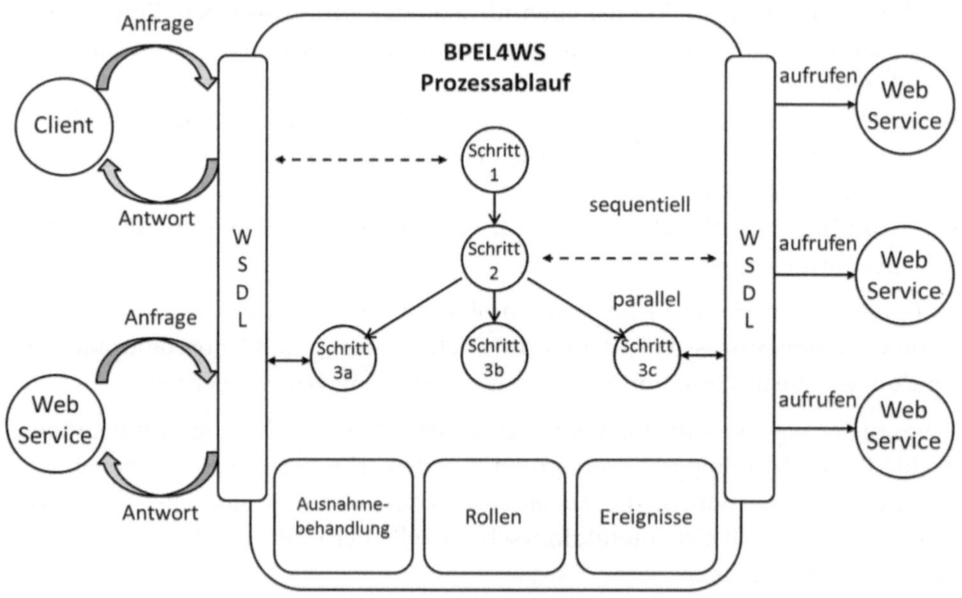

Abbildung 7-27: Struktur einer BPEL Implentierung

In BPEL wird angenommen, dass die Aufrufschnittstellen für die verwendeten WEB-Services in der Sprache WSDL beschrieben sind.

Implementierung objektorientierter Prozessbeschreibungen

Die Implementierung von objektorientierten Prozessbeschreibungen hängt stark von der verwendeten Beschreibungsnotation ab. Heute hat sich dazu UML bzw. UML mit entsprechenden Erweiterungen durchgesetzt. Zur Beschreibung der Prozessdynamik werden häufig Aktivitätsdiagramme verwendet (siehe dazu Abschnitt 5.5). Aktivitätsdiagramme definieren, welche Aktionen in welcher Reihenfolge aufgerufen werden. Aus diesen Aktivitätsdiagrammen können mit Unterstützung geeigneter Werkzeuge BPEL-Beschreibungen abgeleitet werden. BPEL-Beschreibungen werden in naher Zukunft von zahlreichen Workflow Engines interpretiert.

Die Aktionen werden mit den UML-Methoden zur Definition von Klassen beschrieben. Auch aus diesen Definitionen kann mit Hilfe von Werkzeugen ein Gerüst für entsprechende Programme automatisch abgeleitet werden. Mit MDA (Model Driven Architecture) wurde von der OMG (Open Management Group) ein Ansatz zur Ableitung von Applikationen aus UML-Beschreibungen entwickelt.

Die Ableitung von ausführbarem Programmcode erfolgt über drei Modellebenen:

CIM: Computationally Independent Modell

Dieses Modell beschreibt das zu entwickelnde System aus konzeptioneller Sicht und enthält die Anforderungen. Es wird das Geschäftsmodell beschrieben, wer das neue System benutzt und welche Funktionen zur Verfügung gestellt werden. Beschreibungen von Geschäftsprozessen können als ein CIM verstanden werden.

PIM: Plattform Independent Modell

Das plattformunabhängige Modell PIM beschreibt das System in der Art, dass es auf mehrere ähnliche Systemplattformen abgebildet werden kann. Das PIM enthält noch keine Einzelheiten bezüglich der später zur Implementierung verwendeten technischen Plattform.

PSM: Plattform Specific Modell

Das plattformspezifische Modell kombiniert das plattformunabhängige Modell mit den technischen Einzelheiten der Zielplattform. Das PSM enthält die Details, wie das PIM die Implementierungsplattform benutzt.

Ausgehend vom CIM wird durch Transformationsschritte das zu entwickelnde System immer weiter zum ausführbaren Anwendungssystem konkretisiert. In jedem Transformationsschritt wird das Vorgängermodell mit zusätzlichen Informationen ergänzt, damit das detailliertere Nachfolgemodell erreicht werden kann. Abbildung 7-28 gibt einen Überblick zu den einzelnen Transformationsschritten des MDA Konzepts der OMG.

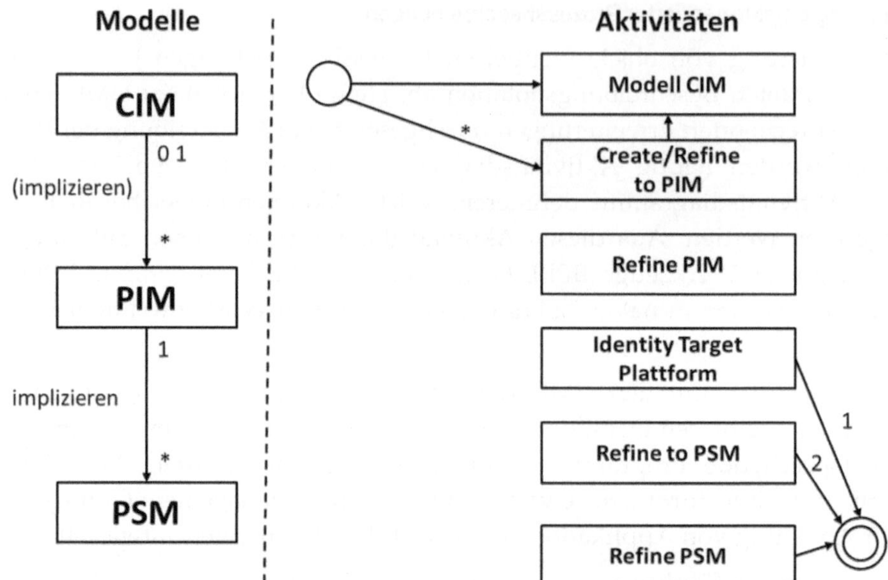

Abbildung 7-28: Modelle und Transformationsaktivitäten

Implementierung subjektorientierter Prozessmodelle

Bei subjektorientierten Prozessbeschreibungen werden die Konzepte der Orchestrierung und Choreographie kombiniert. Die Orchestrierung der Services innerhalb eines Subjekts wird ergänzt durch den Austausch von Nachrichten mit anderen Subjekten. Dies entspricht der Choreographie.

Jedes Subjekt kann als Orchestrierung der von einem Subjekt benötigten Services betrachtet werden, wogegen die Zusammenarbeit der einzelnen Subjekte als Choreographie interpretiert werden kann. Zur Synchronisierung der Zusammenarbeit der einzelnen „Orchester" werden Nachrichten ausgetauscht.

Jedes Subjekt benutzt zur Ausführungskontrolle seiner eigenen Aktionen eine eigene „Workflow Engine". Die Workflow Engines der einzelnen Subjekte sind miteinander verbunden (Schnittstelle 4). Über diese Verbindung werden die Nachrichten ausgetauscht, um die einzelnen Kontrollflüsse der Subjekte bei Bedarf zu synchronisieren.

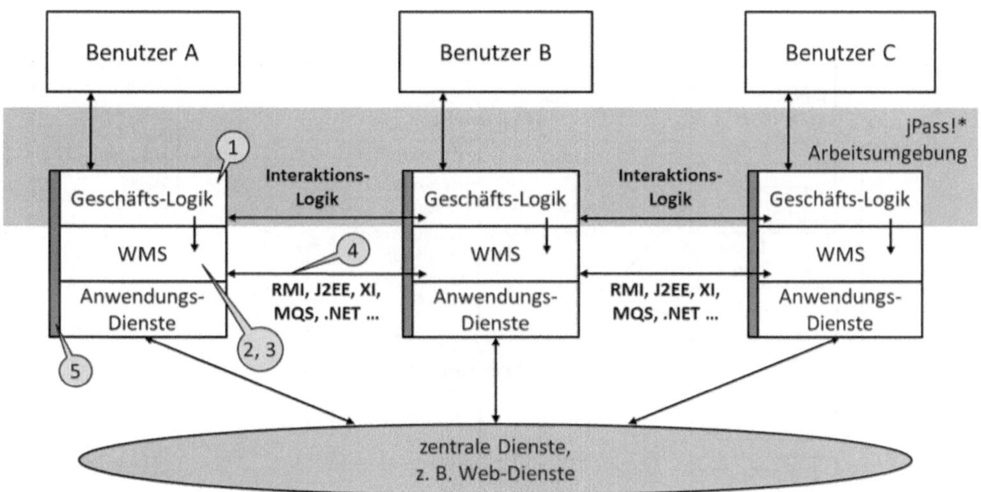

Abbildung 7-29: Zusammenhang Subjektorientierte Beschreibung und Workflow Referenzmodell

Abbildung 7-29 zeigt diese Struktur mit den einzelnen Schnittstellen gemäß dem Referenzmodell der Workflow-Management-Coalition.

Jedes Subjekt eines Prozesses kann mit Hilfe einer geeigneten Technologie realisiert werden. Ein Subjekt kann über BPEL, ein anderes durch Java Server Pages, WebDynpro von SAP oder andere Technologien implementiert werden. Für den Nachrichtenaustausch müssen Vereinbarungen getroffen werden. Da die Standards für Web-Services weitgehend akzeptiert sind, empfiehlt es sich, den Austausch der Nachrichten, d. h. eine Implementierung der Schnittstelle 4, mit Hilfe von Web-Services vorzunehmen. Abbildung 7-30 zeigt eine Architektur, bei der verschiedene Technologien zum Einsatz kommen und die Verknüpfung über Web-Services erfolgt.

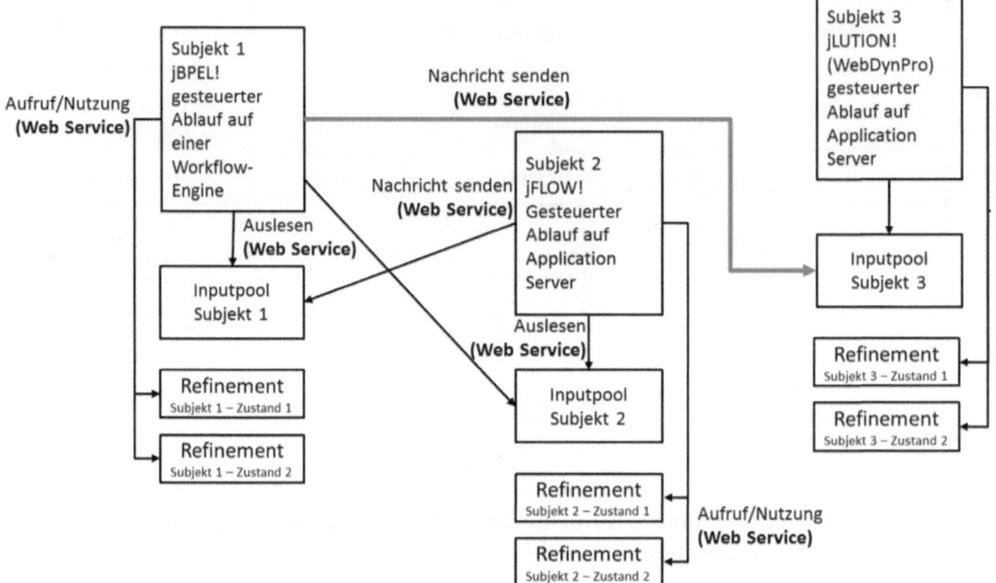

Abbildung 7-30: Subjektorientierte Implementierungsarchitektur

7.2.5 Transformation durch Programmierung

Die Variante 8 ist in der Regel die aufwändigste. Hier wird das Prozessmodell als Anforderung für ein Programm betrachtet das vollständig neu ohne spezifische Basissoftware für Workflows sondern nur unter Verwendung von allgemeinen Bausteinen erstellt wird.

Die Implementierung von Geschäftsprozessen mit Hilfe von Informationstechnologien bedeutet die Orchestrierung und Choreographie von Anwendungen. Hier gilt es folgende Aufgaben zu lösen:

- Realisierung der Prozesse in den verwendeten Anwendungen und Bereitstellung der Services.
- Orchestrierung von Services: Anwendungen, die über einen zentralen Kontrollfluss gesteuert werden, müssen entsprechend der Prozessdefinition zusammengefügt werden.
- Choreographie von orchestrierten Services: Festlegung von Standards zur Kommunikation der „Orchester".
- Ausrollen von komplexen Prozessimplementierungen über mehrere Organisationen und Technologien
- Betreiben eines Prozesses, der mit Hilfe mehrerer Technologieplattformen realisiert wurde.

Im Folgenden werden einige Produkte verschiedener Hersteller vorgestellt. Die vorgestellten Plattformen schließen sich nicht gegenseitig aus, sondern ergänzen sich vielmehr.

Die aktuellen Basistechnologien zur Implementierung von Anwendungen sind J2EE und .NET. Diese Anwendungen können als Web-Services verpackt werden.

Die skizzierten Produkte enthalten oft mächtige Unterstützungsfunktionen um Altanwendungen, oft in Cobol oder PL/I programmiert, ebenfalls als (Web)-Services nutzen zu können.

In den folgenden Abschnitten werden die Architekturen gängiger Produkte kurz erläutert.

7.2.5.1 Java 2 Platform Enterprise Edition (J2EE)

J2EE steht für Java 2 Platform Enterprise Edition und ist die Spezifikation einer Standardarchitektur für die Ausführung von **verteilten Multi-Tier-Anwendungen**. Abbildung 7-31 zeigt die Struktur von J2EE-Anwendungen [Ba02], [En02].

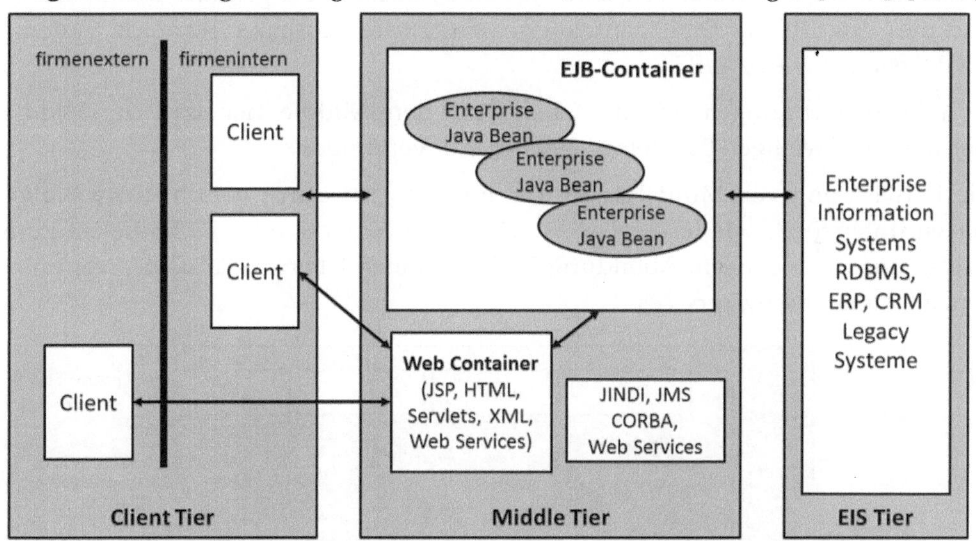

Abbildung 7-31: Three-Tier-Anwendung

In der Regel wird von einer dreischichtigen Struktur ausgegangen, einer Three-Tier.

Der **Client Tier** repräsentiert den Zugang der Menschen zu der jeweiligen Anwendung und stellt die Benutzeroberfläche zur Verfügung. Der Client Tier wird deshalb auch als **Presentation Tier** bezeichnet.

Der **Middle Tier** enthält einen wesentlichen Teil der Funktionalität und wird auch als **Business Logic Tier** bezeichnet. Dieser Begriff ist im Zusammenhang mit Geschäftsprozessen (Business Processes) etwas irreführend. Trotz dieser Bezeichnung enthält der Middle Tier nicht die Ablauflogik eines Prozesses über mehrere Beteiligte bzw. enthält in der Regel keine Funktionalitäten eines Workflow-Management-Systems. Vielmehr wird mit Business Logic die Steuerung der Arbeit eines Clients, d. h. eines Benutzers, bezeichnet und nur indirekt die Zusammenarbeit mehrerer am Prozess Beteiligter gesteuert.

Die einzelnen Funktionen des Middle Tiers sind in Enterprise Java Beans (EJB) enthalten. Ein EJB-Container beinhaltet zahlreiche, von allen EJBs benötigte Funktionen wie Sicherheitsmanagement oder Speichermanagement. Clients, die im eigenen Firmennetz liegen, können unmittelbar auf den Middle Tier zugreifen und die entsprechenden Funktionen anstoßen.

Eine Variante ist, über Web-Services zuzugreifen. Aus Sicherheitsgründen dürfen Clients, die außerhalb des Firmennetzes liegen, nur über Web-Container den Middle Tier nutzen. Von dort werden erst die Funktionen der EJBs angesprochen.

Der EIS Tier repräsentiert im Unternehmen bereits vorhandene Anwendungen und Daten. Diese werden von den EJBs des Middle Tiers genutzt. Insbesondere sind dies Zugriffe auf Datenbanken oder Enterprise Ressource Planning Systems (ERP-Systeme) wie SAP/R3.

Bei J2EE Anwendungen sind die Clients mit dem Middle Tier bzw. der Middle Tier mit den jeweiligen Bausteinen des EIS Tier verbunden.

Die Entwicklung von Multi-Tier-Anwendungen wird durch verschiedene Bibliotheken unterstützt, wie beispielsweise Directory Services oder Bibliotheken zum Zugriff auf Datenbanken. Abbildung 7-32 gibt einen Überblick über die verschiedenen Unterstützungsservices.

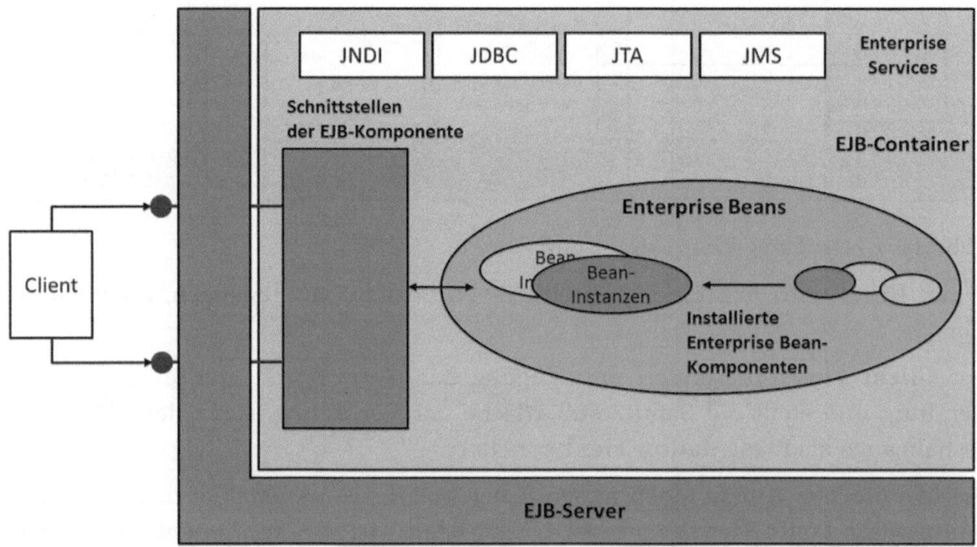

Abbildung 7-32: Bausteine der EJB Architektur

J2EE unterstützt nicht unmittelbar die Steuerung von Workflows über mehrere Prozessbeteiligte hinweg. Diese muss mit den Möglichkeiten von Java direkt programmiert werden, was in der Regel sehr aufwändig und teuer ist.

Allerdings ist J2EE ein hervorragendes Werkzeug, Services zu programmieren. Wie dies aussehen kann, wird im Abschnitt über Web-Services erläutert.

7.2.5.2 .NET

.NET ist eine Infrastrukturumgebung, die aus Betriebssystemen, Server-/Back-Officesystemen und Entwicklungswerkzeugen besteht. .NET ist die alternative Plattform zu J2EE für die Entwicklung von Anwendungen [We02].

.NET ist vergleichbar dem Java-Komplex, dem J2EE angehört. Die Laufzeitumgebung von .NET orientiert sich an der Java-Umgebung und erlaubt die Entwicklung von Multi-Tier-Systemen analog der im obigen Abschnitt beschriebenen Grundstruktur. Abbildung 7-33 gibt einen Überblick über die einzelnen .NET- Komponenten.

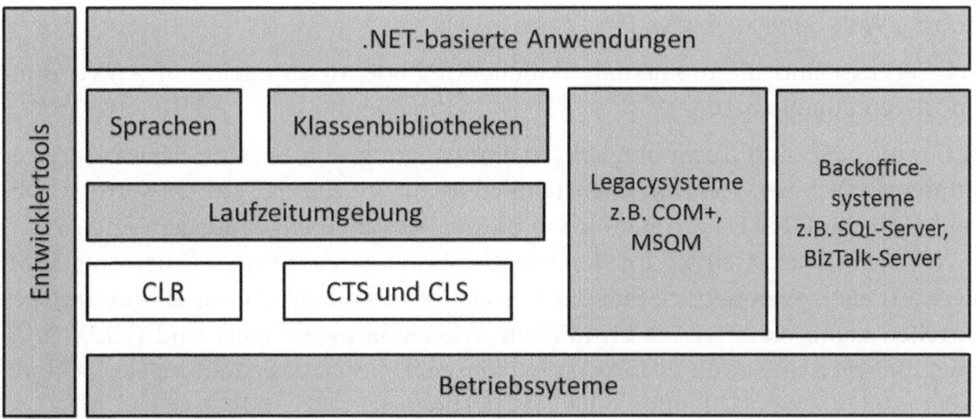

Abbildung 7-33: Überblick .NET-Komponenten

Einen großen Umfang von .NET stellen die Entwicklerwerkzeuge dar. Diese basieren fast alle auf einer einheitlichen Laufzeitumgebung und einer umfangreichen Klassenbibliothek, die nahezu das gesamte Windows-API objektorientiert verkapselt.

Für den Entwickler stellen die Klassenbibliotheken vergleichbar mit J2EE umfangreiche Frameworks zur Verfügung, welche die Entwicklung von komplexen Anwendungssystemen erheblich vereinfachen können. Zu nennen sind beispielsweise:

- ASP.NET für serverseitige Webanwendungen.
- ADO.NET für den einfachen, homogenen Zugriff auf Datenbanken.
- .NET-Remoting für den Aufbau leichtgewichtiger Remote Procedure Call (RPC)-basierter Anwendungen.

- .NET Enterprise Service zur einfachen Nutzung der COM+ Dienste sowie das
- .NET Compact Framework für die Entwicklung von Anwendungen für mobile Endgeräte.

CLR, CTS und CLS entspricht in etwa der Virtual Java Machine aus dem Java-Umfeld. Programme mit verschiedenen Programmiersprachen (C#, VB etc.) werden in eine Zwischensprache IL (Intermediate Language) übersetzt, von der CLR (Common Language Runtime) interpretiert und zur Ausführung gebracht. Daneben beinhaltet .NET einige Services wie SQL Server, Exchange usw. Alle Services und Komponenten in .NET sollen als Web-Services ansprechbar sein.

Ähnlich wie J2EE unterstützt .NET die Service Aspekte für die Implementierung von Geschäftsprozessen. Funktionalitäten, wie sie eine Workflow Engine bietet, sind bis jetzt nur begrenzt vorhanden. So verfügt bizTalk über eine BPEL-Schnittstelle, die allerdings nicht durch komfortable Werkzeuge zur Erstellung von BPEL-Spezifikationen unterstützt wird.

7.2.5.3 Web-Service

Web-Services sind die momentan aktuelle Methode, den Zugriff auf Anwendungen zu vereinheitlichen.

J2EE und .NET sind Technologien zur Entwicklung von Services. Diese Services können als Web-Services von Dienstanbietern zur Verfügung gestellt werden. Obwohl J2EE- und .NET-Vertreter sich in diesen Bereichen einen ausgeprägten Wettbewerb liefern, arbeiten sie im Bereich Web-Services zusammen (Microsoft, IBM, ORACLE etc.). Web-Service Standards sollen es erlauben, dass man auf Services zugreifen kann, ohne wissen zu müssen, wie sie implementiert sind (J2EE, .NET usw.). Beispielsweise soll es für den Nutzer eines Services bedeutungslos sein, ob dieser mit Hilfe von J2EE oder .NET realisiert wurde.

Obwohl die Konzepte zu serviceorientierten Architekturen (SOA) bereits entwickelt wurden, bevor es Web-Dienste gab, spielen Web-Dienste in SOA eine wesentliche Rolle. Der Grund hierfür ist, dass die Dienste auf sehr gut definierten und plattformunabhängigen, weltweit akzeptierten Protokollen aufgebaut wurden. Diese Protokolle beinhalten HTTP, XML, UDDI, WSDL und SOAP. Diese Kombination macht Web-Dienste für den praktischen Einsatz sehr interessant. Weitere Anforderungen an SOA ist die dynamische Auffindbarkeit und Aufrufbarkeit von Web-Services.

Web-Services bestehen aus folgenden Elementen:

- Der XML (Extended Markup Language): Sprache zur Erstellung maschinen- und menschenlesbarer Dokumente in Form einer hierarchischen Struktur (Baumstruktur). XML definiert die Regeln für den Aufbau von Dokumenten. Für einen konkreten Anwendungsfall ("XML-Anwendung") müssen die Strukturierungsdetails der jeweiligen Dokumente spezifiziert werden. Dies betrifft insbesondere die Festlegung der Strukturelemente und ihre Anordnung innerhalb des Dokumentenbaums.
- Das HTTP-Protokoll, mit dem im Internet Webseiten übertragen werden. So werden über das HTTP-Protokoll auch XML-Dokumente übertragen.
- Das SOAP-Protokoll, das auf HTTP aufsetzt und Anwendungsfälle beschreibt, wie Funktionsaufrufe und die dazugehörigen Parameter codiert werden.
- Der Web-Service Description Language (WSDL), einer weiteren XML-Notation, die beschreibt, wie im Detail auf einen Web-Service zugegriffen werden kann. Dies betrifft die Adressierung und die Definition der ausgetauschten Nachrichten. Es werden im Wesentlichen die Funktionen definiert, die von außen zugänglich sind, sowie die Parameter und Rückgabewerte dieser Operationen.
- Die UDDI (Universal Description Discovery and Intergration): Funktionen, mit denen zum einen Anbieter von Webdiensten ihre Dienstleistungen beschreiben und bekannt machen können und zum anderen Dienstkunden nach geeigneten Diensten suchen können. UDDI bildet das Verzeichnis der zur Verfügung stehenden Services.

Die Spezifikationen der Web-Services legen fest, wie Services identifiziert und wie auf sie zugegriffen werden kann. Sie enthalten keine Beschreibung von Technologien, um Web-Services zu implementieren. Zur Implementierung von Web-Services können Technologien wie J2EE oder .NET verwendet werden. Zur Nutzung von Altsystemen werden diese häufig als Web-Services verpackt. Damit wird es möglich, diese auch in modernen IT-Umgebungen weiter zu nutzen.

Abbildung 7-34 [Or05] zeigt ein Beispiel, wie J2EE Technologien im Rahmen von Web-Services genutzt werden.

Web-Services sind zur Zeit die aktuelle Methode, serviceorientierte Architekturen umzusetzen. Zur Orchestrierung von Services werden Sprachen wie BPEL verwendet.

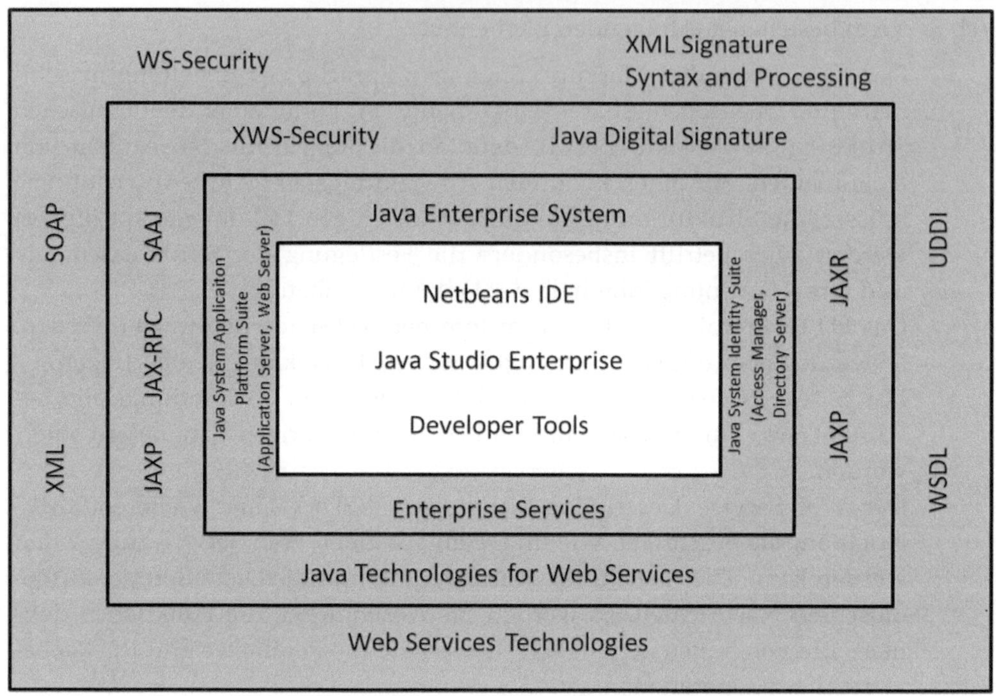

Abbildung 7-34: Kombination von WEB SOA Standards mit Java Technologien

In den folgenden Abschnitten werden Produkte vorgestellt, die wichtige Ansätze enthalten, um Anwendungen zu orchestrieren und zu choreographieren. Sie unterstützen neben den beschriebenen Basistechnologien Funktionalitäten für die Installation und den Betrieb von Geschäftsprozessimplementierungen.

7.2.5.4 MQ-Series

MQ-Series als Teil der Websphere-Familie, ist ein Middleware-System der Firma IBM, das mit Message Queueing arbeitet, um Programme verteilter Anwendungen miteinander kommunizieren zu lassen und um Geschäftsprozesse zu implementieren [Ha03]. Es bietet Funktionalitäten, um die Aspekte Kontrollfluss, Organisation und IT-Anwendung zusammenzuführen. Das sind gute Voraussetzungen, um Geschäftsprozesse zu implementieren. Abbildung 7-35 [Wa01] zeigt die Hauptkomponenten von MQ-Series.

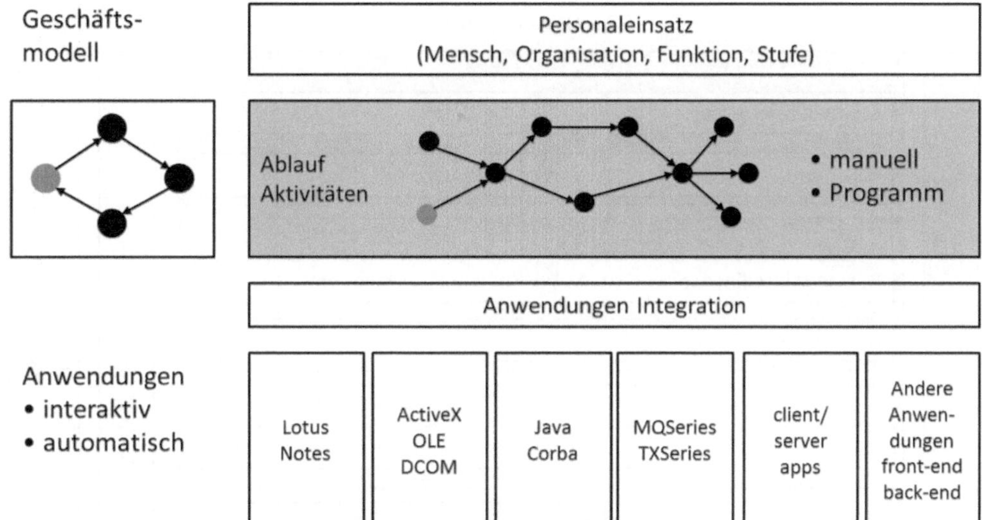

Abbildung 7-35: Struktur von MQ-Series

MQ-Series ist eine "nachrichtenorientierte Middleware" (MOM: Message Oriented Middleware). Sie ermöglicht es Anwendungsprogrammen, über Plattformgrenzen hinweg mit Hilfe eines "Message Brokers" (Integration Server) zu kommunizieren. MQ-Series arbeitet mit allen IBM-Betriebssystemen (zum Beispiel OS/2), mit Microsoft Windows und einer Vielzahl von Unix-Betriebssystemen zusammen.

MQSeries reiht Nachrichten in Queues (Warteschlangen) ein und leitet sie von dort aus an den Zielrechner weiter. MQSeries arbeitet asynchron. Wenn der Empfänger einer Nachricht nicht bereit ist, eine Nachricht entgegen zu nehmen, übermittelt MQSeries die Nachricht zu einem späteren Zeitpunkt.

7.2.5.5 SAP Netweaver

Die spezifische Ausprägung einer serviceorientierten Architektur der SAP AG ist die Enterprise Service Architecture (ESA) [Ka05]. SAP Netweaver [Wo04] ist die Technologieplattform zur Umsetzung der Enterprise Service Architektur.

SAP-Netweaver dient als Integrations- und Anwendungsplattform, um Menschen, Daten und Geschäftsprozesse mit Anwendungen zu integrieren. Abbildung 7-36 zeigt die einzelnen Schichten, welche die verschiedenen Integrationsaspekte abdecken.

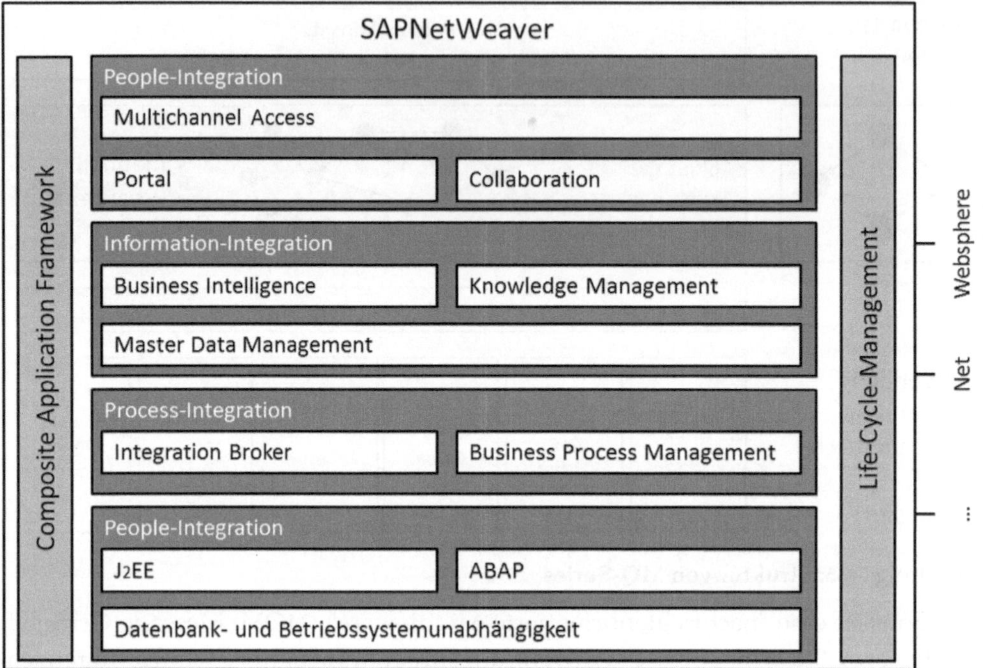

Abbildung 7-36: Schichtenstrukutr von Netweaver

Über das Composite Application Framework können Anwendungen entwickelt werden, die aus Services verschiedener Bereiche bestehen.

Die NetWeaver-Komponente Multi-Channel Access wird dem Bereich People Integration zugeordnet und erlaubt den Zugriff auf SAP R/3 und auf nicht SAP-basierte Anwendungen über verschiedene Endgeräte wie beispielsweise mobile Geräte.

Das SAP Enterprise-Portal hat die Aufgabe, einen einheitlich gestalteten und dem Unternehmen angepassten Zugang für alle im Unternehmen vorhandenen Informationen zu ermöglichen.

Der Bereich People Integration umfasst zahlreiche Funktionen zur Bereitstellung und Gestaltung der Informationen. Mit der Collaboration-Komponente (Unification Server) können Informationen aus unterschiedlichen Quellen einheitlich navigierbar gemacht werden. Über die Collaboration-Komponente ist es möglich, Teams und Communities über virtuelle Räume und Werkzeuge zur Zusammenarbeit in Echtzeit zu unterstützen.

Die für die Implementierung des Kontrollflusses wesentliche Komponente ist die Process Integration-Schicht. Sie besteht im Wesentlichen aus zwei Teilen, dem Integration Broker und dem Business Process Management [Su05].

Der Integration Broker ermöglicht das Anbinden von Komponenten zahlreicher unterschiedlicher Anbieter. Das Business Process Management ist für den reibungslosen Kommunikationsprozess dieser Komponenten untereinander zuständig. Zur Kommunikation müssen die beteiligten Komponenten an die Exchange Infrastruktur angebunden werden. Dadurch ist eine direkte Verbindung zwischen den Komponenten nicht mehr erforderlich. Abbildung 7-37 zeigt die einzelnen Komponenten der Exchange-Infrastruktur.

Mit Hilfe der Komponenten des Integration Builders wird der zu implementierende Prozess definiert. Dies umfasst die Beschreibung von Szenarien, beispielsweise die Prozessbeschreibung in BPEL. Das Integration Directory enthält die jeweiligen Prozessmuster, wogegen das Configuration Directory und Landscape Directory die Informationen zum jeweiligen aktuellen System und Hardware-Konfiguration enthält.

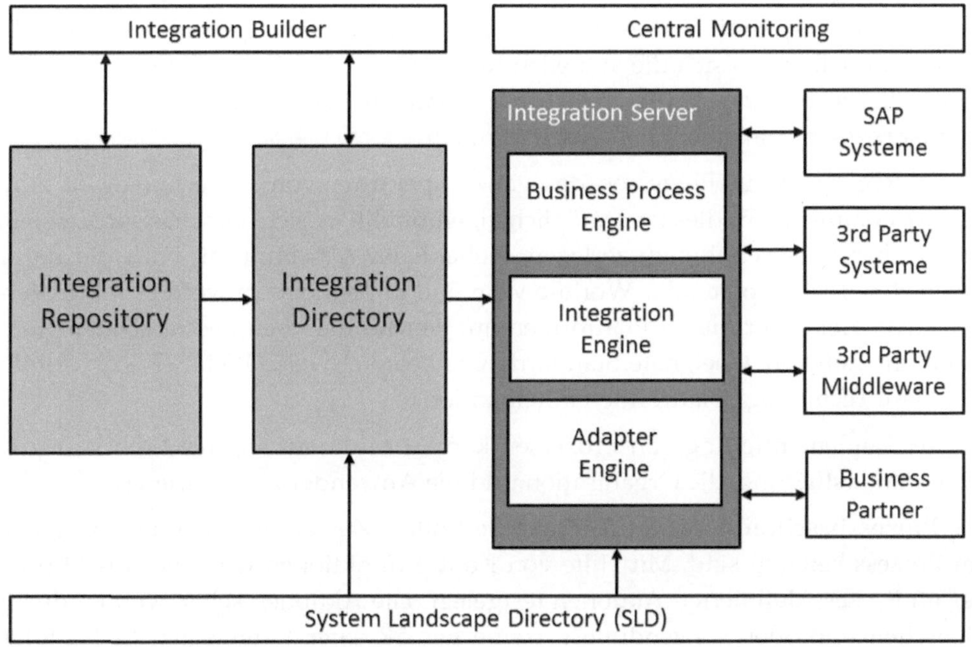

Abbildung 7-37: Architektur von SAP XI

Der Integration Server steuert die Ausführung der im Integration Builder hinterlegten Prozesse. Die Business Process Engine hat die Prozessausführungskontrolle, die Integration Engine wickelt den dazu notwendigen Nachrichtenverkehr ab und die Adapter Engine enthält die Übergänge zu anderen Systemen wie beispielsweise Übergänge zu anderen Middleware-Systemen wie MQ-Series oder .NET.

Die Komponentenplattform SAP Web Application Server (Web AS) beinhaltet alle Komponenten des fachlichen Bereichs Application Platform.

7.3 Zusammenfassung

Geschäftsprozesse müssen entsprechend den **fachlichen Anforderungen** und den **ökonomischen Rahmenbedingungen** realisiert werden. Je nach Situation im Unternehmen können Prozesse **manuell, teilautomatisiert oder vollautomatisiert** abgebildet werden. Je nach Art der gewünschten IT-gestützten Implementierung werden unterschiedliche Werkzeugtypen eingesetzt. Das Spektrum reicht von einer IT-gestützten Lenkung ohne automatischen Aufruf von Anwendungssoftware in den entsprechenden Prozess-Schritten bis zur vollautomatisierten Abwicklung von Geschäftsprozessen.

Eine allgemeine Implementierungsarchitektur von Geschäftsprozessen orientiert sich am **Referenzmodell** der Workflow Management Coalition Organisation zur Standardisierung und Verbesserung von Workflow-Management-Systemen. In diesem Modell lassen sich die aktuellen Konzepte für Service-Architekturen integrieren. Service-orientierte Architekturen erlauben, die Möglichkeiten im Geschäftsprozessmanagement voll auszuschöpfen.

In der Regel wird in Prozessen das ganze Spektrum von IT-Technologien zum Einsatz kommen. Um dies zu ermöglichen, empfiehlt es sich, Geschäftsprozesse in entsprechende Abschnitte zu zerlegen, wobei jeder Abschnitt mit Hilfe der dafür geeigneten Technologie oder Workflow Engine implementiert werden sollte. Verschiedene Hersteller bieten Plattformen an, welche die oben beschriebenen Konzepte unterstützen. Geeignete Standards wie beispielsweise Web-Services verbinden diese Technologieplattformen miteinander.

Bei der Implementierung von Prozessen kommt es darauf an, den Prozessablauf, die IT-Unterstützung, die Organisation und die Anwender zu integrieren.

Die **Prozessbeschreibung** legt fest, welche Rollen, Zuständigkeiten und Aktionen am Prozess beteiligt sind. Mit Hilfe von Kontrollfunktionen wird die Ausführung der im Prozess definierten Aktionen festgelegt. Die Aktionen selbst werden durch Menschen und/oder Anwendungssysteme gemäß einer festgelegten Reihenfolge ausgeführt. Abbildung 7-38 zeigt die drei wesentlichen Aspekte für die Realisierung von Geschäftsprozessen.

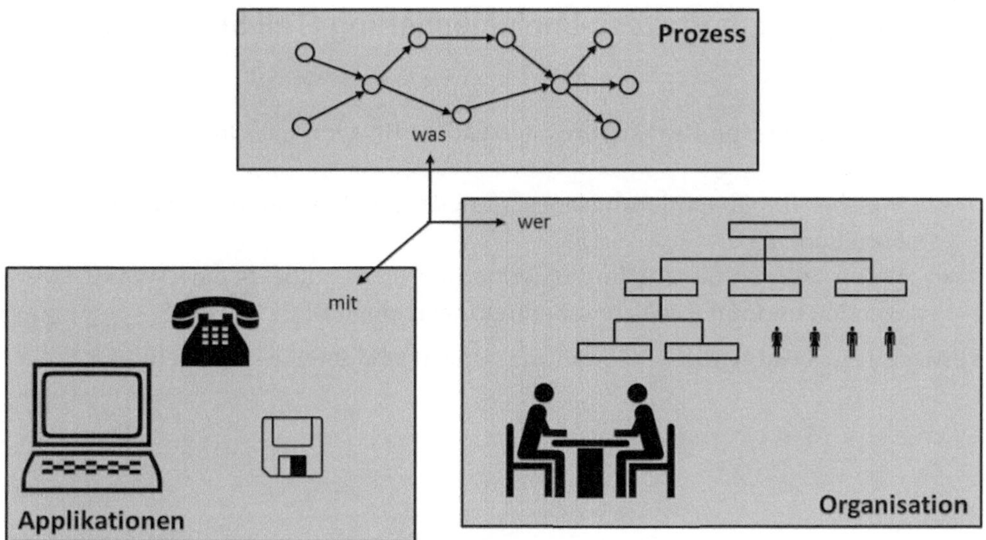

Abbildung 7-38: Aspekte der Geschäftsprozessimplementierung

Bei der **Einbettung eines Prozesses in die Organisation** ist zu beachten, dass die Umsetzung der in der Geschäftsprozessbeschreibung festgelegten Verantwortlichkeiten durch entsprechende IT-Methoden und Technologien sehr komplex sein können. Daher sollten mit dieser Aufgabe Organisationsexperten betraut werden. Hierdurch wird vermieden, dass beispielsweise Kollisionen zwischen unterschiedlichen Inkarnationen von Prozessen auftreten. Die **Abhängigkeiten** zwischen Beschreibungsmethoden, Lösungsplattformen und IT-Infrastrukturen müssen **immer im Zusammenhang** betrachtet werden.

Im **folgenden Kapitel** werden wir an einem konkreten Praxisbeispiel zeigen, wie ein Prozess von der Zielvorgabe über die Gestaltung bis zur IT-gestützten Durchführung durchgängig implementiert wird. In dieser Fallstudie greifen wir die Aufgaben der Kapitel 3 bis 7 auf und geben Lösungshinweise. Aus den Projekterfahrungen und -ergebnissen eines betrieblichen Projektes „Geschäftsprozesse realisieren“ wurde diese durchgängige Fallstudie von den Autoren entwickelt.

7.4 Aufgabe zur Prozess-Implementierung (Teil 5)

Checkliste:

- Wie würde eine Realisierung der Fallstudie als reine Orchestrierung aussehen?
- Welcher Implementierungsansatz erleichtert ein späteres Outsourcing von Funktionen?
- Wann würden Sie zur Implementierung eines Subjekts eine Worklist verwenden und unter welchen Bedingungen einen BPEL-Ansatz?

◎ Hinweise zur Lösung dieses Gestaltungsschrittes finden Sie im Abschnitt 8.5.

8 Fallstudie

Im abschließenden Kapitel 8 werden wir das Fünf-Ebenen-Modell zur Realisierung von Geschäftsprozessen anhand einer Fallstudie schrittweise darstellen. Wir zeigen, wie, ausgehend von der Unternehmensstrategie, ein Prozess identifiziert, dokumentiert, umgesetzt und überwacht wird. Das Beispiel stammt aus einem realen Projekt, jedoch wurden Branche und Parameter verändert.

8.1 Zielsetzung und Strategie

8.1.1 Ausgangslage

Nehmen wir an ein Zulieferer von Fahrradbauteilen, der sich bisher auf die Entwicklung und Anfertigung von Kleinserien spezialisiert hatte, möchte in Zukunft mehr Aufträge mit größeren Stückzahlen akquirieren und ist daher in Verhandlung mit mehreren großen Fahrradproduzenten.

Die möglichen Abnehmer haben sehr konkrete Forderungen an Qualität, Abnahmepreis sowie Entwicklungs- und Lieferzeiten der Bauteile. Um all diese Kriterien, mit den vorhandenen Kapazitäten erfüllen zu können, muss der Zulieferer die entsprechenden Geschäftsprozesse optimieren. Der Prozess soll mit dem verfügbaren Personal und der vorhandenen IT durchgeführt werden. Außerdem soll ein geeignetes Monitoring Ineffizienzen des Prozesses frühzeitig aufzeigen, um sofort steuernd eingreifen zu können.

8.1.2 Strategisches Modell

Zur Darstellung und Umsetzungsplanung der Strategie wird in dem Unternehmen die Balanced Scorecard eingesetzt. Die folgende Tabelle zeigt einen Auszug davon.

Tabelle 8-1: Auszug einer Balanced Scorecard

Sicht	Ziel	Kennzahl
Finanz-Sicht	Durch Gewinnung neuer Kunden sollen Umsatz und Marktanteil erhöht werden.	Die Zahl der Aufträge mit Stückzahlen über 25.000 im kommenden Geschäftsjahr von 100 auf 300 verdreifachen.
Kunden-Sicht	Kundenzufriedenheit in Hinblick auf Qualität, Entwicklungs- und Lieferzeiten soll in allen Fällen sehr hoch sein	Entwicklungs-, Produktions- und Lieferzeiten senken und die niedrige Rücklaufquote halten.
Prozess-Sicht	Die bestehenden Geschäftsprozesse festhalten und diese optimieren und weiter entwickelt.	Im laufenden Geschäftsjahr wird der Prozess zur Entwicklung von Fahrradkomponenten für Kundenaufträge elektronisch abgebildet.
Ressourcen-Sicht	Existierende Anwendungen sollen aus Kostengründen in den jeweiligen Prozessen verwendet werden. Nur bei signifikanten Kostenvorteilen werden die Anwendungen in den Workflow vollständig integriert.	IT-Investitionen werden nur durch den Nachweis des Nutzens getätigt. Dieser Nutzen ist durch Messungen am Prozess zu belegen.

8.1.3 Prozesstypisierung

Die Strategie gibt als Ziel vor, eine große Zahl von neuen Aufträgen bei gegebenenfalls neuen Kunden in einem eher konservativen Markt mit langfristigen Lieferantenbeziehungen zu erschließen. Dies ist ein ambitioniertes Wettbewerbsziel. Daher ist der Prozess primär ein wettbewerbsorientierter Prozess. Die hohen Ansprüche an die Qualität des Ergebnisses und an die schnelle Umsetzung rechtfertigen beim Geschäftsprozessmanagement die Anwendung die Methodik „Prozesse erleben".

8.1.4 Vorgaben an das Prozesscontrolling

Entsprechend der Balanced Scorecard werden die notwendigen Prozesskennzahlen festgelegt:

- Finanz-Sicht: 200 zusätzliche Großaufträge
- Kunden-Sicht: keine Überschreitung der vereinbarten Entwicklungs- und Lieferzeiten
- Prozess-Sicht: Termintreue des Einführungsprojektes
- Ressourcen-Sicht: Klare Effizienz-, Kosten-, und Nutzennachweise

8.2 Architektur und Planung

Entsprechend den strategischen Vorgaben durch die Balanced Scorecard muss zunächst der Prozess Entwicklung von Fahrradkomponenten für Kundenaufträge definiert werden. Bei diesem Prozess handelt es sich nicht um einen komplett neuen Vorgang für das Unternehmen. Die Prozesse sind bisher jedoch nicht dokumentiert worden und stecken sowohl in den Köpfen der beteiligten Mitarbeiter als auch in den dabei eingesetzten Softwaresystemen. Es existieren also noch keine Prozessmodelle, die diesen Prozess festhalten.

Um einen Überblick über den Prozess zu erhalten, entscheidet man sich für ein aufgabenorientiertes Architekturprinzip. Mit dessen Hilfe wird der Prozess gemeinsam mit den prozessverantwortlichen Abteilungsleitern aufgestellt. Dabei stehen die Funktionen und Aufgaben in einer ablauforientierten Betrachtungsweise im Vordergrund.

Zunächst wird ein Überblick über den gesamten Vertriebsprozess erstellt. Hierbei wird der Prozess in einzelne Unterprozesse (Sub-Prozesse) untergliedert und diese in eine logische Abfolge gebracht. Abbildung 8-1 zeigt das Modell des Vertriebsprozesses. Die Plussymbole in den einzelnen Funktionen deuten darauf hin, dass sich dahinter jeweils ein weiterer Unterprozess verbirgt.

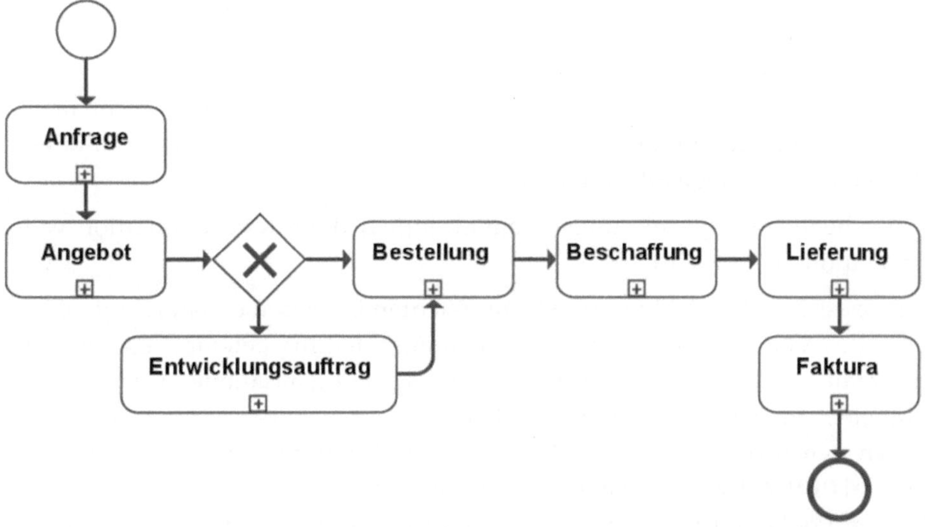

Abbildung 8-1: Übersicht über den Vertriebsprozess als BPMN-Model

Laut der Zielsetzung aus der Balanced Scorecard, soll zunächst der Unterprozess „Entwicklungsauftrag“ elektronisch umgesetzt werden. Mit den Abteilungsleitern wird ein erstes Modell des Prozesses erfasst, so dass eine gemeinsame Diskussionsbasis für die Optimierung des Prozesses existiert.

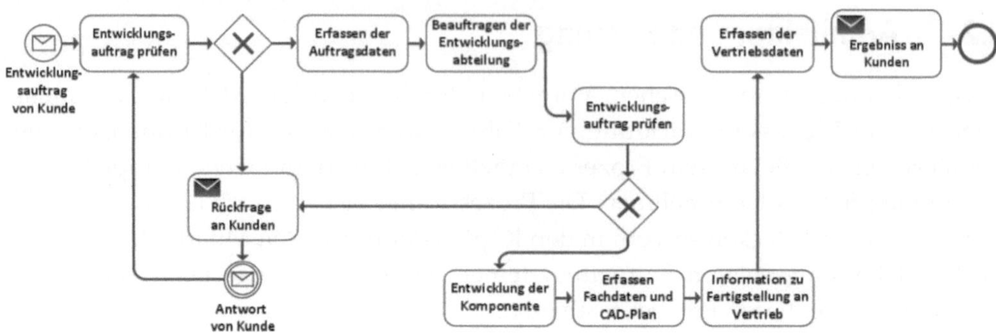

Abbildung 8-2: Übersicht über den Unterprozess Entwicklungsauftrag

Abbildung 8-2 zeigt einen Ausschnitt des Prozesses „Entwicklungsauftrag". Dieser Prozess wurde im ersten Schritt aufgabenorientiert mit Hilfe von einem BPMN Modells beschrieben. Bei der genaueren Betrachtung des Prozesses können einige Optimierungspotentiale lokalisiert werden.

Vor allem die Kommunikationsschritte bei den Übergängen zwischen den Abteilungen und zwischen dem Unternehmen und dem Kunden können verbessert werden. Die Kommunikation findet im Unternehmen bisher eher unkoordiniert statt, d. h. es werden E-Mails, Telefon oder Fax benutzt. Das Problem dabei ist, jeder kann an jeden und zu jeder Zeit Nachrichten senden. Das Bearbeiten und Zuordnen solcher Nachrichten zu bestimmten Vorgängen ist dabei dem einzelnen Mitarbeiter überlassen.

Im konkreten Fall sollen zukünftig die Mitarbeiter der Entwicklung nicht mehr direkt mit dem Kunden kommunizieren, da so der zuständige Vertriebsmittarbeiter nicht über alle Vorgänge informiert ist.

Es besteht erhebliches Optimierungspotential, indem diese Kommunikation weitestgehend automatisiert wird.

An dem Prozess zur Entwicklung von Komponenten ist, neben einem Kunden, ein Mitarbeiter des Vertriebs, sowie die Entwicklungsabteilung beteiligt. Es kristallisiert sich heraus, dass der Prozess für alle Beteiligten Organisationen und Organisationseinheiten in parallele Abläufe gegliedert werden muss. Diese Organisationseinheiten synchronisieren ihre Abläufe durch Kommunikation. Die Darstellungsweise als BPMN zeigt Grenzen auf. Grundsätzlich besteht die Möglichkeit mit Hilfe von Pools und Lanes die Organisationsstrukturen und Zuständigkeiten abzubilden. Die Verwendung von Pools und Lanes ist in BPMN jedoch nicht ausschließlich für Prozessrollen vorgesehen, somit können diese in unterschiedlichen Anwendungen uneinheitlich interpretiert werden. Die Prozessbeschreibung wird deshalb im nächsten Schritt optimiert.

In die BPM-Modelle können bereits die Messpunkte für das Monitoring der Prozessausführung eingearbeitet werden. Beispielsweise soll gemessen werden, wie viel Zeit vergeht vom Eintreffen des Kundenauftrags bis dieser bei der Entwicklungsabteilung bearbeitet wird oder wie lange es dauert bis ein Kunde auf eine Rückfrage reagiert, aber auch die Gesamtprozesslaufzeit.

8.3 Modell und Beschreibung

Der Prozess wurde bisher mit BPMN beschrieben, dabei standen die Funktionen und deren zeitlicher Zusammenhang im Mittelpunkt. Beim Aufstellen der Prozessmodelle (BPMN) sind im ersten Schritt, je nach Unternehmensgröße, nicht alle am Prozess beteiligten Personen involviert. In diesem Fall war je ein Prozessverantwortlicher der Abteilung Vertrieb und der Abteilung Entwicklung beteiligt. Diese kennen unter Umständen nicht alle Arbeitsdetails ihrer Mitarbeiter. Daher ist es äußerst wichtig eine für die einzelnen beteiligten Mitarbeiter nachvollziehbare und überprüfbare Darstellungsform zu wählen, so dass mögliche Fehler in den Modellen sehr frühzeitig entdeckt und behoben werden können.

Deshalb wird ausgehend von den BPMN-Modellen nun eine subjektorientierte Beschreibung des Prozesses erstellt. Es müssen die an dem Prozess beteiligten Rollen identifiziert werden. Diese Informationen können aus der vorliegenden Prozessbeschreibung (BPMN) extrahiert werden. Insbesondere müssen auch die Stellen identifiziert werden, zu denen eine Kommunikation der prozessbeteiligten Rollen stattfindet.

Mit einem Softwarewerkzeug (Metasonic Build) wird die Darstellung als BPMN in eine subjektorientierte Darstellung transformiert. Dies funktioniert umso besser, je präziser die BPMN-Modelle definiert sind. Beispielsweise gibt es eine Funktion „Rückfragen an Kunde" im BPMN-Modell. Daraus lässt sich die Rolle „Kunde" ableiten, die als Aufgabenträger einer Funktion dient.

Insgesamt gibt es im Prozess „Auftragsentwicklung von Komponenten" somit drei Prozessrollen (Subjekte):

- Kunde
- Kundenbetreuer
- Entwicklung

Abbildung 8-3 zeigt die Subjekte und die zwischen ihnen ausgetauschten Nachrichten.

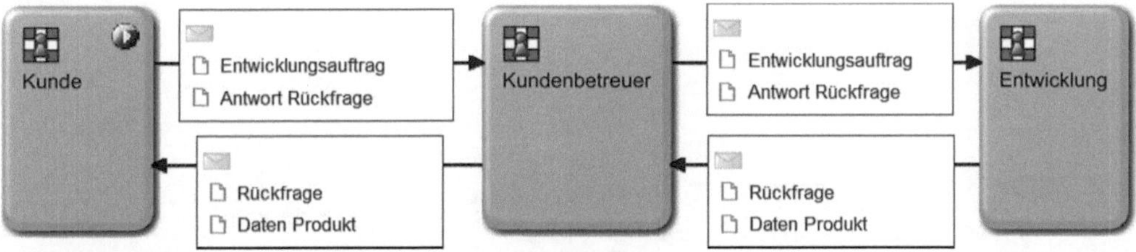

Abbildung 8-3: Subjektinteraktionsdiagramm

Für jedes Subjekt wurde das Verhalten aus den BPMN-Modellen extrahiert. Abbildung 8-4 zeigt exemplarisch einen Ausschnitt des Verhaltens des Kundenbetreuers. Dieser empfängt den Auftrag zur Entwicklung vom Kunden, prüft diesen, pflegt den Auftrag im ERP-System und gibt Ihn an die Entwicklungsabteilung weiter.

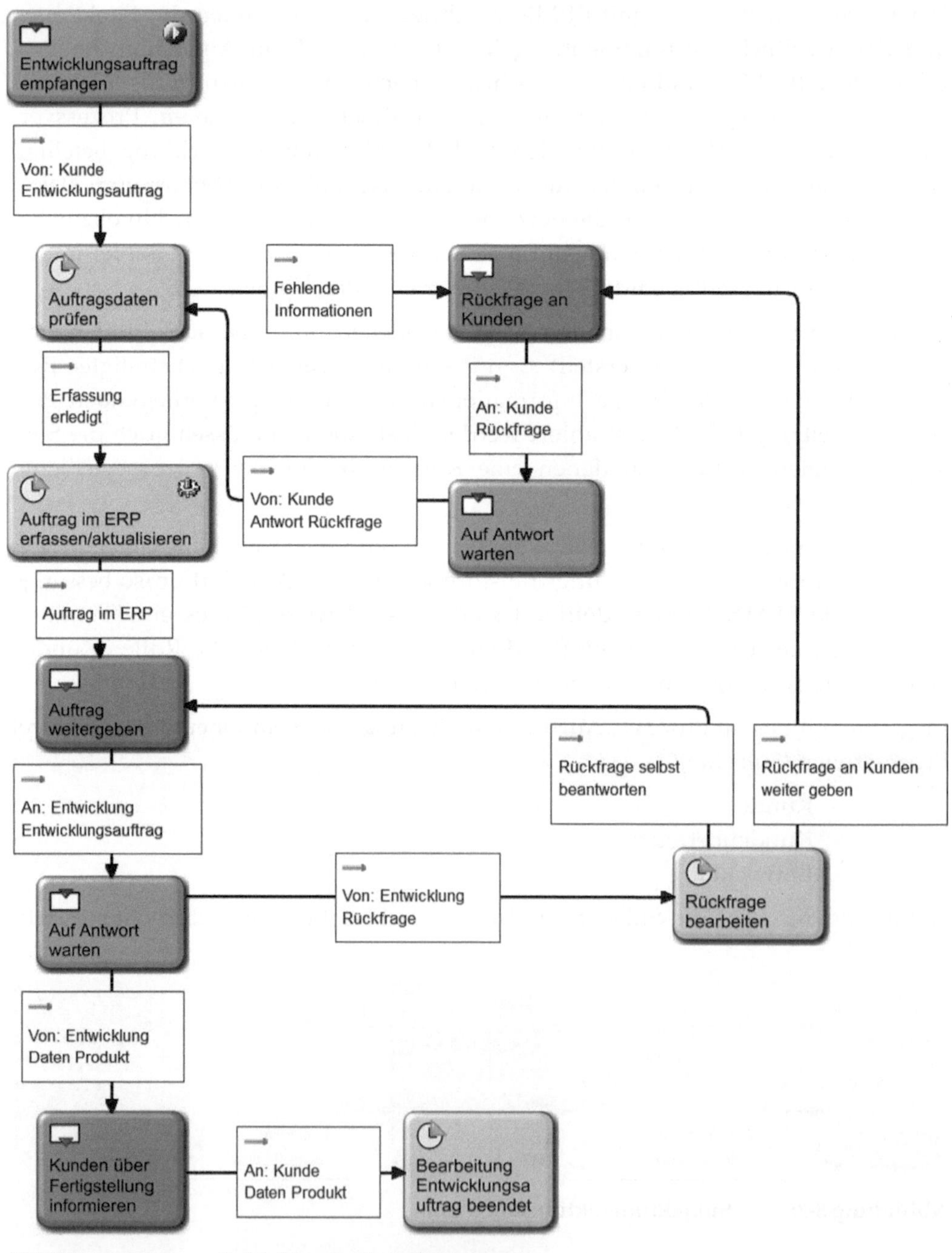

Abbildung 8-4: Subjektverhaltensdiagramm

8.4 Test und Plausibilisierung

Die Prozessbeschreibung liegt nun vollständig in subjektorientierten Diagrammen (S-BPM) vor. Aufgrund der Subjektorientierung von S-BPM kann dieser Prozess direkt erlebt werden. Dafür wird das Prozessmodell mit einer geeigneten Software (Metasonic Proof) für den Test zur Verfügung gestellt.

Abbildung 8-5 und Abbildung 8-6 zeigen für zwei der am Prozess beteiligten Subjekte Dialog-Fenster. Durch dieses Fenster kann der jeweilige am Prozess Beteiligte seine Sicht auf den Prozess erleben. Er sieht, zu welchem Zeitpunkt er seine Aufgaben im Rahmen dieses Prozesses erledigen muss. Zum besseren Verständnis kann der Testbenutzer jederzeit die S-BPM-Diagramme einblenden und sich so einen Überblick verschaffen, wo er sich aktuell im Gesamtprozess befindet.

Abbildung 8-5: Testumgebung für subjektorientierte Prozesse (Sicht Kunde)

Abbildung 8-5 zeigt links den Arbeitsschritt „Entwicklungsauftrag erteilen", in dem der Auftrag an den Kundenbetreuer gesandt wird. Danach befindet sich der Kunde im Empfangszustand „Warten auf Antwort" (linker Teil in Abbildung 8-5). Er bleibt solange in diesem Zustand, bis eine entsprechende Nachricht vom Kundenbetreuer eintrifft.

Abbildung 8-6 zeigt die Sicht des Kundenbetreuers. Nachdem der Kunde den Auftrag gesendet hat, kann der Kundenbetreuer diesen empfangen (linker Teil in Abbildung 8-6). Im nächsten Schritt „Auftragsdaten prüfen" kann der Test-Benutzer entscheiden, ob er den weiteren Verlauf für „fehlende Informationen" oder für „Erfassung erledigt" nachvollziehen möchte (rechter Teil in Abbildung 8-6)

Abbildung 8-6: Testumgebung für subjektorientierte Prozesse (Sicht Kundenbetreuer)

Das Tool Metasonic Proof ermöglicht es IT-gestützte Rollenspiele mit den Prozessbeteiligten durchzuführen. Dabei kann die Prozesslogik von den späteren Nutzern erlebt und validiert werden. Durch diese einfache Art der Einbindung der Benutzergruppen lassen sich Verbesserungspunkte identifiziert und dadurch die Usability als auch die Akzeptanz der Benutzer steigern.

8.5 Implementierung

Gemäß der Anforderung aus der Balanced Scorecard soll der Prozess „Entwicklungsauftrag" so implementiert werden, dass er kontrolliert werden kann. Es soll, wo möglich, eine vollautomatisierte Realisierung erfolgen.

Im ersten Schritt ist eine Worklistorientierte Implementierung vorgesehen. Sie erlaubt es, den Kunden jederzeit über den Bearbeitungsstand zu informieren und die benötigte Zeit zur Prozessbearbeitung zu messen. Basierend auf diesen Werten sollen dann einzelne Bearbeitungsschritte automatisiert werden.

Nach der Umsetzung der BPMN-Modelle in die direkt ausführbaren S-BPM-Modelle mit Metasonic Build ist bereits der erste Schritt für die Implementierung des Prozesses erledigt. Um eine Worklistorientierte Implementierung zu realisieren, die in der Praxis angewandt werden kann, wird die S-BPM-Beschreibung nun um folgende Prozessinformationen angereichert:

- **Daten** (Geschäftsobjekte), die im Prozessverlauf entstehen und zwischen den Subjekten ausgetauscht werden. Diese können automatisch generiert sein oder durch Benutzereingaben entstehen.

- Zuordnung der **Prozessrollen (Subjekte)** in die Organisation. Damit wird festgelegt, welche Organisationseinheiten welche Subjektaufgaben übernehmen.
- Einbindung in die bestehende Systemlandschaft der Organisation. Dadurch wird sichergestellt, dass bestehende Systeme, weiter genutzt werden können und möglichst keine Medienbrüche entstehen.

8.5.1 Rollenzuordnung

Eine große Herausforderung an die Implementierung von Prozessen ist das unterschiedliche Verhalten von Subjekten in verschiedenen Organisationseinheiten. Im vorliegenden Fall gibt es die Organisationen in Deutschland mit zwei Niederlassungen und in den USA mit einer Niederlassung. Zwar sind die Prozesse in allen Organisationen identisch, jedoch haben sie unterschiedliche Eigenschaftsausprägungen.

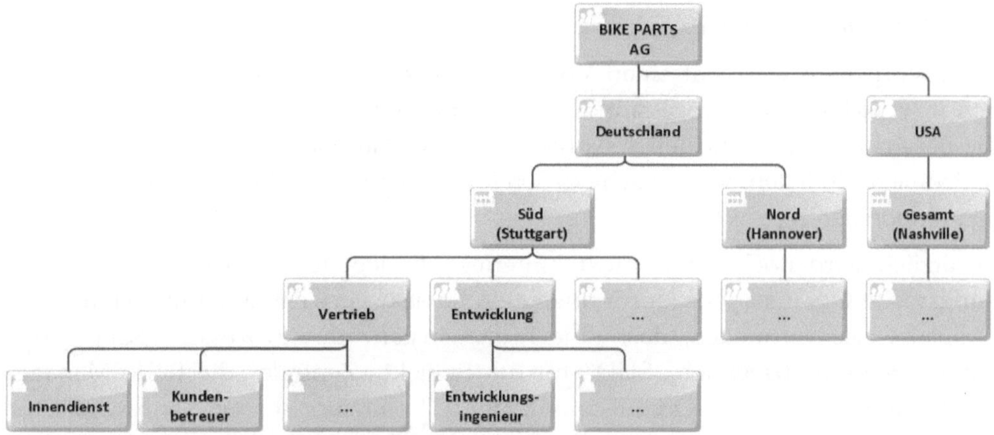

Abbildung 8-7: Rollenübersicht im Organigramm

Abbildung 8-7 zeigt einen Ausschnitt des Organigramms des Unternehmens mit den beteiligten Abteilungen und den Rollen, die in diesen Abteilungen benötigt werden.

Jedes Subjekt wird nun einer Rolle der Organisation zugewiesen. Die Rollen und deren hierarchische Zusammenhänge liegen im Beispielunternehmen in einem LDAP-Verzeichnis vor. Die Rollen werden von dort in die Modellierungsumgebung geladen und entsprechend den Subjekten zugeordnet. Abbildung 8-8 zeigt die Zuordnung in Metasonic Build.

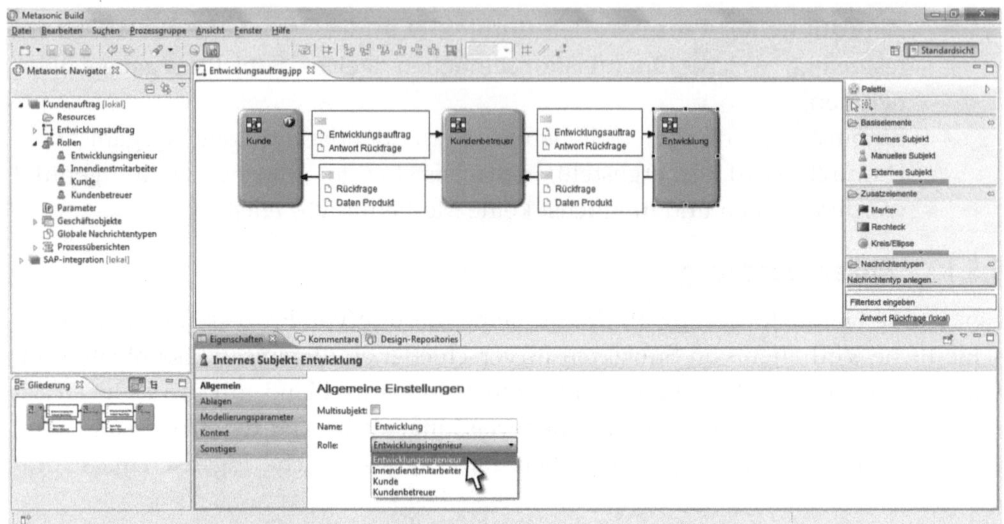

Abbildung 8-8: Rollenzuordnung

Diese Vorgehensweise hat einen Vorteil. Prozessbezogene Rollen (Subjekte) können in verschiedenen Prozessmodellen unterschiedlich benannt werden, so dass die Bezeichnung zum aktuellen Kontext passt. Gerade bei einer Vielzahl von verschiedenen Modellen, von verschiedenen Modellierern, vereinfacht dies die Arbeit beim Modellieren.

Zusätzlich wird noch ein Kontext hinterlegt. Er legt fest, welche Rollen beziehungsweise Organisationszuordnungen ein Subjekt verwenden kann. Damit wird beispielsweise vermieden, dass eine Prozessinstanz des Prozesses „Kontoeröffnung“ im Vertriebsbereich „SÜD“ für das Subjekt „Zentrale“ die Rolle Management benutzt, die in der Organisation „NORD“ platziert ist. Der Kontext legt für eine Prozessinkarnation fest, wo die einzelnen Subjekte dieser Inkarnation in der Organisation platziert sind.

Wenn konkrete Prozessinstanzen ausgeführt werden, ist das Rollenkonzept unter Umständen zu ungenau. Erteilt z.B. ein konkreter Vertriebsmittarbeiter aus Stuttgart den Entwicklungsauftrag an die Entwicklungsabteilung, so erhält er eine Liste aller möglichen Empfänger aus allen drei Standorten des Unternehmens. Mit Hilfe von Kontexten können zur Prozesslaufzeit die zuständigen Empfänger eingeschränkt werden.

Die Eingrenzung der zuständigen Kommunikationspartner eines Subjekts kann auf verschiedene Weise erfolgen, z.B. auf Basis von Attributen der einzelnen Mitarbeiter, die einer bestimmten Rolle zugeordnet sind. In unserem Beispiel könnte das Attribut Standort hinterlegt sein und dadurch nur Kommunikationspartner mit dem gleichen Wert zur Verfügung stehen. Eine weitere Möglichkeit ist es die Hierarchie, wie sie im verwendeten LDAP-Verzeichnis abgebildet ist, für die Zuweisung zu verwenden.

8.5.2 Geschäftsobjekte

Wie in Abschnitt 7.1.4 gezeigt spielen auch die Objekte, mit denen gearbeitet wird, eine wichtige Rolle in der subjektorientierten Geschäftsprozessmodellierung. Diese werden als Nachrichten zwischen den Subjekten ausgetauscht.

In Metasonic Build können Geschäftsobjekte sehr einfach definiert werden. Diese werden aus beliebig verschachtelten Elementen aufgebaut. Jedes Element hat verschiedene Eigenschaften, wie Datentyp, minimales und maximales Vorkommen sowie Einschränkungen in Form von regulären Ausdrücken. Abbildung 8-9 zeigt die Ansicht zur Definition von Geschäftsobjekten.

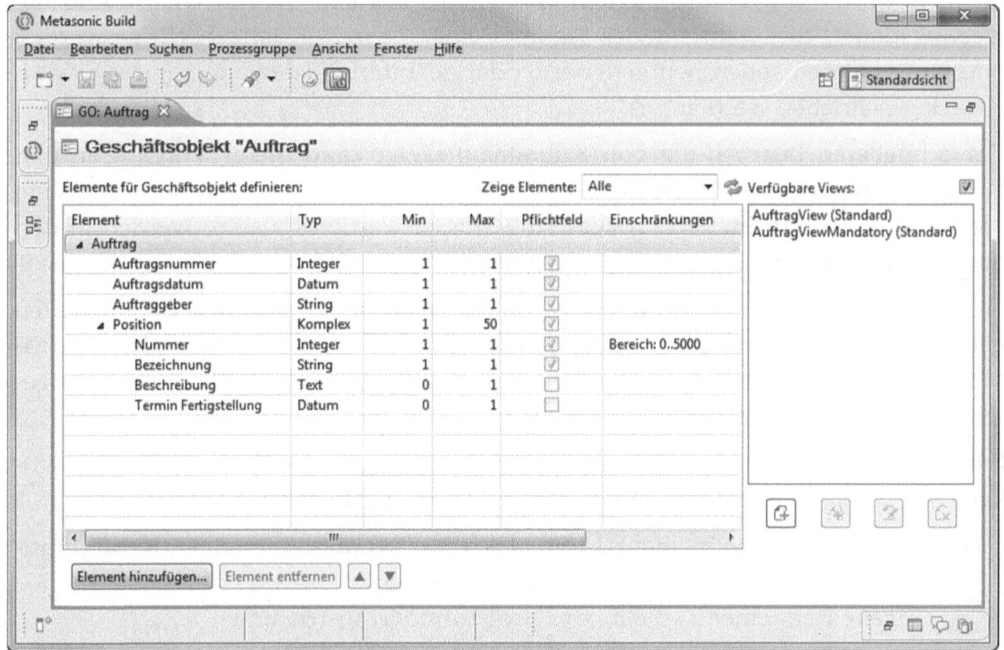

Abbildung 8-9: Anlegen eines Geschäftsobjektes

Zur Laufzeit wird zum Anlegen oder Betrachten eines Geschäftsobjektes ein entsprechendes Formular mit Feldern für jedes Element dargestellt.

Sollen für bestimmte Subjekte einzelne Felder nicht editierbar (ausgegraut) bzw. vollständig unsichtbar sein, müssen unterschiedliche Views für ein Subjekt angelegt werden. In einem View kann für jedes Element die Sichtbarkeit eingestellt werden.

Damit ein Subjekt ein neues Geschäftsobjekt anlegen kann, bzw. ein empfangenes Geschäftsobjekt betrachten kann, muss bei den Einstellungen des Subjektes im Subjektinteraktionsdiagramm eine sogenannte Ablage für das Geschäftsobjekt angelegt werden.

8.5.3 Einbinden existierender Systeme

Laut der Strategie aus der Balanced Scorecard, müssen bestehende Systeme nach Möglichkeit in den Prozessablauf integriert werden. Im optimalen Fall entstehen dabei keine Medienbrüche. Die aus der subjektorientierten Prozessbeschreibung abgeleitete Worklist unterstützt den Benutzer bei der Abarbeitung von Entwicklungsaufträgen. Es müssen die einzelnen Schritte hintereinander ausgeführt werden. Soll beispielsweise der Eintrag der Auftragsdaten in das ERP-System des Unternehmens durchgeführt werden, wird das ERP-System vom Benutzer aufgerufen und die Daten manuell eingetragen. Im Beispielunternehmen ist ein ERP-System von SAP im Einsatz. Dieses dient zum einen als Datenquelle für Stamm- und Bewegungsdaten, die während des Ablaufs einer Prozessinstanz benötigt werden und zum anderen sollen neu generierte oder geänderte Daten auch in das System zurück geschrieben werden.

Zur schnelleren Bearbeitung von Kundenaufträgen kann dieser Vorgang in den Workflow integriert und von diesem automatisch angestoßen werden. Die Daten, die für den Auftrag im ERP-System eingetragen werden müssen, werden in den oben beschriebenen Geschäftsobjekten erfasst.

Für die Integration müssen die einzubindenden Systeme geeignete Schnittstellen bereitstellen. Auf diese kann von bestimmten Funktionszuständen des S-BPM-Modells direkt zugegriffen werden oder dies geschieht mit Hilfe einer zwischengeschalteten Middleware.

Für die Einbindung von Softwaresystemen bietet die Metasonic Suite die Möglichkeit sogenannte Refinements zu verwenden. Hierfür gibt es zwei Möglichkeiten:

- Vorgefertigte Refinement-Templates, diese werden über einen Konfigurationsdialog für spezielle Bedürfnisse eingestellt.
- Eigene Refinements, die in Java programmiert werden.

Eine wachsende Auswahl an Refinement-Templates kann im Metasonic Marketplace (http://www.metasonic-marketplace.com/) heruntergeladen werden. Dort finden sich zum Beispiel Templates zum lesen und schreiben in Datenbanken, oder zum Versenden von E-Mails aus den subjektorientierten Prozessen heraus.

In diesem Fallbeispiel werden die Kundenaufträge in ein SAP ERP-System geschrieben. Zur Integration kann z.B. auf remotefähige Funktionsbausteine des ERP-Systems zugegriffen werden.

8.6 Prozessausführung

Nachdem die Prozessdefinition mit allen notwendigen Informationen angereichert ist, kann diese zur Prozessausführung verwendet werden. Zur Ausführung wird der S-BPM-Geschäftsprozess in das Workflowsystem Metasonic Flow übernommen. Metasonic Flow übernimmt die Prozessausführung. Dabei werden die Worklists für jede Prozessinstanz erstellt, welche die möglichen Aktionsfolgen gemäß der Prozessdefinition zulassen.

Das Worklist-System legt fest, in welcher Reihenfolge die einzelnen Arbeiten für die Koordination des Entwicklungsauftrags auszuführen sind.

Möchte ein Kunde einen neuen Entwicklungsauftrag starten, so muss er den entsprechenden Prozess starten. Da die Benutzeroberfläche von Metasonic Flow webbasiert ist, kann diese dem Kunden über ein passwortgeschützes Kundenportal zugänglich gemacht werden. Dort kann der Kunde den Prozess anstoßen. Abbildung 8-10 zeigt den Start einer Prozessinstanz des Prozesses Entwicklungsauftrag.

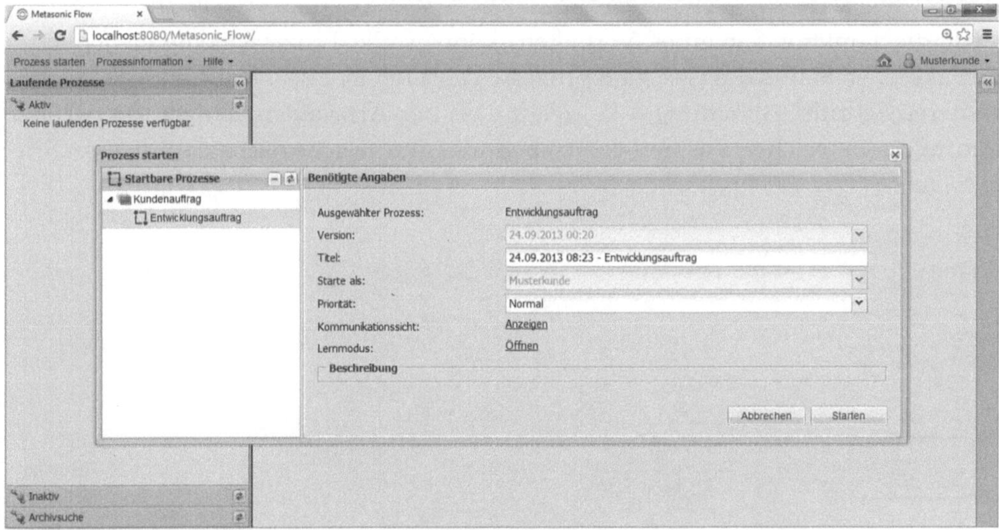

Abbildung 8-10: Start einer Prozessinstanz

Durch ein, im Kontext des Subjektes Kunde hinterlegtes Merkmal, wird vollautomatisch der zuständige Kundenbetreuer ausgewählt, dieser erhält die Nachricht über den Eingang eines neuen Entwicklungsauftrags in seinem Posteingang. Die benötigten Daten für die Weiterverarbeitung wurden bereits vom Kunden erfasst und müssen vom Betreuer nur noch überprüft und ggf. ergänzt werden, bevor der Auftrag in das SAP-System übernommen werden kann. Abbildung 8-11 zeigt das Geschäftsobjekt, das vom Kunden angelegt wurde. Dies ist eine klare Verbesserung im Vergleich zur bisherigen Kommunikation mit dem Kunden die hauptsächlich per E-Mail abgewickelt wurde.

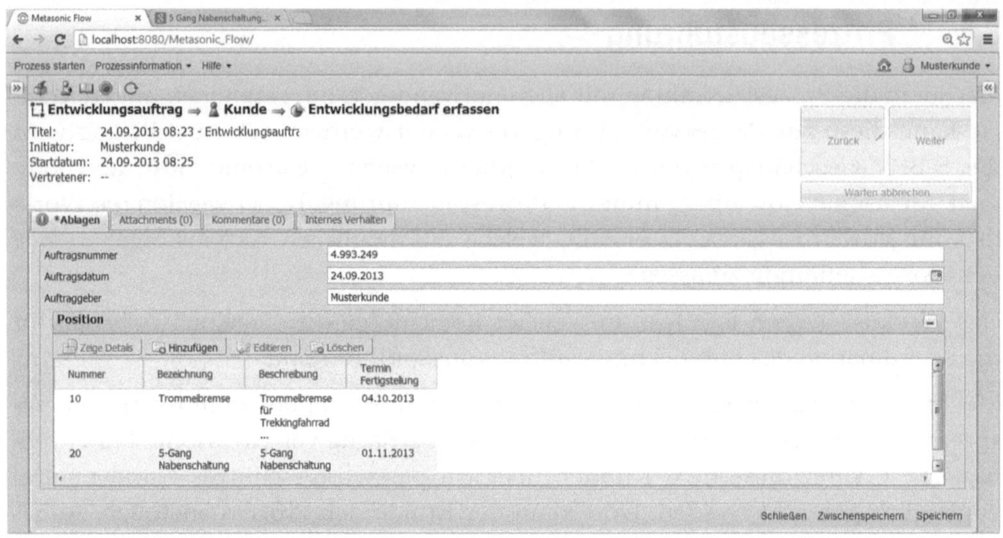

Abbildung 8-11: Darstellung eines Geschäftsobjektes

Über die Funktion „internes Verhalten, können alle Prozessbeteiligten jederzeit den aktuellen Status des Geschäftsprozesses abrufen und sehen alle bisherigen und weiteren Schritte. Abbildung 8-12 zeigt, dass der Anwender sich gerade darüber informiert, in welchen Zustand er sich befindet und welche nächsten Prozessschritte folgen.

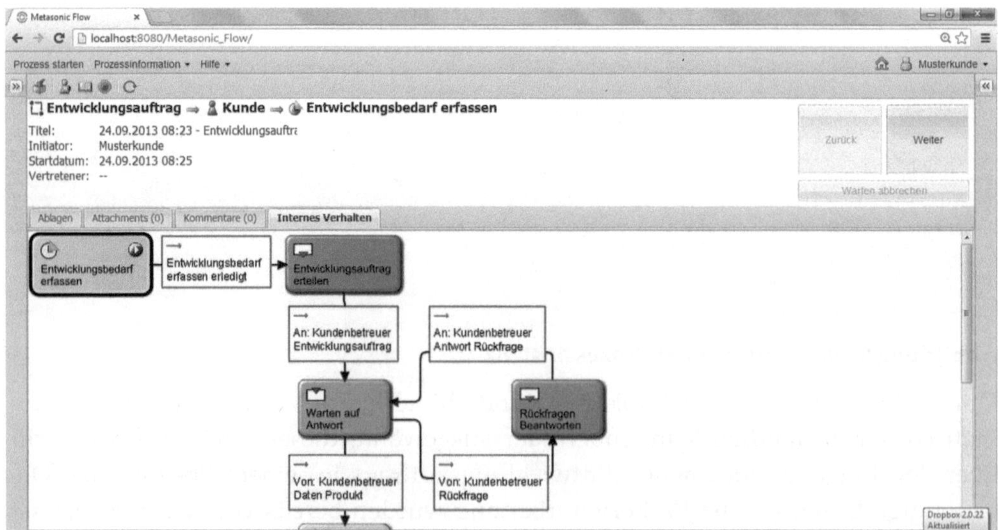

Abbildung 8-12: Aufruf der Prozessübersicht mit aktuellem Status in der Benutzeroberfläche

8.7 Messen und Bewerten

Um stets den Überblick über die vielen im Unternehmen gleichzeitig laufenden Prozesse und Prozessinstanzen zu behalten ist es wichtig, dass den Prozessverantwortlichen entsprechend aufbereitete Informationsquellen bereitgestellt werden.

Im Fallbeispiel wird die Effizienz des Prozesses laufend anhand der Zahl der Entwicklungsaufträge und der für die Bearbeitung der Aufträge benötigten Zeit gemessen. Dazu wird das Werkzeug QlikView der Firma QlikTech verwendet.

In QlikView können verschiedene Datenquellen geladen und mit verschiedenen Darstellungsformen ausgewertet werden. Die Daten können für die Benutzer in individuell gestaltbaren Cockpits zur Überblicksgewinnung präsentiert werden, von denen aus zu weiteren Detaildaten navigiert werden kann. Abbildung 8-13 zeigt ein Beispiel, wie die Messdaten für Prozessabläufe aufbereitet werden können.

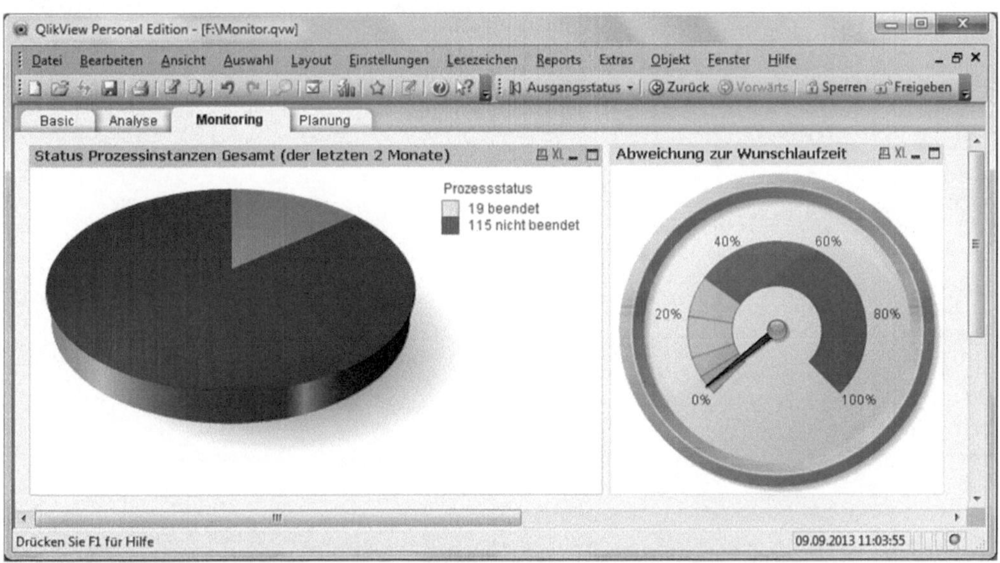

Abbildung 8-13: Darstellung von Messdaten

Hier wird beispielsweise ausgewertet, wie viele Prozesse aktuell nicht beendet sind und wie viele von der Wunschlaufzeit abweichen. Dies wird grafisch angezeigt. Diese Informationen helfen dabei Schwachstellen schnell zu erkennen und mit geeigneten Maßnahmen gegenzusteuern.

8.8 Zusammenfassung

In dieser Fallstudie wurde gezeigt, wie, ausgehend von einer in der Balanced Scorecard definierten Strategie, schrittweise eine IT-gestützte Abwicklung des Prozesses zur Abwicklung von Entwicklungsaufträgen entwickelt wurde. Nach einer groben Definition des Prozesses und der Einordnung in einer groben Prozessübersicht in Form von BPMN-Modellen, wurde der Prozess in eine subjektorientierte Form transformiert. Anschließend konnten die Beteiligten den Prozess testen, was zu einigen Verbesserungen führte. So konnte der Prozess mit zusätzlichen Informationen angereichert und korrekt in die Organisation eingeordnet werden. Aus dieser Prozessbeschreibung wurde anschließend automatisch die Worklist-Anwendung generiert. In diese Worklist wurden zur Verbesserung der Arbeitsgeschwindigkeit vorhandene IT-Systeme integriert. Zuletzt wurde der Prozess in ein bestehendes Softwaresystem zur Auswertung von Performance-Daten integriert.

Literatur

[Ba02] Backschat M., Gardon O., Enterprise Java Beans, Spektrum Akademischer Verlag, Heidelberg 2002

[BI10] Bundesverwaltungsamt: Bundesstelle für Informationstechnik. Arbeitshilfe Geschäftsprozessmodellierung in der Öffentlichen Verwaltung. Berlin 2010.

[Da05] Darren Dalcher et al. Development Life Cycle Management: A Multiproject Experiment in: Proceedings, IEEE Computer Society Press 2005.

[En02] Engel A., Koschel A., Tritsch R., J2EE kompakt, Spektrum Akademischer Verlag, Heidelberg 2002

[Fi06] Fischer Herbert, Fleischmann Albert, Obermeier Stefan: Geschäftsprozesse realisieren, Vieweg-Verlag, 1. Auflage, 2006

[FO11] Fleischmann, Obermeier u.a.: Subjektorientiertes Geschäftsprozessmanagement. 2011.

[Fl94] Fleischmann Albert: Distributed Systems – Software Design & Implementation, Springer-Verlag, 1.Auflage, 1994

[Fr08] Freund J., Götzer K., Vom Geschäftsprozess zum Workflow, Hanser verlag, München 2008.

[Ga00] Gappmaier M., Heinrich L.J.: Geschäftsprozesse mit menschlichem Antlitz, Universitätsverlag Rudolf Trauner, 2.Auflage, 2000

[Gö13] Göpfert Jochen: Praxishandbuch BPMN 2.0, Carl Hanser Verlag GmbH & Co. KG; Auflage: 3., aktualisierte Auflage (1. März 2012)

[GW13] Springer Gabler (Herausgeber), Gabler Wirtschaftslexikon, Stichwort: Organisationsstruktur, online im Internet: http://wirtschaftslexikon.gabler.de/Archiv/5359/organisationsstruktur-v9.html; letzter Zugriff August 2013

[HC94] M. Hammer, J. Champy, Business Re-Engineering, Campus Verlag, Frankfurt (1994)

[He02] Henrich A., Management von Software-Projekten. München 2002.

[Ha03] Hart J., Connecting your Applications without complex programming, www.ibm.com, Internet 2005

[Hoa85] C.A.R. Hoare, Communicating Sequential Processes, Prentice Hall, Englewood Cliffs 1985

[In04] Magazin IndustrieManagement 20, Thema Wandlungsfähigkeit, 2004

[Kap97] R.S. Kaplan, D.P. Norton, Balanced Scorecard. Strategien erfolgreich umsetzen, Schäffer-Poeschel Verlag, Stuttgart 1997

[Ka00] Kamiske G.F. (Hrsg.), Der Weg zur Spitze, Hanser Verlag, München 2000

[Ka05] Karch S., Heilig L., SAP-Netweaver Roadmap, Galileo Press, Bonn 2005

[Ki07] Kieser A., Wagenbach P., Organisation, Schaäffer-Poeschel Verlag, 5. Auflage 2007

[Ku02] Kuschke M., Wolfel L., Web Services kompakt, Spektrum Akademischer Verlag, Heidelberg 2002

[Ku10] Matthias Kurz BPM 2.0 Kollaborative Gestaltung von Geschäftsprozessen. Erlangen-Nürnberg 2010.

[Ku11] Matthias Kurz: BPM 2.0: Geleitete Selbstorganisation im Geschäftsprozessmanagement, Bamberg, Erlangen-Nürnberg, Regensburg 2011

[Le11] Van Lessen Tammo, Geschäftsprozesse automatisieren mit BPEL, dpunkt Verlag; Auflage: 1. Auflage (24. Januar 2011)

[Lu86] Luhmann N., Ökologische Kommunikation. Opladen: Westdeutscher Verlag, 1. Auflage 1986. ISBN 3-531-11775-0, 1986, S. 269.

[Lu87] Luhmann Niklas, Soziale Systeme, Suhrkamp Taschenbuch Wissenschaft, Frankfurt am Main 1987.

[Mi02] Mielke Carsten: Geschäftsprozesse, Spektrum Akademischer Verlag, 1.Auflage, 2002

[Mi80] Milner R., A Calculus of Communicating Systems, Lecture Notes in Computer Science, Springer Verlag, Heidelberg 1980

[Na02] Nagel R., Wimmer R., Systemische Strategieentwicklung, Klett-Cotta Verlag, Stuttgart 2002

[Ne05] Newcomer E., Lomow G., Understanding SOA with Web Services, Addison Wesley Verlag, 2005

[Oe03] Oesterreich Bernd et.al.: Objektorientierte Geschäftsprozessmodellierung mit der UML, dpunkt.verlag, 1.Auflage, 2003

[Or05] Ort E., Service-Oriented Architecture and Web Services: Concepts, Technologies and Tools; www.sun.com , Internet 2005

[Ös95] ÖSTERLE (1995)] Business Engineering. Prozess- und Systementwicklung

[Pe03] Peltz C., Web Service Orchestration, A Review of emerging technologies, tools and standards, Hewlett Packard 2003, http://devresource.hp.com/drc/technical_white_papers/WSOrch/WSOrchestration.pdf, internet 2005

[Pf01] Pfeifer T., Qualitätsmanagement, Strategien Methoden Techniken, Hanser Verlag, 3. Auflage, München 2001

[Ro05] Rosenkranz, F.: Geschäftsprozesse: Modell- und computergestützte Planung, Springer-Verlag, 2. Auflage, 2005

[Ru01] The Rational Unified Process – an Introduction. Boston 2001.

[Ru99] Rump Frank J.: Geschäftsprozessmanagement auf der Basis ereignisgesteuerter Prozessketten, Teubner-Verlag, 1.Auflage, 1999

[Ru12] Rupp Chris et. al.: UML 2 glasklar: Praxiswissen für die UML-Modellierung, Carl Hanser Verlag GmbH & Co. KG; Auflage: 4., aktualisierte und erweiterte Auflage (3. April 2012)

[Sc13] Schaller Thomas et. al.: Integration of Dynamic Role Resolution within the S-BPM Approach, S-BPM ONE – Running Processes, Springer-Verlag, 2013

[Sc98] Scheer A.-W.: ARIS – Vom Geschäftsprozess zum Anwendungssystem, Springer-Verlag, 1.Auflage, 1998

[Se02] Seidlmeier Heinrich: Prozessmodellierung mit ARIS, Vieweg Verlag, 1.Auflage, 2002

[Sm02] Schmelzer H. J., Sesselmann W, Geschäftsprozessmanagement in der Praxis, Hanser Verlag 2. Auflage, München 2002

[St90] Steinbuch P., Organisation, Friedrich Kiehl Verlag, Ludwigshafen 1990 8. Auflage,

[Su05] Stumpe J. Orb J., SAP Exchange Infrastructure, Galileo Press, Bonn 2005

[VB12] V-Modell des Bundes. Berlin 2012.

[Wa01] Wackerow D., Adam W., Burton D., MQSeries Workflow for Windows NT for Beginners, Red Book, IBM 2001

[Wa05] Christian Wauer: Vorgehensmodell zur Modellierung von Geschäftsprozessen und Integration mit dem Microsoft BizTalk Server 2004, Dresden 2005.

[We02] Westphal R., .NET kompakt, Spektrum Akademischer Verlag, Heidelberg 2002

[Wi13] Wikipedia: „Vorgehensmodell". September 2013.

[w302] Web Services Choreography Working Group, ‚http://www.w3.org/2002/ws/chor/, internet 2005

[Wo04] Woods D., Word J., SAP Netweaver for Dummies, Wiley Publishing Inc., 2004

[Zi09] Alexander Ziegler, Eignungseinstufung von Vorgehensmodellen. Durch systematische Risikoanalyse für Softwareprojekte direkt zum geeigneten Vorgehensmodell. Berlin 2009.

Schlagwortverzeichnis